# ORIGINS OF THE STATE AND CIVILIZATION

## The Process of Cultural Evolution

# 国家与文明的起源

## 文化演进的过程

[美]埃尔曼·塞维斯 著
龚 辛 郭璐莎 陈力子 译
陈 淳 审校

Elman R. Service

上海古籍出版社
Shanghai Chinese Classics Publishing House

本译丛获国家社科基金重大项目资助

（批准号：12&ZD152）

# Origins of the State and Civilization

*The Process of Cultural Evolution*

**Elman R. Service**

UNIVERSITY OF CALIFORNIA, SANTA BARBARA

*W · W · NORTON & COMPANY · INC · NEW YORK*

原书内封

# Origins of the State and Civilization

## The Process of Cultural Evolution

## Elman R. Service

How did civilized life begin? How did government arise? These questions have intrigued philosophers and historians since ancient times. In this volume, Elman R. Service, an anthropologist widely known for his studies of evolution and social organization, uses a unique mix of ethnology, history, and archaeology in exploring the origins and early development of political organization.

In Part I, "The Origins of Government," Professor Service outlines the basic patterns of power and authority that structure even the most primitive societies, showing how these patterns become elaborated as simple egalitarian societies evolve into more complex hierarchical forms. He also discusses classic theories of government from the Enlightenment through Marx and Engels to the modern social scientists. Part II, "The Modern Primitive States," illustrates the development of institutionalized government; among the societies discussed are the Zulu and the Ashanti in Africa, the Cherokee in North America, and Hawaii in Oceania. Part III, "The Archaic Civilizations," looks at the six primary ancient civilizations—in Mesoamerica, Peru, Mesopotamia, Egypt, the Indus River Valley, and China—in light of the historical and ethnographical data.

We should not expect to find, Professor Service argues, that primitive cultures mirror the basic structures of modern society. In particular, he takes a critical look at the theory that the state—defined by the presence of repressive, formal-legal social controls based on physical force—is a necessary element in the development of civilization.

*Origins of the State and Civilization* makes valuable reading for courses in political anthropology, social or political evolution, social change, law and society, and classical archaeology.

THE AUTHOR

Elman R. Service is professor of anthropology at the University of California, Santa Barbara, where he has taught since 1968. The holder of numerous research fellowships, Professor Service has done field work in South America, Martinique, and Mexico. His previous books include *Profiles in Ethnology* (Revised Edition, 1963), *The Hunters* (1966), and *Primitive Social Organization* (Second Edition, 1971).

封底缩影

# 《外国考古学研究译丛》总序

在《外国考古学研究译丛》即将付梓之际，主编陈淳教授嘱我为序，我欣然同意。这主要因为长期以来，我十分钦佩陈淳教授孜孜不倦的治学精神、对科学研究的持续激情、对真理探索的不断追求、对考古学学科理论与方法的真知灼见、对传播国外考古学思想与成果的积极贡献。

陈淳教授是“文化大革命”后的第一批考古学研究生，他在中国科学院古脊椎动物与古人类研究所师从贾兰坡院士攻读旧石器时代考古学。其后又于 20 世纪 80 年代中期，赴加拿大麦吉尔大学（McGill University）人类学系攻读史前考古学，他成为新中国最早获得西方考古学博士学位的研究生之一。特别需要提出的是，陈淳教授在加拿大留学期间，深得西方著名考古学家布鲁斯·特里格先生的“真传”，使他成为当今较为准确、较为全面、较为深入掌握现代西方考古学基本理论的为数不多的中国考古学家。

陈淳教授 30 多年来，一直工作在考古学教学、科研第一线。其间，他出版了《考古学的理论与研究》《当代考古学》《文明与早期国家探源——中外理论、方法与研究之比较》《远古人类》《中国猿人》《考古学理论》《考古学研究入门》等著作。陈淳教授在考古学理论与方法、旧石器时代考古学、国家与文明起源研究、农业起源研究等诸多考古学重要学术领域成果丰硕，显示出其广博的学识、深厚的学术造诣。

国外长期考古学学习、研究的学术背景，国内多年来考古学教学与科研的实践与学术积累，使陈淳教授倍加关注、思考中国考古学的历史发展过程、学科现状与学科未来走向。

考古学在欧美的发展经历了19世纪的进化考古学、20世纪初的文化历史考古学、20世纪60年代兴起的过程考古学到80～90年代的后过程考古学等几个重要发展阶段。在陈淳教授看来，当今中国考古学与国际考古学界发展相比，虽然改革开放后有一些理论方法的借鉴，但是国内这门学科基本上还是停留在欧美的文化历史考古学阶段。这是一个很值得重视的意见。我认为目前至少中国考古学存在不同程度上学科理论的"贫乏"、方法的"滞后"、术语"共识"的"缺失"等问题。长期以来，我们一些考古学者把方法与理论混为一谈，把一个世纪前已经出现并应用的考古学基本学术概念，视为新的"学说"、新的"理论"、新的"方法"。我们的一些考古学研究还处于对考古学资料的"描述"阶段，人们只是在津津有味地陈述"是什么"，很少探索"为什么"。对于诸如家庭、家族、氏族、族、族群、民族、国家等不同学科的基本学术概念，缺少"共识性"、使用"随意性"是较为普遍存在的学术现象。在一些重大学术研究中，把本来不属于"同类"的科学问题混为一谈。如属于"血缘"性质的家庭、家族、氏族，与基本属于"地缘"与"文化"性质的"民族"及属于"政治"性质的"国家"，不分时代统统纳入"考古学文化"，造成学理的混乱。改变上述现状是目前中国考古学的急需，了解世界上其他地区的考古学研究成果，这是尽快深刻认识、加速发展中国考古学所必需的，是极为有益的科学借鉴。

中国考古学界从上世纪80年代起，随着中外交流的频繁、增进，一些国外考古学理论、方法和学术经典被陆陆续续介绍到中国。如其间翻译出版的《当代国外考古学的理论与方法》、《考古学的历史·理论·实践》、《时间与传统》、伦福儒和巴恩的《考古学：理论、方法与实践》(第3版)、《考古学理论导论》、《考古学思想史》第一版、《理论考古学》、《民族考古学实践》和《阅读过去》等论著，他们为中国考古学发展作出了一定学术贡献。但是，诚如陈淳教授所指出的，从学科发展的更深层次、更高要求来看，上述译著的翻译质量还是参差不齐，有的不尽如人意，因此有必要加强这方面的基础性学术建设。为此，他近年来翻译和推介了大量西方考古学经典著作，如：当代灵长类学缔造者约翰·内皮尔的《手》，柴尔德的《欧洲文明的曙光》《历史发生了什么》《人类创造了自身》《历史的重建》和《考古学导论》，国际考古学理论权威布鲁斯·特里格的《考古学思想史》(第2版)、《时间与传统》(重译)等。陈淳教授的译著受到学术界广泛好评。与此同时，他还主持了《南方文物》"域外视野"栏目，在中国考古学界产生了积极影响。

近年来随着改革开放的深入，国家加大了中外文化交流的力度，在国家社会科学基金重大课题项目中，专门设置了国外著名学术著作的翻译项目。陈淳教授主持的"外国考古学研究译丛"，当之无愧地被首次评为考古学内容的"国家社会科学基金重大课题"。

《外国考古学研究译丛》与此前出版的同类译丛著作相比，其译丛著作作者的权威性、著作的代表性与前沿性十分突出。译丛著作的作者多为世界著名考古学家，如《考古学：理论、方法与实践》作者科林·伦福儒和保罗·巴恩、《聚落与历史重建：秘鲁维鲁河谷的史前聚落形态》作者戈登·威利、《圭拉那魁兹：墨西哥瓦哈卡的古代期觅食与早期农业》作者肯特·弗兰纳利，还有《国家与文明的起源》作者——著名的人类学家塞维斯、《族属的考古：构建古今的身份》作者——学界新锐希安·琼斯。译丛的五本书堪称在世界考古学界范围内的相关学术领域的重要著作，其内容涉及考古学学科综述、聚落考古、农业起源、文明探源、民族身份考古等五个方面，涵盖了当今世界考古最为重要、最为关注、最为前沿的学术问题。

陈淳教授的深厚学术素养，使其在本译丛的选题方面紧扣“国情”。他认为当前中国考古学界的最为重大学术课题是人类起源、农业起源、文明起源，以及族属的考古学研究，这一分析是十分准确的。在此基础之上，陈淳教授《外国考古学研究译丛》的五部专著是从国外众多考古学著作中精心挑选出来的，可以预见，这套译丛的出版会像陈淳教授所期待的那样，为我所用、中西结合，提升我国考古学界自身水平，使中国考古学的发展少走一些弯路，达到事半功倍的效果。

陈淳教授主编的即将付梓的《外国考古学研究译丛》，是开展中外考古学学术交流的很好开始。世界考古学还在飞跃发展，新的考古学成果还会不断出现，我衷心希望陈淳教授还能不断把更多、更新、更重要的国外考古学成果，更快译介给中国考古学界！

刘庆柱

2014 年 3 月 21 日

# 中 文 版 序

美国人类学家埃尔曼·塞维斯以研究文化进化论而著称,他通过自己对巴拉圭、拉丁美洲和加勒比海的民族学调查来研究文化进化。1960年代,在著名文化人类学家莱斯利·怀特(L. White)和朱利安·斯图尔特(J. Steward)的影响下,塞维斯与其同侪马歇尔·萨林斯(M. D. Sahlins)和莫顿·弗里德(M. Fried)等学者联袂确立了新进化论的理论与方法。他在其代表作《国家与文明的起源》一书中奠定了游群、部落、酋邦和国家四阶段的社会进化论,这四个阶段不仅是社会发展的四个阶段,而且是四种层次的社会结构。他还认为,早期文明并未立足于经济的分层,而只是基于政治权力不平等的分层。他还声称,早期文明中没有真正的阶级冲突,只有政治贵族之间的权力斗争。

美国文化人类学四阶段的新进化论框架是在1980年代中期经由酋邦概念的介绍而引入我国的,之后受到我国学界的广泛关注并进行了热烈的讨论。在中华文明探源工程的推动下,探讨文明和早期国家形成的动力和过程也成为研究的焦点,酋邦遂成为探究国家为何及如何形成的关键。但是酋邦概念自引入我国以来,学界同仁表现出差异很大的不同态度。有人尝试用它探讨前国家社会的性质与变迁,有人则认为它不适用于中国,有人甚至认为中国不存在酋邦社会。还有人觉得,虽然酋邦概念可以概括中国史前的复杂社会,但是用中国典籍中名称如“古国”或“五帝时代”来定义史前社会的发展更加合适。

产生这些歧见的一个重要原因很可能是对酋邦概念产生的学术背景及其内涵缺乏全面的了解。另一个原因可能是我国研究文明和早期国家的学者多为历史学家和考古学家,而西方的学者多为文化人类学家和人类学背景的考古学家。中西学科的理论和方法存在较大的差异，偏好证经补史的中国学者不免将文化人类学的抽象概念混同于具体的研究对象，便产生了酋邦概念不适用于中国材料的疑虑。这需要我们了解新进化论产生的学术背景以及这些术语所指的基本概念及内涵。

## 一

进化论一直在文明与国家探源问题上占有重要的地位。早在达尔文确立进化论之前，社会进化就是哲学家们探讨的话题。比如罗马哲学家卢克莱修在其著名的《物性论》中就揣测了社会的进化，从最早的动物般生活，发展到家庭、氏族和国家的形成。国家由契约而形成，社会的进化得益于技术的变迁。

1859 年，达尔文《物种起源》的出版对当时的社会和科学思想产生了巨大的影响，成为 19 世纪科学思想的主流。进化论不仅是生物进化的学说，而且也成为哲学思想的阐述依据。与达尔文同时代的赫伯特·斯宾塞(H. Spencer)就提出过一种包罗万象的进化思想，用来解释自然、生物以及人类思想、文化和社会的进步和发展。他认为，宇宙万物都是从一种简单和无差异的同质性实体向复杂和有差异的异质性实体发展，并伴随着一种异质性部分不断整合的过程。

19 世纪两位文化进化论的主要倡导者是英国人类学家爱德华·泰勒(E. B. Tylor)和美国人类学家路易斯·摩尔根(L. H. Morgan)。泰勒被誉为文化人类学或社会人类学之父，他相信，人类社会和宗教的发展有一种普遍性的功能基础，所有社会的发展都要经历从蒙昧、野蛮到文明的发展过程。他从民族志和考古学来研究当代和史前部落社会的习俗与信仰，其成果以 1865 年出版的《人类早期历史与文明发展研究》和 1871 年出版的《原始文化》为代表。后者不仅对于人类文明的整体研究贡献卓著，并且对文化人类学的兴起和发展影响深远。

摩尔根在《古代社会》(*Ancient Society*)中构建了经典的直线文化进化论。摩尔根将血缘(家庭)关系视为社会的基本组成部分，并从这些关系的比较研究来了解较大社会的演化动力。他从技术发明的角度，将人类社会发展分为蒙昧、野蛮与文明三个递进的阶段，蒙昧阶段以弓箭、用火和制陶为代表；野蛮阶段以农业和冶金技术为代表，而文明阶段以文字为代表。他把社会看作是功能整合的系统，并支持一种直线的文化进化观，认为没有文化可以不通过初级阶段而达到高级阶段。1881 年，马克思开始阅读摩尔根的《古代社会》一书并撰写他的读书笔记。恩格斯也阅读了摩尔根的著作。摩尔根有关社会结构与物质文化的研究对恩格斯的辩证唯物主义社会理论产生了深刻的影响，并反映在他的《家庭、私有制和国家的起源》(*The Origin of the Family Private Property, and the State*)一书之中。摩尔根与恩格斯的著作成为后来苏联构建共产主义五阶段进化论的基础。

19 世纪，德国学界在"科学"与"史学"之间做了区分，将科学与人文科学或将提供法则的科学与历史学区分开来。1884 年，德国康德派哲学家威廉·温德尔班德(W. Windelband)将这两类研究分别指称为规律性(nomothetic)学科和表意性或描述性(ideographic)学科。物理学是规律性学科的代表，它强调一般性法则的概括或总结(generalizing)，而历史学则是表意性或描述性学科的代表，它注重具体现象和事件的详述(specifying)。

20 世纪上半叶，随着殖民扩张时代的结束和西方世界民主制度的确立，进化论思想不再流行，而代之以"保持现状"的保守观念，德裔美国人类学家弗朗兹·博厄斯(F. Boas)倡导的历史特殊论开始在美国人类学界占据主导地位。博厄斯将德国历史学家利奥波德·冯·兰克(L. von Ranke)倡导的"秉笔直书"看作他经验性研究的基石，强调每一种文化都是独特的实体，必须从其本身来获得了解和评估。博厄斯并不反对达尔文的进化论，但并不认为它可以随意套用于文化与历史现象。他尤其反对定向进化(orthogenesis)的决定论或目的论，即无论自然选择如何，演变总是不断进步的，所有社会都会沿相同的轨迹前进，并经历相同的发展阶段。

博厄斯学派在美国人类学中占据主导地位达数十年之久，但是人类学中的进化思想于1950和1960年代卷土重来，对整个学科产生了重大的影响。从1950年代开始，美国人类学重拾对文化进化论的兴趣，并在莱斯利·怀特和朱利安·斯图尔特的倡导下开始流行。怀特提出了"一般进化"的概念，强调对文化发展的主线做出解释，这种主线是以各相继阶段最进步的文化为代表，不管这些主要文化之间是否存在历史关系。他认为文化进化的基本法则是技术的提高与能量的投入。

朱利安·斯图尔特倡导另一种多线和文化生态学的方法来研究文化进化。他指出，社会进化论的通则研究和博厄斯派历史特殊论研究是互补而非对立的两种方法。前者关注不同文化中重复出现的文化现象、序列和过程，而后者则观察这些文化中独特和从不重复的特征。对于各种文化来说，虽然它们在许多方面独一无二，但是它们也会表现出与其他文化共有的某些特点和形态。实际上，文化特殊论的分析能够为任何通则提供所需的材料。文化人类学的最终目的是发现文化发展规律，而这只有在收集了特定文化的材料并做详细分析的基础上才能做到。斯图尔特强调跨文化比较研究的重要性，同时关注它们之间的相似性和独一无二的现象，其根本目的就是要从文化差异中看到有规律的共性，并分辨其时间和功能上的因果关系。他提出了制定文化规律的几个条件：(1) 提出一种文化、形态和机构的类型学；(2) 从历时性和共时性上构建这些类型的因果关系；(3) 对独立发生的相似文化现象的共时性或历时性关系的系统陈述就是一种因果、规律或通则的科学陈述。

1960年代，作为怀特和斯图尔特的高足，萨林斯和塞维斯运用民族志材料，并采用游群、部落、酋邦和国家等概念建立起一套一般性线性序列来表述社会从低级向高级的发展。其中，定义部落和酋邦形态的性质是根据萨林斯和塞维斯对太平洋地区土著社会的详尽知识，特别是美拉尼西亚头人社会(big-men societies)为定义酋邦提供了模型。

酋邦概念在我国学界产生的疑虑比较明显地体现在这样的表述上：酋邦不适用于中国，因为它难以与中国的考古遗存对号入座。从多线演进观点来看，阶级社会之前的社会不平等表现形式应该是多种多样的，很难认为古代诸文明古国都是通过酋邦这种形式。这反映了我国学者混淆了规律性学科与史学研究之间的差异。莱斯利·怀特说,进化常被误认为历史,就像历史也会被错误地看作进化一样。历史是对时空关联事件的叙述,进化是根据时间序列研究功能上相关形态的转变。在另一篇文章里,怀特对历史与进化有更清楚的说明:

> 进化过程在某些方面类似历史过程,但是在其他方面则完全不同。进化过程以时代序列为特点,这很像历史过程:在时间上形态B跟在形态A之后,但先于形态C。进化过程关注非时间性的形态和功能过程,一种形态从其他形态中产生,又发展为另一种形态。进化过程是关注形态的历时进步。在此过程中,形态和时间序列同样重要。……对这一过程的科学描述并非历史。我们处理的并不是独一无二意义的特定事件,而是多组事件。……于是,历史过程与进化过程因为两者都涉及时间序列而有点类似。但是它们又各不相同,历史过程处理的是有特定时空关联的事件,也即独一无二的事件。而进化过程关注的是与时空无关的多组事件。

进化研究与历史研究的区别还在于前者关注的整个进步特点是不规则和不连续的,其过程更像是树杈状的谱系,而历史学研究基本关注一种线性的过程,比如朝代的更替。卡普兰指出,文化演进过程就像生物进化,以某些"主导类型"或"主导阶段"来表现;代表一般进化改善的某种新类型,适应了辐射或多向特化的过程,超越了在进化阶段中的(原)主导类型,因而能开拓(范围)更大的各种环境。

塞维斯指出,由于特化物种的稳定性以及新进展发生在不很特化的物种身上,因此社会文化演进的总体趋势是以不规则和不连续为特点的,而非从一种进步类型向更进步类型的直线发展。认识到进步的不连续性,是探究一些主要问题的关键。进步的非线性特点有两个原理,一是进步系统发生的不连续性,即某进步形式不一定引发进步的下一阶段,下一阶段可能始于另一条干线。二是进步发生的本地不连续性,根据第一条原理,如果某进步的相继阶段不一定从该进步形式向后一阶段直接延续,那么文化的进步就不大会发生在同一个地点。塞维斯认为这条原理特别适合文化演变研究,因为我们通常是按照发现的地点来命名文化的。

酋邦是社会发展的一个阶段和一种类型，它比部落社会进步，但是不及国家社会复杂。塞维斯提出将酋邦作为社会文化演进的一个阶段，是因为他觉得国家起源的许多重要理论一直存在不足，认为国家直接从平等社会的基础上产生（的研究）难以令人信服。塞维斯注意到卡勒沃·奥伯格(K. Oberg)用酋邦来指称一种介于部落和国家之间的南美低地社会，于是他在《原始社会结构》一书中借用它命名了一个完整的进化阶段。他认为，这个中间阶段的概念在讨论国家起源的许多问题时非常有用。现代民族志研究有力表明，世界各地都见有发达程度不等的酋邦。这种过渡形式显然是从平等社会逐渐发展而来的，并早于所有最知名原始国家的形成。由此看来，在古代文明兴盛之前极有可能也存在一个相似的阶段。

从上述新进化论的原理的介绍和酋邦作为社会文化演进的一个阶段的提出，我们可以厘清酋邦概念的来龙去脉：(1) 酋邦是新进化论构建社会演进一般性趋势的一个阶段，就像生物进化论的鱼类、两栖类、爬行类和哺乳类一样，是一个抽象的分类学术语，代表了介于平等部落社会与国家之间的一个进化阶段，涵盖了古今中外所有前国家的不平等社会。(2) 游群、部落、酋邦和国家是与时空无涉的社会类型，因此不能以直线和定向演进的思路来看待它们之间的关系。像生物物种一样，处于各发展阶段的社会会因自身和环境条件不同，各自经历分异、特化或轮回等发展轨迹。其中只有少数社会才会突破发展的瓶颈而进入更高的发展阶段。(3) 作为社会演进的一个阶段，酋邦涵盖了形态差异和社会复杂化层次极大的等级社会。其简单一端只是地位世袭刚刚确立的“头人”社会，而其复杂一端已经处于国家的门槛。

## 二

在最初确立酋邦为社会进化的一个阶段的《原始社会结构》一书中，塞维斯是这样定义酋邦的：“具有一种永久性协调机制的再分配社会”；“酋邦是从两个重要方面超越部落的社会整合层次。第一，酋邦通常是比部落更稠密的社会，这可能由较高的生产力而做到。但是第二方面是进化阶段的更明显的标志：该社会较为复杂、组织较好，尤其以存在协调经济、社会和宗教活动的中心而有别于部落。”他还说：“今天酋邦见于世界许多地方，南北美洲、非洲、东南亚、亚洲内陆和某些太平洋岛屿。在考古记录上，它们很可能至少广泛见于秘鲁和中美洲、地中海东部、印度和中国古代文明之前的地层中。但是，我们必须说‘可能’，因为如前所述，酋邦并不以某种特定技术发明为代表，可将其与部落和国家区分开来，而是由考古堆积所无法揭示的社会结构为特点；所以对它们只能靠推断和猜测。”在本书中，塞维斯指出：“酋邦具有一种贵族统治性质的集权趋势和世袭的等级地位排序，但没有武力压迫的正式法定机构。它似乎普遍是神权型的结构，而且对权威的服从形式与宗教信众服从祭司—酋长如出一辙。”

在酋邦概念确立后，许多人类学家和考古学家对酋邦的性质提出了自己的定义，比较有代表性的有肯特·弗兰纳利(K. V. Flannery)、罗伯特·卡内罗(R. L. Carneiro)和蒂莫西·厄尔(T. K. Earle)等人。弗兰纳利认为，酋邦标志着世袭不平等的出现，在酋邦社会中人的血统是有等级的。酋长不仅意味着高贵的出身，而且往往是神的化身。卡内罗说，酋邦是一个最高酋长永久控制下的多聚落和多社会群体组成的自治政治单位，其下限标志着聚落自治的结束，而其上限标志着向国家演进的起点。厄尔认为，酋邦是一种地域性组织起来的社会，拥有一种集中的决策等级制以协调一大批聚落之间的活动。酋邦也是一种经济上集中和再分配的社会，酋邦普遍具有神权的性质，使酋长的统治成为自然规律的一部分。

对酋邦提出准确的科学定义对于厘清一种分析概念十分必要，以便准确把握这类社会的关键特征。但是，这类定义也会在具体研究中造成困扰，这种静态的定义描述很难胜任对这类复杂社会动态演进过程的研究。于是随着研究的进展，学术界对酋邦的认识也日趋深入，主要表现在：(1) 酋邦不是一种划一的和铁板一块的社会形态，它是一种差异极大、形态各异的复杂社会。简单酋邦和部落相差无几，而高级酋邦已很像早期国家。(2)酋邦本身的发展体现为一种“轮回”的兴衰过程，并不是所有酋邦都能向国家演进。探讨的领域也从社会形态的划分转向了解产生酋邦形态多样性的原因。(3)酋邦发展和国家起源的动力不仅是塞维斯提出的劳力集中和经济多样化导致的再分配机制的复杂化，还要将卡内罗提出的冲突和战争动力考虑在内。

酋邦“轮回”的特点比较符合进化论的动力机制，以爬行类动物做比喻，古今各类酋邦就像光怪陆离的爬行动物，小到蜥蜴，大到恐龙，它们绝大多数是各自适应和发展的产物，受制于各自的内外条件。大部分爬行动物都过于特化，无法演进到更高阶段的哺乳动物，哺乳动物发展的主干是从比这些爬行类原始和不那么特化的种类中发展起来的，而哺乳动物出现后，许多爬行动物仍继续存在，但是已不处于进化的主导地位。同理，大部分酋邦都无法演进到国家，只有那些自身禁锢条件较小的酋邦，才可能在合适的条件下向国家演进。

## 三

由于酋邦是介于平等社会与国家之间的过渡类型，因此考察酋邦一端作为平等社会的终结，另一端标志早期国家官僚体制的出现，对于我们了解这个前国家阶段以及判断最早国家的形成不无裨益。塞维斯讨论了平等社会的特点及不平等的出现，下面是本书中的一些陈述。

游群和部落是缺乏等级的小型社会，虽然年龄性别之间存在等级地位的差异，但是这种差异并未体现政治的权威和等级系统。在部落这类平等社会中，人和人是完全平等的，如果出现一位首领，他一定有独特的才能和魅力。但是，这种首领没有正式和永久的地位，其地位(的获得)完全取决于个人的品质。这进而意味着，首领的地位是短暂而临时的，而且不同的活动或不同的场合可能会让不同的人来充当首领。比如主持仪式通常是一位长老，而领导战斗的则是勇武有力的年轻人。这种以慷慨、友善、温和或勇武等特质获得尊崇其实是一种影响力而非权威的地位。

权威带有某种强制，它与平等不能兼容。权威人士通常承担的政治活动或社会角色有三：强制、领导和仲裁。在平等社会中，社会秩序的强制一般是心理、习惯和习俗上的，是通过家庭内部奖惩系统做到的社会行为约束。平等社会一般很小，因此社会关系大多是家族和面对面的。在文明社会，这些强制都是明确的正式法律。但原始平等社会缺乏正规的权威机构和正式法律，一般表现为有影响人物和一般公共习俗的干预而非法律制裁。在平等社会里不存在永久性的领导地位。而且，平等社会甚至无法容忍这种领导权的存在。在需要类似合作和战斗的时候会出现某种领导，但是事情一过就恢复原状。平等社会的冲突一般发生在族亲之间。在这种情况下，很有可能由一名年长、受尊敬、与双方都有关系的亲属来调解矛盾，解决纷争。群体间距离越大，相互了解越少，那么调解争端就越是困难，这样就需要处理外部关系的渠道。在平等社会中，对外关系往往是对内关系的延伸。而处理这种关系无非就是战争和结盟。原始人群意识到战争的危险，并采取措施降低其发生的可能。这类措施多样，但是它们全都能归结为结盟的一般模式，即互赠礼品。其中包括联姻。

酋邦世袭不平等产生的关键，在于一种个人的临时权力如何变成去个人化的永久权力，并加以制度化。用社会化的话语来说，就是如何解释“世袭不平等的起源”。当一种个人权力(形式)最终确立并制度化，届时便出现了各类附属职位，并形成某种等级。在所有酋邦中，这种职位的等级在继承方面是世袭的，于是就形成了永久的社会分层。

在某些情况下，平等社会在逻辑上有逐渐开始变为等级社会的趋势。首先，当某人吸引了一批拥趸后，他可能会想让自己后代也享受同样的殊荣。在一些新几内亚部落，“头人”吸引了一批拥趸。他的伟大之处表现在各个方面，但最值得注意的是馈赠的宴飨，证明他有能力获得各种物品，以便为社群其他成员提供奢华的宴飨。这种活动的主要作用就是领导地位的竞争，很像北太平洋沿海美洲印第安人的夸富宴。

塞维斯指出，一个头人将平等社会变成一个酋邦，(关键)在于人们相信一个人的品行会传递给他儿子，尤其是他的长子。长子地位继承制几乎是酋邦的普遍特征。我们完全有理由相信,随着这种长子继承制的自然趋势逐渐固化成一种规则,这就是领导权世袭的制度化。头人的领导权及其地位由长子继承制稳定下来,它就改造了社会的血缘和组织结构。于是,平等社会的世系或氏族就变成了"锥形氏族"。在这个结构中,世系中的所有支系以及家族中的每个人,都按照创始者出生顺序及该世系和由其衍生子世系保持者的每代后裔的顺序来排位。酋邦及其分支的血缘结构产生了一些新的政治创新,这就是继承制的不平等、长子继承制、永久领导权和等级制的权威。

弗兰纳利和马库斯(J. Marcus)指出了卢梭认为人类"自然状态"是生来平等的(论点的)不当,因为即使在黑猩猩社会里也存在着等级。在原始平等社会中,黑猩猩社会中的阿尔法等级是超自然的神祇,而贝塔等级是已故的祖先。平等社会之所以平等是因为他们不允许任何活人超越其他人。

随着社会生计从立时回报的狩猎采集经济向回报滞后的农业经济发展,某些个人和家庭便会利用超出自己需求的剩余产品来获得声望。举办竞争性的夸富宴不但赢得了大家的拥戴,并以此建立起某种债务关系。无力回赠的个人和家庭会沦为夸富者的附庸,而回赠失礼的社群则成为袭击的对象,这类劫掠的俘虏往往成为奴隶。通过竞争宴飨,夸富者最后确立了自己作为头人的地位。但这种通过自己努力而获得的声望和地位并不是世袭的,头人也没有对自己拥趸发号施令的权威,他的儿子不能继承他的声望,必须靠自己去争取。头人死后会被特殊处理或厚葬,这种地位不平等可以从考古学上看出来。

农业社会会普遍建立一种仪式性的"男人屋",供年轻男子进行启蒙教育和学习成人礼仪。较大的社会会建立排他性的男人屋,因而具有造就社会更大不平等的潜质。这种男人屋会陈列祖先的头骨或灵位,成为后来神龛和庙宇的雏形。男人屋在世界各地的考古发现中都有体现,其特征为:用于坐卧的长凳、精心安置的头骨或象征物、下沉的地板、白灰抹面或与住宅不同的其他装饰等。

在历史上的不同时期,基于成就的某些社群会改变自己的社会逻辑，承认声望和特权的世袭。从民族志案例中，弗兰纳利和马库斯发现了世袭不平等起源的宇宙观。在原始社会中，每个家庭是通过祭祀自己的祖先来与超自然神祇保持沟通的。但在某些社群如缅甸克钦族头人家中有两个神龛，一个祭祀祖先，另一个祭祀超自然神祇。所以，普通人只能祭祀自己的祖先，只有头人才有资格祭祀超自然神祇。

因此，等级和地位的世袭源于某个头人家庭和世系说服社群的其他成员，承认他是超自然最高神祇的直系后代，而较低等级的家庭世系是较低等级神祇的后代。一旦某家庭世系被视为某地区神祇的后裔，那么这个世系对这个地区土地的控制就变得合情合理，从而获得了从其他世系获取贡品的权力和合法性，因为只有他们才拥有代表社群所有家庭向最高神祇献祭的资格。

波利尼西亚酋长的权力核心是称为“玛那”的一种超自然力量，等级越高“玛那”越多，因此与其相处的禁忌也就越多。酋长权力的第二个来源是他的专长，表现在他的管理、外交、仪式（的主持）和技能（的掌握）上。第三个来源是酋长勇敢和坚毅的特质，一般指战争领袖。酋长的权力来源不同，对这三种能力的倚重各不相同。

酋长和贵族的等级永久世袭，他们通过联姻维持贵族的血统和等级，并与平民隔离开来，这就形成了阶层社会。地位世袭和社会分层的考古学证据是儿童厚葬墓的存在，因为其财富和等级来自其家庭和父母。还有，酋邦的男人屋变成了庙宇，那里是各种神祇长期居住或短暂停留的地方。管理庙宇的不再是创始世系的男性，而是训练有素的专职祭司。在酋邦社会里，庙宇往往由酋长所建，因为那里供奉着他家族世系的超自然神祇。

## 四

从酋邦向国家演进的标志是官僚制政府的出现。到了酋邦的专权社会，首领无需被迫遵守所有的社会约束。他们的权力来自他们的群体，但一旦权力形成，它就变得自主，并使之成为个人的活动。于是，这开启了一个前所未有的先例。此后，有些人能够创造出新的事物，甚至在某种程度上否决集体的惯例，平衡就被打破。

塞维斯将国家与政府的起源置于集中领导权的制度化上。形成中的官僚机构的经济和宗教功能是随着其服务范围、自治和规模的增长而发展起来的。因此最早政府的作用是为了保护自己，而非社会的其他阶层。它是在维护整个社会的作用中使自己合法化的。谈到国家的性质时，塞维斯说，国家是由武力所支持的，除了权威的权力外，武力的权力也是“国家性”的基本要素。

弗兰纳利和马库斯在考察了夏威夷、非洲祖鲁、印度洪扎（Hunza）和马达加斯加王国形成的四个民族志案例之后指出，没有一个王国是先前等级社会简单变大的结果。这四个王国都是某酋长通过武力征服一批竞争激烈的等级社会的结果，其过程就像几个雄性黑猩猩通过竞争，最后只有一个登上阿尔法等级一样。从酋邦的神权（统治）向王国的官僚体制转变也是新兴王国始料未及的，因为在征服了不同地区的酋邦之后，这些地区变成了王国的行省。为了打破各酋邦社会臣民忠于各自贵族世系的管辖格局，只能采取委派亲信和官员的统治策略。比如，夏威夷第一任国王将征服的五个岛酋长封为政务委员，起初是为其决策寻求支持，但在这些酋长退休或去世后，他可以随便安排自己亲信来取而代之了。

根据这些观点，酋邦通过征服和兼并，最后发展出一个行使（包括武力在内的）权力的制度化政府。这种新型管辖机构的组成，已经不再是过去那种按照创始者或世袭贵族等级出生顺序排位的等级制，而是如柴尔德所形容的一批由祭司、文职和军事领袖以及官员组成的“统治阶级”或官僚系统，这便成为国家有别于酋邦的关键特征。也正如弗里德定义国家所概括的那样：“国家是超越血缘关系建立起来的社会政权。”

从考古学上来分辨酋邦和早期国家有相当的难度，因为管辖体制的形成很难从物质文化来判断。但是，布鲁斯·特里格（B. G. Trigger）在“管辖体制的考古”（参见《时间与传统》）中提出了从考古学分辨政府的几个途径，为我们分辨酋邦和国家提供了有益的启示。这些途径包括：

(1) 人口学方法。酋邦通常为10 000到12 000人,最小的王国有1 500～10 000人,小国有10 000～100 000人,王国在100 000人以上。(2) 文化的方法。存在与贵族群体相伴的显赫物质文化,能为政治结构提供最佳的线索;并有体现政治结构的礼仪中心及相应等级。(3) 社会学方法。① 存在强化劳力性质的公共建筑,显示高贵的地位和个人的荣耀,并炫耀国家的权力。② 存在全职的工匠、官僚、士兵和侍从。③ 存在大规模人殉人牲的高等级墓葬。但单凭这个标准可能无法分辨酋邦与早期国家。(4) 地理学方法。存在与政治和管辖有关的各种建筑:宫殿、庙宇、仓储、军营、会议大厅和行政建筑。(5) 肖像学方法。存在高度程式化和套路有限的主题的权力肖像。他还强调,单凭一种方法不足以做出恰当的判断。如果根据这些分析途径,再结合区域聚落形态考古,有望在判断酋邦向早期国家的演进上获得许多有益的洞见。

如果我们能够借鉴本书的酋邦概念和国家起源理论,并与民族志中的原始国家案例进行跨文化比较,然后参照特里格有关政府起源的五个标准来审视我国早期复杂社会如二里头、良渚、红山、陶寺和石峁等遗址的发展层次,一定能够为我们判断我国早期国家的形成和特点提供新的洞见。

## 五

酋邦是新进化论作为社会进化序列的一个过渡阶段或一种过渡类型来定义的,介于政治上平等和缺乏集中的部落与国家之间。这一概念提出之后,也受到了各种批评,激起了广泛的讨论。但是,酋邦仍然被认为是一个有用的分析概念。从跨文化比较来研究社会进化是一种规律性研究方法,与历史学的详述研究存在很大不同,混淆两者的区别是我国学者对酋邦概念产生疑虑的主要原因。

塞维斯指出,新进化论的兴起使得考古学与民族学建立起了密切的关系。考古学和民族学对文化进化的研究,就像是古生物学和比较解剖学对生物进化研究的关系。考古学家除了进行发掘、绘图、描述和解释等工作外，还应该进行各种比较研究，以便将研究的考古学文化放入历史和进化的脉络中去进行探讨。借鉴民族志材料来进行讨论，是考古学重建历史的一种理论和方法。因此，他建议更多地结合民族志研究，来推动考古学理论和方法的发展。

更多人类学理论涉及抽象的概念和从一般性的视角看问题。美国科学哲学家欧内斯特·内格尔(Ernest Nagel)指出，科学陈述需要使用高度抽象的概念，这些概念与具体事物所显示的属性的关系或许并不明显，甚至相去甚远，但它是探求综合性解释的必然结果。为了说明形形色色事物性质的普遍性，在系统表述其结构特征时，就必须进行抽象。

李济说，文化人类学最有用的方法之一，是把那复杂的文化内容分成若干较小的单位作比较研究。这种较小的单位就是特征。这些特征、成分及个体的分离或附合的程序，就是文化的演变。我国文明和早期国家探源主要是由历史学家和考古学家来从事的，普遍缺乏民族志的知识背景和规律性研究的训练。因此了解和借鉴文化进化研究的方法论和分析概念，无疑有助于我们加深对酋邦和国家性质的了解，并重视社会演进过程的规律性探索。

国内学界对塞维斯的这本著作一直极为关注，而且引用甚广。但是由于不熟悉新进化论产生的背景以及对文化人类学诸多术语缺乏精准的了解，在文明起源的理论探讨中产生了许多不必要的误解或歧见。由于本书写作年代较早，而且作者介绍中华文明起源的内容都为二手资料而且比较有限，所以第15章中华文明的论述可能与我们的期望有一定的距离。但是译介本书的初衷是引介国际学界有关文明起源的人类学理论和分析问题的视角。我们希望，本书中文版的问世能够让我们完整了解塞维斯原著中的论述和观点，以便更好地运用和借鉴国际学界流行的理论、方法与概念，提高我国文明探源的理论与实践水平。

陈　淳<br>2018年12月

# 序

写书时遇到的颇为矛盾的事就是，一本书开头的那些文字（所 x/xi
谓前言）往往最后才写。不过这让我有机会做一个最终陈述来强调本书主旨。我也可以在此向一直以各种形式对我及我的手稿给予帮助的诸君表示感谢。

在书稿的不断修改中，本书在许多方面有重要改变，这有点像进化。虽然本书的研究方法旨在实现这样的可能，不过书中主要重点有如此出乎意料的发展，以至于终稿大为改观。刚开始工作时，我认同普遍的准则，将文明兴起等同于国家起源，而国家起源则由基于武力的压迫控制来定义。我一直相信，这一“国家”的定义能有效适用于一些现代原始社会。然而我发现，尽管这些特点在某些古代文明中偶有所见，但并非大多数古代文明的典型特点。我逐渐意识到，压迫性武力的国家概念对于定义古代文明不怎么有用。它不能说明文明的起源，也不是判断文明的一个标准。 xi/xii

而且，本人研究并不确认普遍认可的将文明等同于城市化的结论。我发现城市对于古代文明的发展并非必要，甚至并不与其发展紧密关联。

另一个有关国家是压迫性机构的历来看法是，国家起源与保护和管理私人财富有关。从柏拉图、亚里士多德、斯多葛学派、伊壁鸠鲁派，通过社会契约论者如卢梭、霍布斯（Thomas Hobbes），再到流行的现代理论、马克思主义、杰出的政治思想家们，都根据对原始社会和政府起源的见解，支持他们有关人类起源以及管理机构最初起源的理论，而这些说法几乎总是涉及财富与政治的关系，以及其中哪个是（或应该是）主导。比如，列宁写著名的《国家与革命》（*State and Revolution*），就是从“国家真正的历史作用和意义”来提醒那些意欲改革当时政府的自由社会主义者。列宁（摩尔根、马克思和恩格斯亦然）声称，国家最初是作为一个为保护少数有产阶级利益而压迫大众的暴力机关出现的，因为其最初目的反映了它真正的本质，社会主义者应该反对其所有的形式。

目前的研究没有提供任何国家或文明起源阶级冲突理论的证据，也不支持任何其他许多版本的冲突和征服理论。但是，这在我们的学术史中如此流行，看来有必要用“结论Ⅰ（否定）”这一整章的篇幅来适当反驳它们。但是，在本书最后一章将陈述我表示肯定的结果：政府的起源基本在于集中领导权的制度化，在其行政管理功能的发展中成长为一种世袭的贵族统治。无论结果有多么不同，但是历史上所知的诸多“原始社会”和六个主要古老文明，都
xii/xiii 是从酋邦（等级制）社会发展而来的，而酋邦本身是从分节（平等）社会发展而来的（正因为是领导权的进化滋生出世袭等级制，“酋邦”这个标签似乎要比“等级制”更能体现该过程的本质。同样，“分节”①要比“平等”更恰当，虽然两者都准确描述了社会政治演化早期阶段的特点）。

政治权力的三个显著功能——提供领导、强制和为维持社会进行调停——看来领导作用在因果关系上显然处于优先地位，进而经济和宗教的强制性就会随早期官僚机构的服务和自治（当然还有其规模）的不断增强而发展起来。而它在私法中的法律调停作用，看来只是作为其他两项活动持续发展的结果而产生的。（公

---

① 指没有中枢神经系统。——译注。

法,指涉及个人与政府之间关系的法律,可能是更早的一种法律形式。)因此,早期政府的作用不是保护社会上其他阶级或阶层,而只是保护自己,维护自己对整个社会统治地位的合法性。两个基本的社会阶层是统治者和被统治者。也就是说,统治者造就了他们自己,而不是由别人造就的——比如一个"有钱的"或经济上的优势阶级。

在研究现代原始国家和古代文明时,我们基本考虑的是神权官僚机构的演化。该官僚机构也是经济系统各重要部分的创造者和管理者。甚至在最古老、最简单的系统中,也是由这种政治权力安排经济,而不是相反。这是一种再分配和分配系统,而非一种为获取个人权力而敛财的压榨系统。

这看来是各现代原始国家及早期文明起源的普遍基础,使得这些潜质能够充分地发挥。但这些原始文明在整个人类历史上至多只有 6 个,这一定意味着需有特定机遇和特定环境特点之罕见结合,才能造就它们。本书后面介绍的大量研究正是对这些机遇 xiii/xiv
和环境的探索。

第一编"政府的起源"第 1 章概述了社会维持自身的手段,并讨论了这些手段在原始和文明社会中是如何不同的。第 1 章也为考察"国家"和"文明"的含义提供了基础。在此也引入了酋邦的概念,作为原始社会与文明之间的一个过渡阶段。最后讨论了古代文明与现代原始国家进行比较的难点及优点。

第 2 章讨论了有关国家、法律及公民社会起源的诸多理论。本书的目的并不是对诸如亚里士多德和柏拉图、霍布斯和卢梭、维柯(Giovanni Battista Vico)和恩格斯等人的理论做出评判,但鉴于他们的理论本身很有意思,在结论章节将设法从本研究的成果对他们的系统陈述做一番简略的评述。

重复一下,第 3 和第 4 章对于背景知识十分重要。早在本研究开始之前，我就觉得在原始分节社会和原始国家正式形成之间可能或必须安置一个由酋邦组成的阶段。我对这个阶段的可能性曾有相当时间的疑虑，因为我总在实际的民族学和历史学文献中与其不时相遇。因此，第 4 章包含了影响本书结论的一些重要理论设想。本书末尾的附录将指导读者了解有关酋邦和分节社会的更多材料。

关于特定国家和文明起源的各章相对独立，每章自成体系，各有其尝试性结论和对未来研究的启示。除了描述性材料和历史资料外，在个别章节我们会提及其他学者基于他报道的特定案例材料所提出的国家起源的一般性理论。我们不必以经验性依据不足来看待这些讨论，而站在这些学者本身的立场来看待这些理论将是有趣和恰当的。

xiv/xv 第二编“现代原始国家”将祖鲁作为第 1 章，是因为它是国家形成的一个著名案例，也是因为该事件被欧洲目击者详细记录。从酋邦通过极为暴力的恐怖阶段向一个制度化国家政府的转变，是各种政治问题与形成一个征服型国家的努力相伴的一个特别令人震惊的例子。

接下来的两章讨论非洲其他的征服型国家。虽然这些国家起源的具体材料不像祖鲁的案例那么完整，但是文中会为读者呈现专家对这些地区的国家起源和性质的理论探讨。出于同样原因，有关切罗基的章节也作为弗雷德·吉尔林(Fred Gearing)国家形成理论及其历史意义的载体而予以呈现。

波利尼西亚历史上著名的三个国家形成的实例是夏威夷、塔希提和汤加。将它们放在同一章里讨论，是因为虽然这三个案例在不同程度上受到了来自欧洲人的外部影响，但我们对各个案例作出的结论很相似。特别重要的是，要研究其原始政治进程，需要了解塔布(tabu)和玛那(mana)在波利尼西亚神权酋邦中的重要意义。

第三编介绍“古代文明”的章节有相当大的难度，特别是因为我们很难从考古材料来确定社会发展的确切阶段。我们希望，前面从历史学和民族学章节得出的一些见解，能够有助于思考文明演进中有关起源、阶段、类型以及最终的因果问题。

在所有早期文明中，中美洲被现代考古学家研究得最为透彻，他们的阐释目的以及相应的研究方法都与本书目的颇为契合。因为这个原因，我们将它作为本书这部分的开头。出于相同理由，美索不达米亚逻辑上应该紧随其后，但是由于我们必须考虑中美洲与秘鲁之间可能的文化联系，看来最好还是把秘鲁放在中美洲之后。

美索不达米亚后面一章讨论埃及，同样因为需要讨论文化传 xv/xvi
播的可能。从年代学和地理学考虑，印度河流域文明放在上面两章与中华文明之间，所以它放在中华文明的讨论之前。中华文明，作为第三编的最后一章，不只是一个显然独立发展的早期文明，而且也提供了有关文明起源最令人感兴趣的思想之一的背景——欧文·拉铁摩尔（Owen Lattimore）的开拓性生态学理论。

自 1930 年代晚期我同时发现人类学和马克思主义以来，文明与早期国家的起源一直是我主要关注的问题。我很快投身其中，并仔细阅读摩尔根的《古代社会》、恩格斯的《家庭、私有制和国家的起源》、列宁的《国家与革命》，最后是 19 世纪人类学和社会学进化论者的著作。当然，后来当莱斯利·怀特和戈登·柴尔德（V. Gordon Childe）等现代进化论著作一问世，我又马上跟进阅读。最后，我对马克思主义及所有形式的“系统”思想感到不满。但是，虽然大量的学习足以令我看出摩尔根、马克思、恩格斯等人的观点有哪些缺陷，但是我依然大力赞同他们提出的一些重要问题。因此，此项研究并无与马克思主义相左的意思，只是初衷已非马克思主义。

由于这些兴趣酝酿已久，因此除了一些早期突出的例子和最近阅读这份稿子的学者，我已经无法一一列举每个人对我的具体帮助和影响。

在密歇根大学时，莱斯利·怀特教授讲授了几门人类学课程，将摩尔根、马克思以及文化进化论以一种有趣的方式一起介绍，而正是其中有一门课与我当时的左倾政治倾向产生了共鸣，以至于决定了我后来的许多研究兴趣。不知道他看到我在早期研究史中如此强调他的影响是否会感到高兴，毕竟这本书（以及之前那些著作）已经与他所教的摩尔根学说相去甚远。但即便如此，我仍十分感激。

xvi/xvii 第二次世界大战后，作为一名哥伦比亚大学的研究生，我上了已故斯图尔特教授的一些课程。当时他的兴趣是一种比较方法（他称之为"多线演进"），用来分析古代文明的发展。由此，我在进化问题方面的兴趣得到进一步深化。在此我要提醒读者的是，虽然我十分感激斯图尔特的启发，但我现在并不认同他的因果理论①。

当时，我的一位同学兼好友莫顿·弗里德与我一样对这些理论感兴趣，后来我们在哥伦比亚大学的四年教职生涯中是同事。他的《政治社会的演进》(*Evolution of Political Soceity* 1967)一书采用了一种不平等社会文化整合的诸阶段构想，而非与本书相似的对不平等起源的强调。本书的努力与弗里德著作的不同在于，我更加侧重讨论具体的国家起源，而他只有一章提及这个问题。虽然我的成果也在其他方面和他有所不同，但是我们的友谊和共同兴趣自 1946 年以来一直是我的重要学术支撑。

某些现代考古学家在特定地区已经从事了许多出色的工作，

---

① 斯图尔特对我自己有关社会进化思考最有影响的文章是《社会文化整合的层次——一种可操作的概念》("Levels of Sociocultural Integration: An Operational Concept")，我想对弗里德以及其他学者来说也是如此。

同时也作出了许多理论上的贡献，这些内容将在相关章节中予以讨论。在一个日趋专业化的时代，要试图把它们汇总到一起是相当艰巨的：不仅易被吹毛求疵，还会受到自负的怀疑。但是，当我把各章节发给诸多专家指正，得到了他们有建设性的，甚至是热情的回复，对此我极感谢忱。

几位专家通读了整本书稿，并提出了很多有益的意见。在此我由衷感谢加州大学圣芭芭拉分校的几位教授：唐纳德·布朗(Donald Brown)、查尔斯·伊拉斯谟(Charles Erasmus)、托马斯·哈丁(Thomas Harding)、埃尔文·哈奇(Elvin Hatch)、凯·马丁(M. Kay Martin)和芭芭拉·沃里斯(Babara Voorhies)。从寻求意见的角度来说，这本书的内容实在太多，要阅读这样一本书稿，顺着它的主要脉络，花费如此多的时间和精力，给予令人鼓舞的评语，已经远远超出了一个同侪的职责。这可谓是对友谊最极端的考验。 xvii/xviii

有些理论性章节由我同事马蒂森·迈因斯(Mattison Mines)、曼纽尔·卡洛斯(Manuel Carlos)和阿尔伯特·斯波尔丁(Albert Spaulding)审阅，对此我深表感激。布兰迪斯大学的罗伯特·曼纳斯(Robert Manners)教授以及纽约州立大学的罗伯特·史蒂文森(Robert F. Stevenson)教授为出版社审稿，然后又以朋友身份为我提供了非常有益的具体意见和感想。罗伯特·卡内罗和格特鲁德·多尔(Gertrude Dole)博士阅读了第一编，并给予了帮助。

对以下为我审阅特定民族学和考古学领域相关章节的专家表示由衷的感谢：

讨论非洲的第5、6、7章由加州大学圣芭芭拉分校的戴维·布罗肯夏(David Brokensha)和布赖恩·费根(Brian Fagan)两位教授审阅。

第9章波利尼西亚由加州大学圣芭芭拉分校的托马斯·哈丁教授审阅。

第10章中美洲是很重要的一章(与美索不达米亚一起)，因为它是有关文明起源几种主要争议性理论的一个重要平台。我还欠宾夕法尼亚州立大学威廉·桑德斯(William T. Sanders)教授一份人情，他为第10章提供了批评意见。密歇根大学教授杰弗里·帕森斯(Jeffrey Parsons)和亨特学院的理查德·布兰顿(Richard Blanton)教授也帮助审阅了这一章，并将未发表的最新研究供我参考。

德克萨斯大学的理查德·谢德尔(Richard Schaedel)教授对秘鲁章节提出了十分有益的意见，并提供了未发表的资料。

罗伯特·亚当斯(Robert McC. Adams)教授仔细地审阅了第12章美索不达米亚，并给予我大量极有帮助的未发表论文。

加州大学圣芭芭拉分校的马蒂森·迈因斯和唐纳德·布朗教授审阅了第14和15章，两位都是东方学家。

这样一本书肯定会有争议，以上我所致谢的给予我帮助的各位未必对本书的所有内容都表示赞同。写作这本书的漫长过程中，最大的乐趣之一就是各位读者的反馈。

xviii/xix 此外我还要感谢诺顿出版社的约瑟夫·詹森二世(Joseph B. Janson, II)和凯瑟琳·海德(Katherine L. Hyde)的耐心、经验与鼓励。

埃尔曼·塞维斯

加利福尼亚州圣芭芭拉

1974年9月

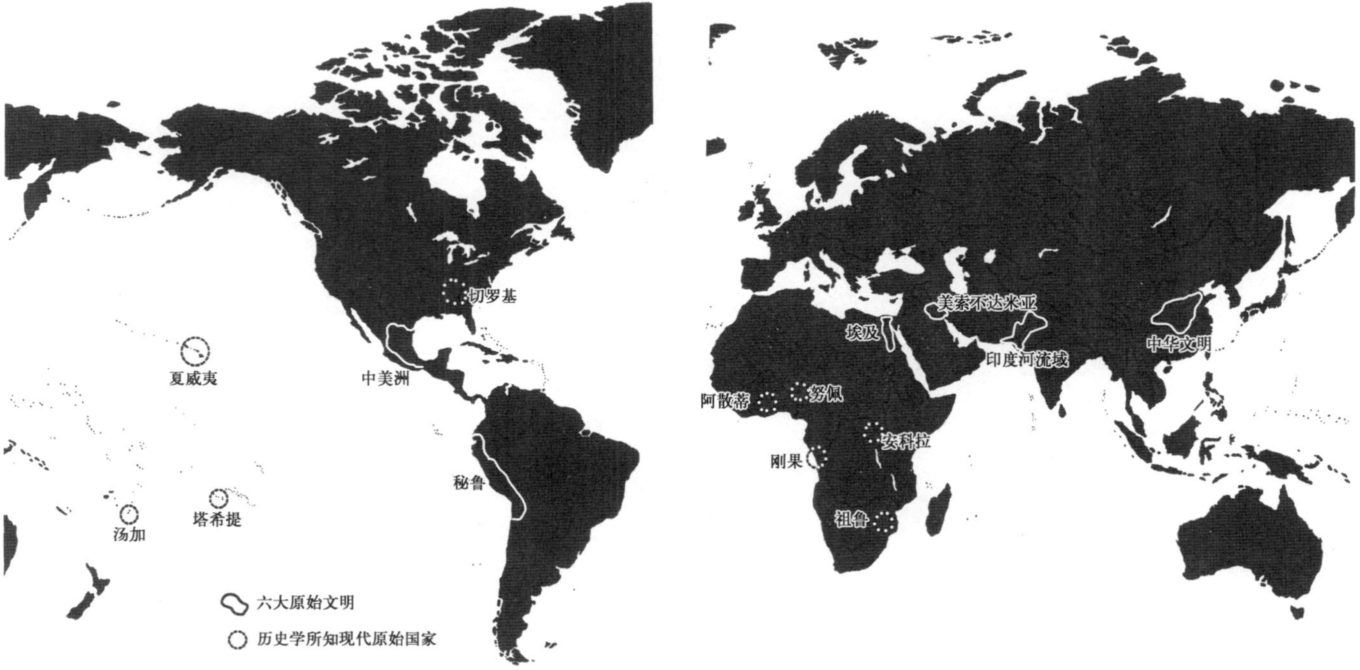
切罗基
夏威夷
中美洲
秘鲁
汤加
塔希提
六大原始文明
历史学所知现代原始国家
美索不达米亚
埃及
印度河流域
中华文明
阿散蒂
努佩
安科拉
刚果
祖鲁

# 目　　录

# 第一编
# 政府的起源

1 前言
2 政府起源与性质的理论
3 自然状态下的人：平等社会
4 权力的制度化

# 1

# 前　言

人类的成就是创造了文化。人类社会正是通过文化来控制和 2/3
管理它的成员，并创造和维持这种复杂的社会组织的。文化也具有技术、经济、宗教、艺术、娱乐及其他多种功能，而所有这些都有赖于文化的政治方面来整合和保护社会。撇开单纯的生存问题，最严峻的问题就是政治问题，而所有社会都必须解决这些问题，才能保证社会的发展。但是，也有些社会更胜一筹：它们已经找到了一些政治—文化解决方案，不仅能维持社会的稳定，而且已经能够使其在规模和复杂程度上进一步发展，而这个过程往往需要以牺牲他自己和竞争者为代价。

## 社会大分化

人类文化演化中的分水岭出现在原始社会变成文明社会的时段。就我们从现代人类学的研究所知，原始社会呈血缘群（kin
group）的分节状态，这些血缘群相互独立而平等。最终，其中有个 3/4
别血缘群出现了等级分化，并由一种集权所控制和领导——一种像政府那样的制度化权力。显然，这些社会在其文化演进中迈入这一新阶段时，发生了翻天覆地的变化。解释这项成就，自古希腊时代的思想家如柏拉图与亚里士多德以来，一直是西方文明最重要的历史、哲学和科学论著的关键要点。

文明社会的演变一直是所有文明重要的思想家，尤其是近几个世纪西欧思想家所思考的问题。启蒙运动的哲学以及后来19世纪的社会学和人类学充斥着各种进化思想，而我们对政府起源的大部分关注也源自这些思想学派。但是，这些哲学家离原始人群的真实世界太过遥远。即使是19世纪的学者也对真正的原始人群知之甚少，第一手资料依旧十分匮乏。我们如今能获得的新材料要求我们在汲取过去学者有价值进化观的同时，重新评估他们的各种理论与某些概念。

这些理论家常常带有偏见和误导性质地把这些原始人群说成是“蒙昧”(savages)和“野蛮”(barbarians)的，意指他们并未开化，像野兽一样。另一方面，他们又用“城市”(urban)和“文明”(civil)等词汇指称这种分野的另一边，以高人一等的态度称之为“文雅”和“开化”，进而再一次贬损原始人。让我们定义几个不带贬义的必要术语，并前后一致地使用它们。

“城市”和“文明”可以准确意指该社会以存在城市或大型乡镇为特点，而其居民为某种法定共同体的公民。正是城市和文明的这种含义，至少是最基本的内容，后来衍生出其他隐喻性的含义。相反，较早和较简单的社会阶段，以缺乏凝聚城市和正式的法律体系及与之相伴的制度化政府为特点。这才是我们所谓“**原始**”的要义所在：简单、早期、原始、初级，缺乏成熟的政府机构。对本书的研究对象如此定义，虽然看上去不够正式，但实际上抓住了大部分
4/5 现代对原始社会与文明社会之间差异问题的论述之核心含义。这些将在本书的下一章中讨论。

现代人类学家所知道的某些东西是柏拉图、亚里士多德、霍布斯或者卢梭所无法理解的。他们以及无数其他评论者(不包括马克思和恩格斯)在人性和文明问题上，将政府或文明与社会本身相提并论。而前文明(precivilization)在他们看来无外乎是一种无政府状态，其民众仅受制于自然而没有任何文化体制的约束。但是

我们现在知道，人类在其历史 99%以上的时间里（还有部分的世界人口，在乃至当代历史中）都处于这样的社会：它们没有法律和行政体制来管理自己。但是，原始社会也绝非无政府主义，因为社会行为是严格受限的。我们将在第 3 和第 4 章中讨论这种制约是如何做到的。

早于现代文明社会的古代文明是在不同时间和地点演化的。美索不达米亚与埃及在约公元前 3500～前 3000 年，印度河流域约在公元前 2500 年，中国黄河流域约在公元前 1500 年，墨西哥河谷和秘鲁沿海约在公元前后之交（见表 1）。当然有些文明可能偶尔相互关联，特别是美索不达米亚和埃及的文明，还有新大陆的墨西哥和秘鲁文明①。但是这些文明中有些很可能是独立发展的，最明显的就是，新大陆与旧大陆的文明是没有关联的。这是一个非常重要的事实，因为它影响到我们的视角。它是不是一种独立的发展，通过征服、传播、模仿或者其他渠道扩散到其他地区？那么接下来是一个“历史性”问题，即我们只是想了解发生了什么？何时？但是因为它独立发生了多次，我们马上会揣测，即使它只发生过两次（新大陆和旧大陆），发生的**原因**或重复的**过程**又是什么？通过 5/7
仔细的比较，我们想了解那些共同的因素：那些先决条件；地理、技术、经济、社会及意识形态的背景；战争的作用以及周边政治环境的性质。如果文明仅有一次起源，那么就根本不值得去推测这是否是一次历史的偶然，而且其因果关系无从分析。但是，有些早期文明不仅很可能是独立发展的，而且它们还发展出惊人相似的新文化特征，有些特征一直被视为文明进化阶段的标志。

---

① 戈登·柴尔德极具影响力的著作《人类创造了自身》（1936）和《历史发生了什么》（1942），聚焦于美索不达米亚、埃及和印度河文明。他最后和最具定义性的“城市革命”（1950）的系统陈述又补充了对玛雅的简要讨论。但自此以后，大部分人类学家都引用了上述六个文明。格林·丹尼尔（Glyn Daniel）在 1968 年著作中将中美洲分出两个文明，得出了七个。下面的表 1 省略了印度河流域。

6

**表 1　主要区域的绝对年表 ***

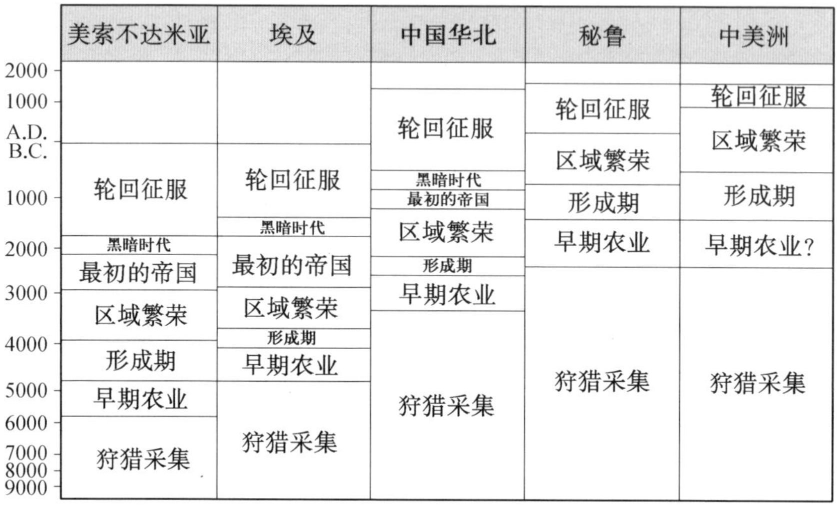


* 这些年代根据布雷德伍德(Braidwood)对近东(*The Near East and the Foundations for Civilization*, Eugene, Oregon, 1952)的估计以及近东和美洲的放射性碳断代进行了修订。这些新年代将近东的农业起源比之前认为的推迟了约 2 000 年,将安第斯山脉的农业起源提前了约 2 000 年。印度和中国的年代被做了修订,以便与近东的年代对应,但估计仍然会显示时间的滞后。(新大陆的年代取自弗雷德里克·约翰逊整理的数据。*Radiocarbon Dating*, Memoir of the Society for American Archaeology, *American Antiquity*. 1951, 17[1],引自 Steward 1955, p.190.)

上世纪①,路易斯·摩尔根等人认为,文字是古代文明的标志性成就。(秘鲁看来是个例外,但是秘鲁人确实使用基普[*quipu*]——一种结绳表示十进位数、以不同颜色表示不同东西的助记工具。如果所有早期文字都是记录系统的话,那么秘鲁的基普离此仅一步之遥。)近来,随着考古学对社会经济因素的兴趣日增,戈登·柴尔德将最早的文明起源看作是"城市革命"的概念被普遍接受。其具体标准为一系列功能相关的特征(根据柴尔德 1950 年文章简述):城市中心(柴尔德暂定其人口为 7 000 到 20 000);常驻城市的全职专业人员阶层(工匠、商人、官员、祭司);农民生产"社会剩余产品",政府征收税赋;建造象征剩余产品集中的纪念性公共建

① 指 19 世纪。——译注。

筑；一批由祭司、文职和军事领袖以及官员组成的“统治阶级”；数字符号和文字；数学、几何学、天文学的出现；精致的艺术风格；远程贸易；最后是一个基于武力的制度化政治结构的形式——国家。如柴尔德所述，这种国家的基础是占有大量社会剩余产品的少数统治阶层与勉强维持生计、被排除在文明之外无法享受其精神福利的广大民众之间的明显冲突（第 4 页）。

在此我们要指出的是，本书将要汇报的研究并不支持“城市革 7/8
命”的核心概念。我们会看到，虽然在一些古代文明中发现了许多城市中心，但是似乎它们对古代文明的发展并非必不可少，而且明显地大体上有赖于这些文明之前的发展。事实上，柴尔德的十项标准是非常笼统的，也非同时出现。结果，一直有种倾向，即从这些标准中挑选一种或少数几种作为文明起源的典型基本特征，或在某些显著案例中，作为诱发其文明起源的原动力。而由此挑选出来的最具刺激性的是柴尔德十项标准的最后一项，即马克思主义基于暴力来维护统治阶级经济利益的**国家**概念。

就如我们所见，基于具体压迫性暴力的国家概念，在解释某些**现代**原始国家时还是很有用的。但我们的研究成果并不支持柴尔德等人提出的“国家”定义中的经济阶级要素。而且，我们的研究也不证明这样的看法，即文明起源是以国家的起源为基础的。

这里提出的另一种理论，将政府的起源置于集中领导权的制度化上。这种领导权在为维持社会而发展其社会管理功能过程中逐渐成为世袭贵族（权力）。形成中的官僚机构的经济和宗教功能是随着其服务范围、自治程度和规模的增长而发展起来的。因此最早的政府是为了保护自己，而非社会的其他阶级或阶层运作的。它是在维护整个社会的作用中使自己合法化的。

政治权力操纵经济，而不是相反。该系统执行再分配和分配，而非敛财：获取个人政治权力无需个人财富。而这些最早的政府看来显然是通过做好经济和宗教工作来巩固它们的体制的——通过提供恩惠，而非使用武力。

在本书的讨论过程中，我们将看到这些等级制的、制度化的政治体制，是如何从平等原始社会的基础上发展起来的。

8/9 现代政府的构建，诸如立法部门、正式法律法规和法院、警察和民兵等的共同点，就是它们都是正式的机构，为执行主要的政治职能，特别是维持社会秩序，而特地成立和专职化的。但是，在这点上需要注意的是，许多对行为的限制也见于非正式的方面，比如家庭，尤其是学校、邻里、俱乐部等面对面的社群里。在这一层面上，最强大的社会力量是个人—社会的奖惩，这具有强大的心理效应，其中较为明显的是诸如赞赏和责备的约束。这些通常没有可见的制度化，因此不应与我们现代的法律和国家概念相混淆。

但是，如果人类99%以上的历史都处于政治系统制度化起源之前，那么这些社会是如何自我管理的？显然，很可能它们的做法基本上与我们家族和现代原始社会的做法一样，完全靠个人—社会约束的手段，以及通过家族权威地位的分管（比如长老），进行奖惩并解决争端。

大多数人类学家倾向于使用非常宽泛（或宽松）的法律和国家定义，以便将原始社会和现代国家相提并论。但是，对我们这些对相异性和相似性同样关注的人来说——就如当下的努力——必须使用较狭义的定义。沃尔特·戈尔德施密特（Walter Goldschmidt）的论点似乎对有关比较方法的这类问题很有帮助。他说：

> 文化与文化之间的一致性并非体现在机构上，而是体现在社会问题上。社会与社会之间经常出现的是解决这些问题的办法。（Goldschmidt 1966，31）

以这种方式看问题，我们便易于在比较和反差之间做出选择。

虽然所有社会都会不时被卷入冲突，但战时有组织地招募来的军队是原始社会中所没有的。同样，如果一个专业法官和一个正式法院出现在某社会的历史上，我们会注意到它，并把它作为一种新机构来考虑其意义，即使之前所有文化阶段的争端都是通过某些方式解决的。因此，我们有时会把公民问题与家庭问题进行对照，9/10 以及将民事或政府司法机构的官员与家族的首领进行对照。这种设法解决制度比较的问题极有必要，因为我们想知道在国家和文明出现的节点上，哪些是**新生**事物，而大部分新生事物显然是机构上的。就像人类学家一直做的，我们确实想知道从一种社会到另一种社会有哪些连续、重复出现的问题和过程；但在目前情况下，我们也决定分类整理那些不连续性——这些不连续性通常就是机构形式。

加布里埃尔·阿尔蒙德（Gabriel Almond）在《发展中地区的政治》（*The Politics of Developing Areas*）有趣的前言中，就直面政治比较的问题。他觉得，“在操作的意义”上，无需将社会分为国家和非国家这两种类型。他说：

> ……我们认为，将原始社会分为国家和非国家这种经典的划分，应该改订为在政治结构差别很大并清楚可见的与政治结构不太明显、似有似无之间的区分。我们在处理的是一种连续性，而非二分的区别。（Almond and Coleman 1960，12）

在我们介绍戈尔德施密特的想法时，虽然阿尔蒙德的问题看似已经解决：“连续性”是相似的政治**问题**之一和**行为**的政治**背景问题**，但实际上是一个国家与非国家形式制度化的“二分”。然而，正如我们所指出的，在许多现代人类学家看来，“国家”一词通常被理解为意指其政治结构的基础是具体压迫性暴力。让我们保留这个含义，当我们想要谈论一个业已建立的政体，并不要求自己考虑压制性暴力的因素时，让我们采用一个比较含糊的词汇——**政府**：一种凭借权力来管理民众的官僚机构。

## 社会的维持

现在，我们应该为某些功能背景谨慎地定义一些标签，以便能
10/11 够分析提及的一些政治问题以及相关的行为方式。肯定的是，普遍的问题只是**维持**——维持社群内部的社会秩序，以及抵抗外来者以维护社群自身安全。内外部的维持工作明显有区别（虽然常常相关），因此我们一般会分别对待。

日常社会生活中维持内部秩序的最普遍形式，也是所有社会的普遍形式，应该就是**礼节**或**规矩**（etiquette）。接下来就是**道德**（morality）教化及其内在化形成的是非观。最后，**社会约束**（social sanctions）是一种个人—社会奖惩的非正规形式，一般来说与遵守或漠视某些社会规则相关，用压低或抬高其声望，或以社会排斥或拉拢予以奖惩。所有这三种形式都属于习俗的范畴，或更确切地说，属于规范性意识形态范畴。而只是在最后一类，社会靠**权力**（power）和**权威**（authority）来进行维持，这让我们开始考虑相当不同的行为背景。

汉娜·阿伦特（Hannah Arendt 1961，92－93）清楚地说明了其中的区别：

> 由于权威总是要求服从，它通常被误认为是权力或暴力的某种形式。然而，权威不用外部压制手段；哪里使用武力，权威本身就完蛋。另一方面，权威与劝告并不相容，后者以平等为前提，而且通过一种争论过程发挥作用。发号施令者与服从者之间的权威关系既非基于共同的理由，也非基于发号施令者的权力；他们共有的是等级制本身，他们都承认等级制的正当性和合法性，而两者的固定地位早已注定。

“权力”(power)是一个常用词,因此具有许多意思。让我们采用它最广泛的含义,简单来说即一个人或一个团体令另一个人或团体对其臣服的相关能力,抑或相反,指“不屈服”的能力。这样一种概念显然包括完全不同的东西。一个人听从另一个人的吩咐,是因为后者处于权威的地位——如牧师服从主教——或因为他本身就是权威,因其知识而被敬重。权威的力量理论上来说完全基于个人或群体之间的等级关系,因此服从者并非屈从于某种强势和威逼的统治,而是受习俗(custom)、习惯(habit)、规矩观念(ideas of propriety)、利益(benefit)或其他考量影响,能够有效增强这种权力,并使其合法化和被人接受。强制的有形力量我们姑且称其为**武力**(force)。虽然许多政治组织凭借等级制的“正当性” 11/12 以及通过武力或威胁行使权力,但还是需要对它们做出区分,因为在许多社会中只存在一种权力或其他权力形式——单靠裁决(ruling),尤其是在原始社会中,我们经常发现传统的等级制裁决就足矣,无需使用什么武力[1]。正如阿伦特所说,诉诸武力就意味着此时权威失效。虽然还处于本书研究的早期阶段,但我们在后面章节所做的社会分析中,必须谨慎注意权威与武力(阿伦特的“权力”)在使用上的区别。

## 政治权力的使用

政治权力,无论基于权威还是武力,或者两者兼用,在其使用时,看来有三种常见的行事背景。它们有时被称为操纵民意(engineering of consent)、决策,以及判定(judging)。当下,出于本

---

① 伊斯顿(Easton)(in Siegel 1959, 217)批评福特斯(Fortes)和伊文斯—普里查德(Evans-Pritchard)1940年的著作《非洲的政治制度》(*African Political Systems*)中以“对武力的控制和规定”来定义政治组织。他认为**权威**是政治组织的核心,其中一些可能根本不使用武力。显然伊斯顿是正确的,特别是对许多非洲社会而言。

书跨文化比较的目的，我们必须要注意选择那些标志着一般性进程及相关问题的概念，而非那些受限于文化，在运作时会差别对待这些问题的制度。

操纵民意、建立合法性、劝说、强制、利益、不利的制裁、叛逆罪等，都是指一个政治体制努力捍卫其统治和增强其权力的手段。通常，当然特别在现代，这是一个团体为自身利益凌驾于社会其他人之上而有意为之的手段。当然，有时为自己服务的最好办法就是为社会服务，即所谓“行善得福”。常见的是，一个政治体制励精
12/13 图治的结果，就是公民感到备受恩泽。有时情况相反，人们会被定义不清的针对叛逆罪的严刑峻法所管束。就如我们从现代行为心理学中所闻，积极的奖惩措施和压迫性制裁都会引导公民采取（令统治者）满意的行为，即使他们并未意识到做此选择的原因。当我们在调查中确信具体遇到这些概念时，它们当中的任何一个可能都有用，但是它们大多数都不具备足够的普遍性，不足以用于当下的总体目标。让我们用**强制**（reinforcement）一词作为表述这种努力的一般称呼，它指无论以何种制度伪装，该政治或权威体制是用来整合和保护社会的——当然同时还保护自己。广义而言，强制并不带有限制的意思，不管公民是否意识到行为的指导方式，也不管政府是否有意识地规划其约束行为（如“操纵”民意），或通过非刻意的偶然手段（恰如适当的节气周期）。强化一个体制，就是通过各种手段来增强它——但是在此并未特指何种手段。

使用政治权力的第二种情况通常被称为决策，有时被称为行政管理。决策的称呼太过笼统，因为几乎无人无时无刻不在做决定；而行政管理听上去太正规，而且令人联想起某种机构而非问题、功能或过程。**领导权**（leadership）才是我们要在政治权力演化中真正要讨论的。一致的行动可以通过共识、意见一致、辩论之类

的方式，或由权威或武力强迫做到；它也可以通过各种方式加以组织而圆满完成，这就是行政管理。但是，只有当一致行动是对某种形式的领导权的回应，并由这种领导权（并不只是**行政管理**）指导和完成，我们才有了一种行动或过程，它会采取各种步骤，而最终通过各种行政管理的方式，这种方式才是所有关注政治权力起源的主要兴趣所在。

使用权力的第三种情况一直以来被称为判定、裁决、仲裁、调解和诸如此类的术语。所有都是指某种由第三方出面来阻止或调停争端和世仇的特定权力。“判定”（judging）和几乎为同义词的 13/14
“裁决”（adjudication），对于我们想要考虑的一般性过程太过正式，局限性太大。它们见于有正式官员可以发布具约束力法令的社会中。而“仲裁”（arbitration）是指一种特殊的第三方调解，包括各争端方遵从第三方的决定，自愿达成协议，因此该词局限性过大，只适用于特殊社会及特殊情况。正是第三方的调停行为构成了一般性过程，该过程就像上面讨论的领导权一样，采取各种行政管理的方式，以便使我们能按一种进化序列来加以安排。然后，用**调停**（mediation）这个词，我们可以简单表示某种非特指的政治权力介入对立的个人或群体的争端之中。该词既可指某正式法院的举动，也可以指由祭司控制的一种超自然的神圣判决，或是由村落长老说教之后采取的“集体意见”干预。

上述都是权威或武力的权力手段，能被用来解决各种问题，以维护整个社会，正因如此，它们符合我们通常考虑的政治活动的定义。但是我们应该记住，平等的原始社会是一种主要由亲属组成的小型、亲密、相互认识的团体，它与现代国家的政治活动不能相提并论，它们在规模上也不可同日而语。社会秩序的问题通常从礼节和规矩的意识形态来处理，以及习俗上的个人—社会制约，如果这些手段在某些情况仍不足以解决问题，那么就可能需要诉诸某种传统的家族权威。但是,在任何原始社会里,几乎都没有动用政治武力的情况。这种“宽容”被无数民族学家、传教士和早期旅行家所谈论。

## 国　　家

标志着国家特有要素的民法和正式政府,以这样的事实有别于原始社会常见的政治权力形式,即它们是制度化的、颁行和
14/15 正式的,而且它们使用、威胁或暗示会实际使用武力。不管它们是通过习俗而合法化,还是约定成俗,不管这种等级关系如何被认可,法律和政府通常被认为在所有的社会机构中是独一无二的,它们的所有要求都能以武力为靠山,而非单凭公共舆论或某种形式的个人独立行为。诚然,原始社会中也用武力,就像父亲在揍孩子时说“不许那样!”一样。这在某种意义上是法律和管辖吗? 在某种意义上确实是。但这是不是有用? 美国有些人类学家就是这样认为的,并发现在原始血缘社会中有各种各样的法律和情况,只是在复杂程度上有所不同(罗伯特·洛维[Robert Lowie]的《国家的起源》[*The Origin of the State* 1927]就是最极端的例子)。

就这点而言,试图正式赋予法律一个恰当的定义是不明智的,特别是声称**所有**法律(即每一条法律)都必须以威胁或使用武力为靠山。这个问题我们将在第 4 章“权力的制度化”中讨论。但是,就整个法律体制而言,**国家**是由武力所支持,即便没有一部法律会这么说。这在国家的大部分定义中是对的。我们必须声明,除了权威的权力外,武力的权力也是“国家性”的基本要素,因为这是确定本研究主题的唯一途径,用非正式的说法就是:采用武力和权威的权力,这种管辖权的制度化是如何出现的?

# 酋　邦

许多与压迫性国家起源有关的重要理论和争议一直存在不足，因为很难对压迫性国家从平等原始社会的基础上产生给出令人信服的解释。它的起源应该是相当突然的剧变，因此这也许就是各种冲突/征服理论如此常见的原因之一。但是，现代的民族史记录有力地表明，世界各地都有发达程度不等的酋邦存在①，这种过渡形式显然是从平等社会逐渐发展而来的，并早于所有最知名 15/16
原始国家的形成。从这点来看，在古代文明兴盛之前，极有可能也存在一个相似的阶段。

酋邦具有一种贵族统治性质的集权趋势和世袭的等级地位排序，但没有武力压迫的正式法定机构。它似乎普遍是神权型的结构，而且对权威的服从形式与宗教信众服从祭司—酋长如出一辙。如果这种非暴力组织被赋予一种进化阶段的地位，那么国家的起源（如我们上面所定义的）就能被大大简化，并将使用武力的问题作为制度化约束来看待。当然，这样就会令我们考虑有关酋邦的起源以及它们管辖的等级形式。

这个话题到此为止。目前只提出了起码的定义，而且只能从它们最简单的形式起步。笔者也希望能从它们民族志和历史学背景中逐章提出新问题，以免问题复杂化。此外，在此也避开了相互

---

① 酋邦概念最早引起我的注意，是当卡勒沃·奥伯格（Oberg 1955）用它来指称一种介于分节部落和真正国家之间的南美低地社会。我在《原始社会结构》（*Primitive Social Organization* 1962）一书中借它命名了一个完整的进化阶段。我发现，这个中间阶段的概念在许多问题中非常有用，因此在本书中都会使用酋邦概念。

酋邦阶段的社会因为具有一些国家的微弱特点，但仍然被认为是“原始的”。可能正是由于这个缘故，大量的争论看来起初只是定义之争：原始社会有**法律吗**？**有政治吗**？**有政府吗**？（露西·梅尔[Lucy Mair]在其《原始的政府》[*Primitive Government*]的引言中，对这些争论做了不错的总结[Mair 1962，7-32]。）

对立的各种权威定义。当需要的时候，我们会介绍当代重要的人类学阐释和相关定义，尽可能选择权威的领域和背景。

## 关于观点和方法

因为社会科学家的一般性模式来自自然科学，一个常见的做
16/17 法是强调决定论，或强调人类事务中不带个人色彩的因果关系，有别于自由意志和人类意图，特别表现为重要的政治领袖、武士和发明家。是人类创造了文化，还是文化创造了人类？就本书中采取的观点而言，两种说法都对。文化是由人类作为一个整体历经各个世代所创造。但文化从某种意义而言也具有创造性——人类有别于其他动物的地方，在于他被所在文化所创造的一种几近无限的方式所孕育和约束。

但文化的这种影响并不意味着人类行为背后没有意图，有目的行为正是社会的动力。此外，也有一些卓越的领袖。例如，我们将在第5章讨论的沙卡·祖鲁（Shaka Zulu）无疑是一个非常有创意的战争领袖，也是南非第一个本土王国的缔造者。如果没有沙卡，祖鲁国家会不会不同？这是一个毫无意义的问题，因为这无法回答：如果有任何不同，结果很可能不同。我们真正想要的是，尽可能找到以前发生的所有事件、相互关联的条件和各种力量的相互作用——与沙卡崛起相关的因果和相应的历史背景。我们至少能发现部分事情，它们也有助于我们了解沙卡为何能够做到某事，而做不成其他事。更重要的是，当我们依各章节展开的时候，我们会发现与沙卡非洲类似的情况看来也引起了像他一样的贵族的反应。但要记住的是：这不是一种“决定论与伟人”之争，因为这个问题尚未解决。我们只是对各个事件采取一种主观的视角，以排除对已逝或匿名领袖未知的个人和心理能力的揣测，以便集中到

可知的事情上。科学，就像政治，最好被定义为“可能的艺术”，这也是本书所采用方法的目的。

至于比较的方法，我们现在应该这样理解，即本研究的过程可能会看来不那么正式。也就是说，我们并不遵循一致性的统计学或数学检验的某种逻辑步骤，也不遵循采集代表性样本的某些程序，诸如此类。本书使用的方法不需要任何这样的公式，需要的只是任何历史重建中所需的学术关切、谨慎，及合理的尝试。 17/18

这里没有需要任何统计学或采样程序的问题，因为详细论证且有用的国家形成案例如此之少，也就是说，我们的样本是已知的全部了。诚然，第 3 和第 4 章包含有原始社会总体上的一些重大总结，但它们并不需要证据的发现或争论。它们只是作为研究国家起源背景的、有用的既定结论呈现给读者的。前面几章介绍的具体案例只是一般性的背景陈述。

## 我们的当代祖先

在这里需要强调的是，本书偏离了现代历史学和人类学的常见做法。历史上和民族学上所知的案例被用来帮助解释仅从考古学所知的社会。这样做是否妥当取决于行事是否严谨——必须承认这是一个棘手的问题——也取决于结果。当然，它值得进一步介绍。

将现在阶段的情况援引至已逝时代的比较方法，其合理性是什么？就如在本书前面部分所见，参照历史上已知原始国家的形成，是否真的能更好地解释或重新解释那些仅见于考古学的历史久远的古代文明的形成？大多数 20 世纪初的人类学家听从博厄斯的告诫，对这种做法是抵制的，虽然在如下所述的许多情况下，他们本可以很好地利用它，同时明确告知可能的危险。

这种方法始于哲学家采用对现代原始人群的描述，来思考他们自己的过去。这是最早的经验性方法，用来解释较简朴时代鲜为人知的历史。用这种方法的时间很长，且在古典史上很有用：亚里士多德在他的《政治学》中使用过，修昔底德在他的《伯罗奔尼
18/19 撒战争史》中也用过。这也是启蒙运动时期许多伟大的文明哲学家如霍布斯、弗格森(Ardan Ferguson)、拉菲托(Joseph Lafitau)、孟德斯鸠、卢梭和杜尔哥(Anne Robert de Turgot)，最后还有较晚时候最著名的斯宾塞、弗雷泽(Sir James George Frazer)和布洛赫(Marc Bloch)所采用的基本工具。

早期这种方法最明显的风险就是材料的可靠性。缺乏专业知识的旅行者的记录，以及后来传教士和贸易商的报告，往往会夸张或出错，虽不总是如此。但是当下，相比编年史学总体不够成熟的叙述，这个问题也并非无法克服。在许多方面，它们要比某些人的**重新**阐释更有意思和更有用。我们应该尽可能多地根据比较民族学来进行合理性的检验。颇具悖论的是，在处理现代问题时，较大的危险在于采用训练有素的人类学家的“科学”的民族志，因为即便是描述性材料可能比旅行者的记录更准确和分析得更好，这些报告只是描述了欧美殖民和帝国扩张中少数的孑遗，且这些社会是高度文化适应的残留。尤其危险的是，回避了对材料来源的可靠性作批判性鉴别，采用某些机械的统计学方法(以“人类关系区域档案[Human Relations Area Files]”或“民族志图集[Ethnographic Atlas]”的方式)，拿这样的样本来代表原住民文化，当然是不行的。

本书中这些问题不是很大。这些比较也不机械，而这些材料也由几位历史学家和民族人类学家进行了批判性评估。本书中的案例，从最著名的到最不为人知的，其最大问题是如何来评估次生国家和原生文明之间在结构和功能适应性上的区别，前者是指在比较现代的外部压力和情况下形成的国家，而后者是在本土独立

起源的(见 Fried 1967，1968)。

比较历史时期原始国家和原始文明的学术效用，在一方面，当它们用于国家和文明时，将在很大程度上能使我们坚持戈尔德施密特对政治问题和政治过程之间的区分，而在另一方面能使我们坚持各种变化多端的**机构**(institutions)，它们可能只是历史的偶 19/20
然，因此具有演化的不连续性。

弗里德提出的“原生(pristine)”和“次生(secondary)”的二分，对本书的论述非常重要，特别是将第二编的国家与第三编的文明进行对比的时候。但是，在很多情况下使用“原生”一词看似不妥，在某些背景中采用“早熟(precocious)”更妥当，因为这是一个表示相对意义的词汇：一个社会可能进化得快些，因为它比其邻居较早取得了一些进步的演化特征。“原生”(相对于“次生”)一词有点绝对，提出的问题并不总是很到位(相关争论见桑德斯和马里诺[Sanders and Marino 1970，104－105])。换言之，我不想说奥尔梅克(Olmec)或者查文(Chavin)是不是(墨西哥和秘鲁)的最早政府，而特奥蒂瓦坎(Teotihuacán)或莫奇卡(Mochica)排在第二或第三。需要论述的关键是，在**相邻社会**(潜在的对手)中率先出现一种新的发展，即使这种发展可能像危地马拉的卡米纳留尤(Kaminaljuyu)那样显然是一个次生的衍生物，但也是在它所在地极具优势的早熟政体，因而影响深远。玛雅的佩滕(Petén)、印度河文化、中国北部的周朝、秘鲁高地的蒂亚瓦纳科(Tiahuanaco)，还有其他文化，从弗里德的意思看来很可能都是次生的(甚至是第三级的)，但它们都是在非常广阔的环境中的早熟体，并能轻易地起到主导作用。就我们当下理解兴衰演进过程的目的而言，局地的相对早熟，而非绝对的“原生性”，才是重要之所在。

# 2
# 政府起源与性质的理论

20/21 关于国家性质的演化理论似乎避免不了涉及对其起源的关注。成熟的国家在其后来的历史中获得了如此多的特殊的特征和显见的功能，以至于常常掩盖了它的**主要**功能，也即它“真正的本质”。这种感觉看上去是这样的，即国家的性质最好在考虑其起源和发挥初步作用的早期背景下来进行揭示和讨论。

与关注政府（广义上的官僚国家）演进相关的是一个当代才发现的概念，即可以用一种决定论的、因果关系的视角来理解它。不言而喻，在对政府（“政治”）有分歧意见的舞台上，公民有绝佳的机会为自己、他们的阶级或专业，以及他们的社会做些有利的事情。但
21/22 是，任何自由意志主义者必须承认，人们的选择也会根据他们所相信的环境性质而做出，不仅包括栖息地，也包括其他人和其他文化惯例。于是，自由意志主义者以及固执的决定论者应该相信，他们对人、社会和文化惯例的性质越是了解，他们的选择就越合理和越有效。

但是，人们不会经常这样想，某社会的政府或社会结构是源自他物，是应对可理解事件链条的发展和改变。人们也不会认为，理智的人们能够对政府做些什么，即使是在对人类举止和政府本质有了科学理解之后。

“既然社会的世界，特别是政府，是由人民所创造，人民就应该能改变它。”在启蒙运动以前，这种信条与欧美流行的观点形成鲜明对比——只有少数个别例外。事实上，可以简单地说，启蒙思想的显著特点正是政府和社会形式并非一成不变的或神授的，智慧

和知识可以有效改变一个社会的政府。正因如此，我们对政府理论史的简单涉略就从启蒙运动开始。

众多古典时期的希腊和罗马哲学家，如柏拉图和亚里士多德、斯多葛和伊壁鸠鲁，都认为国家等同于社会本身；之前一切都是无政府状态。在13～15世纪欧洲文艺复兴(Revival of Learning)期间，亚里士多德从理想的世界大同国家(universal state)或**国际大都市**(cosmopolis)来实现的**自然法**(natural law)思想，与斯多葛哲学思想相结合，最后成为神学，特别是作为国家“自然”(即神授)意志的基础。因此，这个理论根本上是反进化论、反决定论和反科学的。

突尼斯的伊本·赫勒敦(Ibn Khaldun，1332～1406)是少数最终摆脱了历史和社会科学研究宗教桎梏的知名学者之一。他的《历史学导论》(*Introduction to History* 1377)有关编年史学、游牧和定居文化差异的社会结构因素，特别是这两种社会之间的动态关系，是一部重要思想的宝库。正是后一种有关社会冲突的视角， 22/23
为他提供了历史进程动力的思想，自那时起，该思想被现代“冲突论学派”的社会学家采纳。但是，他的另一个观点也影响深远，即坚持认为气候和地理条件对各种适应其中的社会的影响。

大约一个世纪之后，与伊本·赫勒敦关注点相同，尼古拉·马基雅维利(Niccolo Machiavelli)也提出了引人注目的基本道理：他们二人都用几乎完全世俗的观点来看待国家。“马基雅维利论者”建议尔虞我诈和背信弃义的政治诡计，不过这源自这样的事实，就像伊本·赫勒敦一样，马基雅维利抛弃了自己神学道德和形而上的态度，以便从现实主义的视角来看待国家。马基雅维利对国家的分析源自类似伊壁鸠鲁派的设想，即人类在追求幸福的无穷渴望中的私心是人类行为的动机。

马基雅维利被意大利统一的思想所压倒，为此他专心致志地真实描述将权力集中在一位霸主手中的具体做法。他在《君主论》(*The*

*Prince*)中的经典论述显示了他精到和客观分析各种国家性质的能力，而他将政府作为有其自身目的的对象来看待，以及对统治权力的论述，肯定是对后来在欧洲兴起的理想民族国家的经典描述。正如阿克顿爵士(Lord Acton)所说："后来整个历史是对马基雅维利的权威诠释。"

后来在16世纪，让·博丹(Jean Bodin)继续对政治形式进行出色的现实主义和自然主义研究。民族和朝代国家在斗争中不断地演进。和伊本·赫勒敦、马基雅维利一样，博丹目睹了由于缺乏强大政府而造成的动乱，这次动乱在法国亨利四世建立波旁王朝之前。

博丹的政府起源理论基本上和伊本·赫勒敦的相同，即国家源于冲突。也像伊本·赫勒敦和马基雅维利，博丹与教会有关平衡神授的教义不同，他认识到这种稳定性实际上是无法实现的，而好的政府必须能够应对变化。最后，博丹详述了城市居民与游牧
23/24 者之间的性情差异，以及肥沃和贫瘠地理区的影响。

博丹理论与伊本·赫勒敦的相似性不应贬低前者。首先，博丹看来极不熟悉早期的伊斯兰文献。而且，由于博丹是用比较和归纳方法，用西欧历史材料介绍和分析政治的第一人，他也是启蒙运动最重要、影响最为直接的伟大而有影响力的思想家。他的冲突理论，即使不是直接影响了苏格兰哲学家休谟(David Hume)、弗格森以及其他反对社会契约学派的人士，至少也是与他们理论一致的。显然，博丹对法国人的影响非常之大，特别是对孟德斯鸠有关人文地理的比较研究。

## 英国和欧洲的启蒙运动①

英国的启蒙运动产生了许多杰出的哲学著作。其中，我们会简略述及托马斯·霍布斯(1588～1679)和大卫·休谟(1711～

① 这部分的撰写尤其依赖彼得·盖伊(Peter Gay)1969年的阐释。

1776)，在本章末尾会介绍一下亚当·弗格森(1723～1790)。本章中间部分将会按照年代学和发展过程介绍欧洲大陆的情况。

霍布斯号称政治科学的先驱。通过采用“科学”一词，他意在与开创了方兴未艾的对机械、因果宇宙观的关注的培根、哥白尼、伽利略和哈维为伍。霍布斯生活在一个内外战乱不断的动荡时代，他特别在意教会—国家冲突所造成的微妙的统治平衡。他曾经说，自己与恐惧如同双胞胎一起降生。在这种情况下，毫无疑问，霍布斯的初衷就是希望和平，即在他颠沛流离的人生中，对具有绝对权威的稳定政府的渴望。

霍布斯的目标是从一种社会物理学角度来描述人类行为。于是，在没有外界干预的情况下，物体有遵循自身轨迹的趋势，可以 24/25
用来理解人类自私自利的原则，也即他们会沿阻力最小的路线来追求自己的利益。当然，这是社会冲突的根源，是“每个人反每个人的战争”的根源①。

霍布斯认为，早期人类生命短暂，一辈子生活在无尽的恐惧之中，并且“孤独、贫穷、肮脏和粗野”。不过最终人们还是能够达成一种“社会契约”，接受一个公共权力——国家，以限制他们的某些利己主义自由，以换取和平。只有在此之后，开化的艺术和工业才发展起来。这段论述在敦促个人服从社会和国家的意愿上，有点类似斯多葛学派的学说。

大卫·休谟的论著标志着18世纪对这种理性主义抨击的开

---

①　最好在此强调的是，霍布斯经常被误解，实际上他就像谈实际斗争(battle)一样，来谈论可能会发生的和潜在的战争(war)。“从公民国家来看，每个人都处在与他人的战争之中。显而易见，当人们的生活如没有一个令人慑服的公共权力，他们就会处在这种‘战争’状态；而这种战争对每个人而言是针对所有人的。就战争而言，它不等于斗殴或动粗的行为，也是长时间里我们熟知的以斗争(battle)来对抗(contend)的意识。因此考虑战争的性质时，也要考虑时间的概念，就如气候的性质。恶劣气候的性质不在于一两场大雨，而是长达数天的天气走向；同理，战争的性质不在于实际的打斗，而在于所知的走向，在所有时候无法保证出现相反情况。所有其他时候就是**和平**。”(Hobbes 1651, 82)

始。休谟基本上是从经验主义角度来强调的，而非从不证自明的原理来演绎推理的。他以相对的、人类学的理论来反驳牛顿的机械宇宙观，比如，因果关系的“原理”是思想习惯，它们因不同时空而异，也并非不证自明。“习俗是人类生活的伟大向导”，是他的经典名言（按约翰·洛克[Jone Lock]的重要说法）。

在政治理论方面，他一直强调惯例（institutions）和习惯的多样性，并包含这样的信念，即社群生活是基于约定俗成（conventions）而非自然法则。至于某社会和某伦理制度里的“对”与“错”，休谟觉得这种约定俗成差异很大，因而多少会有利或不利于一个社会的稳定和公正。

25/26 意大利法学家和哲学家乔瓦尼·巴蒂斯达·维柯（1668～1744）为社会科学制定了一套更现代化的假设和规则。在《新科学》（*The New Science* 1725）中，他巧妙地批评了笛卡尔和他无数拥趸为所有知识和所有科学提供的演绎逻辑数学形式。在哲学上，他像洛克和休谟一样声称，理性并非固有，而是一种可变的来自历史和社会的附加物（acquisition）。《新科学》持有近乎现代的文化演变观，为研究历史提供了一种新的归纳方法。他认为，对不同时空文化史的比较研究应该显示，各国都经历了从原始到文明的相同轮回。该构思的特别重要之处是作者一贯持有的反笛卡尔主义，即“思想秩序必须遵循制度秩序”。而当时所有其他作者都在关注一个时代或一个国家的“头脑”，仿佛这就是构建这种制度的本质。

维柯在18世纪时没有什么影响，在意大利之外也鲜为人知，直到法国历史学家朱尔斯·米谢勒（Jules Michelet）偶然读到一条有关《新科学》的注释，对它非常感兴趣，并开始翻译这本书。埃德蒙·威尔逊（Edmund Wilson）认为，米谢勒在19世纪初普及维柯是学术界的一个重要事件，令他开始了自己的现代革命理论研究

《到芬兰车站》(*To the Fintland Station* 1940)，其中对米谢勒《新科学》里的发现做了介绍。维柯书中有两个相关因素尤其吸引人：一是对社会机构之间决定性功能关联做有机体的类比；二是对国家历史的科学知识有助于人类建立理性的政府和文化。就我们所知，这些是大部分现代改革运动的基本设想，特别是马克思主义。但维柯超越了他的时代，显得格格不入。

在法国，查理—路易斯·塞孔达·拉布列德的孟德斯鸠男爵(Charles-Louis de Secondat, Baron de La Brède et de Montesquieu)的著作影响非凡，掀起了政治批判的浪潮，且这种批判也成为大部分启蒙运动著作的特点。虽然他是一名贵族，并基本上在许多方面都偏保守，但他和当时很多法国贵族阶层成员一样，对波旁王朝统治者的专制统治持批判态度。

在其重要著作《论法的精神》(*The Spirit of Law* 1748)中，孟 26/27
德斯鸠或多或少自发地向那个时代的代表——笛卡尔的系统化和理性主义致敬，不过他充分强调的却更像休谟的相对经验主义。因此，法和政府的“精神”并非普遍的自然法则，而是当法适应某地区的地理条件及与之相关人群的性情时，随时间和空间的不同而呈现多样性。孟德斯鸠的观点萌生于他想以类似英国的宪政来取代君主专制，这种宪政有内在的制约与平衡机制，反映了社会中不同群体的各种诉求和动机。

相比之下，大多数法国启蒙运动者并不赞成一种不同的政府结构，而只是设法揭示和宣扬自然的真法，以便开明的君主能够更加理性地统治人民。直到让·雅克·卢梭于1762年发表了《社会契约论》(*The Social Contract*)，才出现了一种足以撼动现代政治哲学历史的新论点。他对通俗的“社会契约”一词的用法造成了混乱，因为他对政府的看法，以及如何评价政府(用他的说法，如何评价它们的合法性)，还有他的“自由”概念与霍布斯和其他社会契约理论家的看法有很大的差别。

对卢梭来说，自由不是“天然的自由(natural freedom)”，而是“公民自由(civic freedom)”，是交换所得。公民主体是一个要求人们服从的道德实体，但在理想情况下，这种要求并非武力强制，而是由社会契约所决定，人们通过社会契约，为**公共意志**(general will)放弃自己利己主义的需求。从某种意义上说，卢梭是说，人们是为社会而非国家放弃了自然的自我意识(natural ego)，这也是霍布斯想要表达的。这就是说，**合法的**政府是社会的代理人，而不是其主人，而且它是一个由这种公共意志所主导的社会所产生的。尽管大多数启蒙运动的自由人士将政治问题理解为个人自由与公民权威(civil authority)的对立，但卢梭却试图统一两者。卢梭认为，如果国家真正具有合法性，那么它应该为公共意志服务。结果，同样愿意服从于公共意志的个人应该感觉不到任何外部力量的压迫。

27/28 这种观念显然在很大程度上取决于某些社会条件，最重要的就是政治和经济平等。根据卢梭的看法，在近乎平等的条件下，受过良好教育的公众很可能会体现出一种公民精神，这种公民精神会倾向于在重要政策问题的观点上达成一致，而非简单的“多数统治”。当然，归根结底所有这一切都不仅取决于正式意义上的教育，还取决于良好的道德培养。总的来说，卢梭是一个试图建立义务论的道德主义者——不是屈从于统治的权力，而是对社会充满智慧的协调。应该指出的是，尽管他采用了广为人引用的“高贵的野蛮人”一词，但他并不主张倒退至原始状态或摧毁艺术和科学。他只是觉得，这是应该向比他所在时代更好、更道德、人们能更好协调的新社会发展的时候了。卢梭实际上还是与乌托邦为伍。

了解这点也许不无裨益，即所有各种社会契约论者很可能都深受欧洲封建历史的严重影响。在所谓黑暗时代(Dark Ages)的动乱之后，欧洲后续仍处于以个人关系等级制为特点的地方势力之下，这种关系明显有自愿的成分。这种维系关系表现为下层人士向（统治者）宣誓效忠，并承担提供军事支持和各种赠礼（租金、赋税或其他费用）的义务，以换取（统治者）保护作为回报（Bloch 1961）。这个系统实际上就是一种“社会契约”（也让人联想起一种原始的、被称为“头人系统”的魅力型追随关系[见下面第 4 章]）。

启蒙运动晚期少数几种进化论说法颇有目的论之嫌，因此在当下对我们并不具有很大的启发性。正如两个最著名的代表性人物孔多塞（Condorcet）和杜尔哥所言，进化过程是阶段性循序渐进的，在理性上必然有所改进。开化的人们已经摆脱原始性而变得理性。1750 年杜尔哥在索邦神学院就这个问题的著名演讲，就赫然以“关于人类思想的持续进步”为题。因此就此观点来看，文化进步在人类思想中是固有的——虽然会因地理、历史命运及其他因素的不同而异。

在法国之外，特别是见有那些不同形式政府（包括殖民政 28/29
府）的地方，这些晚期启蒙运动者并没有可与那些早期运动者比肩的影响力。而明显的是，即使在法国，真正的比较归纳科学的重要基础也是被忽视的。

但是，孟德斯鸠在国外特别具有影响力。他对苏格兰“道德哲学家”的影响尤大，而他视角和方法的基础尤其被亚当·弗格森大力传播和优化。1767 年，弗格森发表了《文明社会史论》（*An Essay on the History of Civil Society*），在孟德斯鸠理论的基础上，他借鉴沙勒瓦（Charlevoix）、拉菲托、丹皮尔（Dampier）以及当时其他传教士和旅行者对原始人群的观察，还有古典学资料来推广孟德斯鸠的方法。他根据对源自原始生活证据的仔细评估，试图描述人性或“自然状态之人”。同时，他比孟德斯鸠有更多可用的材料，对材料的效用也持更严格的质疑态度——当然需要指出，与其他启蒙运动者如卢梭相比，材料评估在孟德斯鸠的论述中已经占据了更加中心的地位。

有关“自然状态之人”通常被认为是完全自由的，孟德斯鸠认为这是错误的，弗格森非常同意孟德斯鸠的看法。人受制于社会，永远无法脱离社会——人要么总是在游荡，要么以某种群体形式定居。人之本性，就像在对社会中的人之研究中所见，是高度复合的，无论在原始世界还是在文明之中——文明只是来自早期策略的延续和积累。

弗格森将人之本性视为由许多对立倾向所组成——社会性与利己主义、爱与敌意、合作与冲突——这种混合对于社会在不同时空所需的不同特点是必要的。与卢梭的信念相反，弗格森觉得冲突对文化演进有积极的作用，甚至在个人心理方面也是如此：对
29/30 外界的敌意越强，合作的内部维系就越紧密；友谊的真谛就是从对敌人的认识中获得的。

弗格森也以另一项对孟德斯鸠关注的拓展而著称。他远远超越了启蒙运动者一般对法律权利和宪法形式的正式分析，而更直接地面对社会和经济现实。他对劳动专业化的关注在他那个时代特别引人注目。他看到，尽管劳动分工的细化为一个社群带来更好的技能，进而使其更加繁荣，但社群也被割裂开来和机械化，随之财富分配也变得日益不均——可见专业化是一种福祉，也是一种祸害。

特别有趣的是，在弗格森《文明社会史论》出版九年之后，亚当·斯密（Adam Smith）于 1776 年出版了开创性的《国富论》。他们两位是好朋友，都以激进论调著称，无疑他们之间的互相影响很大。（弗格森的著作率先出版，但被这样一个事实所抵消，即斯密

在 1750 年代已经开始讲授他的反重商主义经济学课程。)两人都对当时的文明持批评态度。像其他地方的启蒙运动者一样,他们倾向从分析转向解决办法——但是他们首次将重点放在社会经济因素,而非放在"思想"和意识形态以及所推定的相关法律和统治结果之上。这可能是真正现代改革主义"唯物论"对"唯心论"观点的首次、也是最重要的一次对抗。

有趣的是,对欧洲启蒙运动的不同政治理论的一种检验发生在 1770 年代和 1780 年代初的北美。当时,一些启蒙运动者还在世。(大多数启蒙运动者在法国大革命前就已去世:休谟于 1776 年去世,卢梭和伏尔泰是 1778 年,杜尔哥和莱辛[Lessing]是 1781 年,达朗贝尔[d'Alembert]是 1783 年,狄德罗是 1784 年。)根据历史学家彼得·盖伊(Peter Gay)的看法,美国思想家,诸如本杰明·富兰克林(Benjamin Franklin)、约翰·亚当斯(John Adams)、托马斯·杰斐逊(Thomas Jefferson)、詹姆斯·麦迪逊(James Madison)和乔治·华盛顿(George Washington),都是英法启蒙运动思想的热心追随者,而最终成为一个重要的反馈。如盖伊所说(Gay 1969, 555):

> 殖民者的壮举、他们的辉煌胜利,以及他们成功缔造的共和政体是令人信服的证据(至少对启蒙运动者如此),证明了人类具有某种自我完善和自我管理的能力;这个进步应该是现实而非幻想;而理性和人性可以用以治理,而不只是批判的原则。 30/31

毫无疑问,美国革命对于后来的法国大革命是巨大的催化剂。盖伊说:

> ……当意志坚定的人们看着美国年轻的共和制时,

> 他们欣喜地看到了启蒙运动者的纲领得到了实践，这使他们相信启蒙运动是成功的。

看来明显的是，在启蒙运动者的各种不同说法中，孟德斯鸠的理论对美国产生了直接和间接的影响（Gay 1969, 325），并被美国实际发生的事情证明最有效。

## 国家的革命观 1789～1848 年

在讨论欧洲 1789～1848 年这个时代的时候，霍布斯鲍姆（E. J. Hobsbawm）着眼于政治和经济的变迁，分别以法国和英国为例，来构建他所谓的双重革命。这个概念十分有用，能令我们分别讨论这两个方面。而且，这个概念不会像一些颇有限制性的标签那样过早限制我们对该时代的理解，这些标签包括资产阶级的胜利、帝国时代、资本主义时代、自由主义时代、工业化时代和世界征服时代等等。在革命的意识形态中，政治和政府的理论依然在革命时代初占主导地位，但经济理论因特别关注工业化的新技术而迅速发展，并最终在卡尔·马克思的理论中成为原动力。有识之士的脑子很可能已经受到双重革命的巨大影响。特别是 1780 年代发生在英国（Hobsbawm 1964, 46）以及随后发生在其他地方的经济起飞，是持续演进以及人类获得财富以加强他们社会地位和政治权力能力的明证。另一方面，法国较纯粹的政治事件标志
31/32 着不断发展的社会革命传统的开始，从此之后一直主导着社会政治科学、历史书写，以及伴随着强大政党的意识形态的兴起。

启蒙运动时期已经存在的世俗主义、唯物主义和决定论思想趋势的先兆，后来结合到马克思和恩格斯的哲学中。例如，《百科全书》（*Encyclopedia*）的杰出编者丹尼斯·狄德罗（Denis Diderot 1713－1784）以及他的朋友霍尔巴赫（Helbach）和爱尔维修

(Helvetius)做出了最热切的哲学论证，以支持一种唯物主义决定论①。但这些例子仅是先兆，对于下一代人并没有很大影响。

在法国大革命及随之而来的内战和拿破仑战争的反应，还有英国工业化所带来恐慌等动乱之中，催生了各种乌托邦社区的尝试，诸如罗伯特·欧文(Robert Owen)建立的社区。当然我们不必拘泥于此，因为其中并没有提出国家、社会或人性的新理论；他们只不过是基于当时流行的卢梭思想所提出的建议，即人性本善，而这种真善美能通过将社会群体与周边社会的堕落惯例隔离开来而实现。乌托邦主义者的革命意义在于，他们激励了卡尔·马克思(1818～1883)和他朋友兼合作伙伴弗里德里希·恩格斯(1820～1895)的工作。

马克思和恩格斯以《共产党宣言》(*The Communist Manifesto*)和《社会主义从空想到科学的发展》(*Socialism: Utopian and Scientific*)等著作直接与乌托邦主义者对抗，而且间接地——但是从长远来看更为有效——通过逐渐取得有关社会性质和国家的一种完全和整合的理论体系，使革命者得以从对现实的一种“正确”评估，来理性从事他们的工作。

革命时代的所有围观者和参与者都对政治舞台上的社会阶级冲突耳熟能详。所有人都明白，诸如贵族、农民和市民这些可见阶 32/33
级之间存在权力差异。但是，马克思和恩格斯是最早将阶级斗争牢牢根植于经济不平等的学者，并描述了我们所谓社会的阶级亚文化，特别是他们不同的意识形态，从根本上说是他们与生产资料不同关系的结果。马克思和恩格斯说，所有“历史”都是阶级斗争史。但不同种类的阶级斗争及其结果是经济发展的规律所致，而

① 有趣的是，人口压力是贫富不均基本原因进而又导致“奴役”的理论，是由一些启蒙运动人士提出的，最典型的可见伏尔泰的论文《论平等》(Equality)(参见 Cocks 1974 的讨论)。

非社会阶级斗争本身的缘故。（马克思在《资本论》的作者序［Marx 1906，13］中写道：“本质上说，这不是资本主义生产过程的自然规律所导致的社会矛盾（social antagonisms）发展激烈程度高低的问题。这是这些规律本身的问题，是这些趋势，与朝必然结果发展的顽强必然性共同作用的问题。”）

上面是马克思主义“唯物论”的一个很好的例子。在著名的《社会主义从空想到科学的发展》中（Mendal 1961，64），恩格斯特别提道：

> 唯物主义的历史观以这样的主张为出发点，即维持人类生活的生产资料，然后是生产和产品交换，是所有社会结构的基础；在历史上见于每个社会之中，财富分配的方式和社会阶级或地位的区分都取决于产生的东西、生产方式以及产品的交换方式。从这个角度来看，所有社会变迁和政治革命的最终原因不应从人的大脑，从人类对永恒真理和正义更好的洞悉来寻找，而应从生产和交换方式的变化来寻找。

后来，人类学家路易斯·摩尔根的《古代社会》（1877）出版，激发了马克思和恩格斯将国家实际的起源及其真正本质看作是一种压迫性结构的想法。摩尔根的这本书试图提出社会进化几个可能的阶段，来厘清当时不同形式的原始社会结构之谜。摩尔根发现，原始社会基本上是共产主义的，缺乏重要的商业、私有财产、经济阶级或专制统治者。在书的末尾，摩尔根大胆提出，某些原始社会中生产力的提高促进了贸易的增长，进而导致了私有财产和贫富阶级的出现。

33/34 马克思去世后，恩格斯在他的《家庭、私有财产和国家的起源》（1891）中发表了他们对摩尔根材料表示欣赏的合作成果。他们较早有关**所有**历史、**所有**社会结构，**每个**社会都是根据与生产资料的关系而形成阶级的说法，现在被修改为只提公民社会（civil societies）和“成文史”（written history）。但这种修改很可能是为摩尔根的发现感到欣喜而作的，即原始社会普遍而古老的形式是共产主义的，有力地支持了这样的说法，即资本主义是转瞬即逝的，它**并不立足于**人类的本性或普遍的自然法则。

此时，恩格斯脑子里的唯物主义历史观也愈加合理，因为它能被用来解释从原始社会向公民社会的转变。根本上说，该书是对摩尔根提出的基本思想的进一步集中和阐发：某些原始社会改进了生产的技术手段，其剩余产品被用来交易。当这一进程得到扩大，社会便从实用生产经济转变为商品生产，而生产效率、供求关系和中间商的差异导致非劳动所得的盈余增加。这样，随着私人财富的差异增加，就出现了经济阶级。这里就是国家的经济起源：从它们的物质（经济）开始，阶级逐渐变得社会化，最后当富人建立起永久性权力来保护他们的阶级利益时，阶级就政治化了。因此，政治国家是有产阶级用来压迫的特殊手段。对于民族—国家的财产基础，《共产党宣言》简要地说：“无产阶级没有祖国。”

这个假设的国家起源揭示了国家的真实本质。列宁的《国家与革命》（参见 Mendel 1961）正是为了强调这个关于“国家的历史作用和意义”的看法而写的，以此反驳那些认为国家高于社会，可以通过改革来“调和”阶级对立的社会理想主义者和改良主义者。根据列宁的说法，真正的马克思主义揭示了阶级制度**和**国家消亡的必要性，因为国家只代表和保护有产阶级。

马克思思想中有一个纠结我们还未讨论。这与从无阶级的实 34/35
用品生产的社会向有阶级的商品生产国家过渡的中间阶段有关。正如第 1 章中所说，我在以前一些研究中强调，在公社制的分节社会之后和真正的国家形成之前，有一个等级制的酋邦阶段。这在马克思的一些著作中也曾提到，从公社制到资本主义阶段并不是一个突然的转变。他也设想过一些通向资本主义国家的中间路径。

在经典的《政治经济学批评》(*Critique of Political Economy*)中，马克思将经济发展诸阶段（“时代”）指称为亚细亚式的、古代的、封建的和资本主义的。霍布斯鲍姆认为，马克思在《大纲》(*Grundrisse*)[①]中对这些阶段的进一步讨论是“分析性的，而非按年代序列……”(Marx 1965，37)第一个阶段是直接的公有财产阶段，在所有地方它是各阶段的基础，它在历史时期东方和斯拉夫的许多公社中看得最为清楚。第二个阶段包括公有财产作为社会基础的延续，这种社会已有了阶级制度，一如“古代”（古希腊、古罗马）和日耳曼的形式。下一个阶段是封建制。在这个阶段，手工业生产出现，并伴随着个人对生产和消费的较大控制。第四个阶段是资产阶级社会，其中资本和劳力（以无产阶级而非奴隶或农奴的形式）建立起一种新的阶级制度。这四个阶段显然不是直线演进的；东方和斯拉夫形式应是第一个或公有制阶段修正和停滞的残留，而且处于最终导致欧洲资本主义的历史延续性之外。

但是，这些都是经济发展的阶段，至多略带政治形式的暗示。
35/36 例如，封建制并未被定义为一种政治结构，而是根据它“实用生产”的形式来定义的。它的各种“矛盾”是随着贸易和贸易—手工业城镇的发展而出现的，并在城乡间存在互惠和冲突。这与最流行的

① 马克思习惯在完成终稿之前写下大量的材料笔记、概要和他想法的草稿。1953年，马克思在最后岁月在伦敦写下的概要或草稿的巨大文集（通常被称为《大纲》）一起在柏林出版，霍布斯鲍姆编辑了翻译的英文版，并对与《前资本主义的经济形成过程》(***Pre-Capitalist Economic Formations***)（这本书现在也以此为名[Marx 1965]）相关的《大纲》各部分添加了他自己的长篇阐释性介绍。本章中对马克思各阶段的讨论主要根据霍布斯鲍姆的分析。若要了解现代苏联的观点，可参见Vasilev and Stucheoskii 1967一书。

封建制解体的经济学解释相一致。但什么是封建制的政治制度？从罗马帝国的瓦砾中不是也经常冒出小的国家和各种王国吗？

解释马克思模式的部分麻烦来自理论上的困惑，即人们试图从特定历史序列中制定普遍性阶段。马克思和恩格斯最终把“东方时代”(Oriental epoch)搁置一边，从历史上将其与欧洲的发展相分离。但从他们的西方文明观来看，各阶段的承袭依然保持古代的、封建制的和资本主义的顺序。欧洲一个特有的历史序列——罗马帝国和政治分权，权力真空，和它崩溃后流行地方经济的自给自足——被提升到一个普遍阶段的序列[①]。这给把马克思主义思想应用于世界的文化演进造成了不可逾越的障碍。特别是就欧洲历史来说，原始古代文明演进的意义被毫无必要地降格，而封建制被升格为一个名不副实的阶段。

## 现代社会科学

奥古斯特·孔德(Auguste Comte 1798～1857)经常被视为学术的科学社会学之父。他也因坚持将人类社会与有机体类比而闻名。孔德认为，社会秩序与职能的分配(劳动分工)和力量的集合(政府)密切相关。但他也认为，国家的政府几乎与有组织的社会是一样的——两者只是同义词而已。

最终，还是伟大的法国社会学家埃米尔·涂尔干(Emile Durkheim 1858～1917)发展了孔德关于“职能分工”的概念，将其 36/37
变为一个关于社会有机和固有本质的连贯且合乎逻辑的理论。看来涂尔干明显想从孔德(以及我们将要论及的斯宾塞)所描述的法律和契约制度结构背后或底下来探个究竟。涂尔干不否认这些机

---

① 需要注意，启蒙运动思想家也将封建制列为一个普遍性阶段，当时他们将存在于封建贵族政治关系中的自愿主义作为他们社会契约理论的基础。

构的存在及其意义，但他觉得有一个难以察觉但无所不在的更加重要的因素造就了有机的团结，那就是社会成员共同持有的信仰和情感系统，他称之为“集体良知”(*conscience collective*)。(法语中“良知”[*conscience*]一词在英语中同时有“良知”和“意识”的意思，但从涂尔干规范性的强调来看，他想表达的是第一个意思。事实上，他所描述的许多“情感”都是模糊的，可能是无意识的，所以再次表明他所要表达的是英文中“良知”的意思。)

涂尔干对进化思想史的最大贡献在于，他将原始社会视为一种均一的、未分化的、**分节**实体的系统，由他称之为“机械凝聚力”维系在一起，有别于后来结构分化社会中的有机凝聚力。随着在之后的进化阶段出现了更复杂的社会，集体良知本身可能会变得更加分化(更为松散)，这时就需要法律和政府较为制度化的方面来发挥作用(特别见他的《社会分工论》[*Division of Labor in Society* 1933])。

涂尔干的工作有力偏向于现代人类学理论。虽然他缺乏可用的**文化**概念，但现在看来清楚的是，他当年笨拙的语汇构建是试图表达文化的这种现代观念。他还主张“社会事实”(文化特征)的科学真实性，以及社会(文化)自成一格(*sui generis*)之存在。但是，涂尔干正是强调了集体良知的重要性，他看来缩小了国家或政府的作用：他肯定没太在意国家形成的历史或演化过程。

作为一个文化进化论者和科学家，赫伯特·斯宾塞(1820～1903)经常被与路易斯·摩尔根和泰勒(E. B. Tylor)相提并论，但若是对每个人的主要影响细加考察，就会发现这种相似的共性看37/38 来并不成立。诚然，他们都是进化论者，但是路径有所不同，并且兴趣和效果也差别很大。摩尔根对学术的社会科学发展几乎没有什么影响(除了一种消极意义，特别刺激了罗伯特·洛维的批判)。泰勒对英国早期的学术人类学产生了重要影响，但他的兴趣主要集中在今天所谓的文化—历史学，关注的是各种文化特征的起源、分布、发展和传播。相反，《社会学原理》(*Priciples of Sociology*)是斯宾塞对整个社会文化系统的科学研究，而这种强烈兴趣也将他与同时代的其他学者区别开来，也是他被贴上社会学而非人类学标签的理由。

除了进化论，斯宾塞思想另外还有两个最能代表他的方面。一个是他将特定社会看作是**系统**，类似生命有机体各组成部分的结构、功能和特化。于是，他是最重要的，虽然严格说并非第一位这种**有机体**观的倡导者，以至于这种有机体观成为美国和法国科学社会学和英国社会人类学的特点。斯宾塞的另一个重要方面是“社会达尔文主义”。

社会达尔文主义有三种未必相关的形式。我们在此可忽略那些应对商人和公司之间竞争的形式。但是，斯宾塞有关竞争的第三个理论有坚实的科学基础，值得我们仔细考虑。这涉及冲突在整个社会之间的作用。斯宾塞把国家本身的兴起归因于战争，还有法律、经济和宗教结构的重要发展。

当然，战争会选择更强大、更高效的社会，并且淘汰那些较弱的社会，(它们)或被强者所吞并。但是，正是某国家里成功战争的**盛行**，导致了军事机构的盛行，使之在和平时期仍然具有影响力。同时，战争把原本不相干的各个部分团结起来，以对抗共同的敌人。如果战争盛行或威胁不断，社会分工对军事统治中心的臣属就会变得相对更加稳定。38/39 这是导致一个结构松散的社会集合体向具有一个总的统治中心、较为稳固社会转变的重要因素；原来独立的地方管理中心变为从属于统一中心的代理机构。

该“管理机构”有两个方面：管理攻防的机构和维持运转的机构(斯宾塞有时称之为“军事的”和“产业的”)。当我们从一种社会转到另一种社会，这两个方面因情况不同彼此的比例也有差别。

但是军事机构会产生集中协调，因为它是战争成功的本质。维持运转的机构并不一定会产生集权的政府，它倾向于仅从军事政府扩展到生活的其他方面（甚至包括神祇的等级制和教会组织），来做到这点。

斯宾塞在国家与非国家之间并没有做一个明确的划分，因此他的比较材料并不能充分支持他的主张。他将社会分为简单（simple）、复杂（compound）和双重复杂（doubly compound）三种，但赋予每种范畴程度不同的“领导者”的例子。根据他的模式，领导者和相应的集中并不按照各阶段复杂性所规定的进化次序升格。后者这些是“社会类型”，但每个阶段未必有“稳定的领导者”。但是，一个军事机构以其强大的集中和各部分对其的服从，可以是上述任何一个阶段的特点，那些有较为显著的维持机构的社会也会如此。例如，斯巴达和雅典联邦的相似之处，在其处于双重复杂阶段。不过非常不同的是，斯巴达的军事机构占据主导地位，而雅典则流行非强制性的维持机构。

就国家起源的问题而言，斯宾塞看来认为有两种国家：一种基本上是军事的，其中个人服从集体，而在另一种国家里，产业机构是一种合作事业，“它直接追求和促进个人的福祉”（Spencer 1967，65）。因此，斯宾塞结合了冲突论和社会契约论来解释他大体设想的“管理”和“政治”结构的起源。但是，斯宾塞的反复强调39/40 给人一种总的印象，那就是他将成功的战争视为政治演进的主要变量。他有时确实直率地这么说（与他其他说法有部分的矛盾）。我们可以用以下斯宾塞有关政治首领一章的部分概述作为他相关理论的小结（Spencer 1967，126）：

> 一个成功征服酋长的领导是政治正常整合的伴随物，没有它，任何程度的社会演化应该都不可能。只因战争不可避免需要团结，才使得原始人群采取合作。只有

> 服从强制命令，才能有效合作。只有通过这样的合作，才能使代表文明生活的其他合作形式成为可能。

马克斯·韦伯(Max Weber 1864～1920)极其出色地考虑了去个人化(depersonalizing)领导以及将它作为一种不断发展的结构来加以发挥，和涂尔干一样，它成为现代社会学真正的奠基人之一。韦伯认为有三种类型的权威领导：魅力型、传统型和法制型。魅力型领袖建立在人们对统治者非凡精神特质或崇高的信仰之上。传统型领袖建立在古老习俗的制约之上。法制型统治意味着权威决策服从于合法和理性的一般规则(Weber 1947, 310－406)。

韦伯将这些合法权威类型作为“理想类型”来提出，一般在历史案例中不会有这样纯粹的形式。它们对系统分析的明确概念化十分有用，某个经验性案例实际可能包含所有三种类型，或是从一个到另一个类型的过渡。但需要指出的重要的一点是，他不是把这些类型作为进化阶段提出的——韦伯是(有点独特的)历史功能主义者，而非进化论者。因此，我们的做法有点冒犯韦伯的想法，但至少暂时从这点来看，即三种权威能被很好地运用于依次概括平等的分节社会、酋邦，以及古代文明的政府。

我们也应该谈一下沃尔特·白芝浩(Walter Bagehot 1826～1877)，一位与斯宾塞同时代的具有影响力的学者，第一位公认的社会达尔文主义者。他对政府的起源并没有很多论述，但是在他的简短的《物理与政治》(*Physics and Politics* 1872)中却有几段有趣的内容。他觉得，早期许多社会之间的战争性竞争能产生最好 40/41
的领导和最服从的民众(“最驯服即最强大”)。政治导向社会发展的一个主要问题是领导权永存的问题，将英雄变成“行政官”，这在早期涉及地位的继承。

像斯宾塞一样，白芝浩提出的政府起源的所谓“冲突论”有深远意义。正如我们在斯宾塞的讨论中所见，这意味着**外部**冲突，即整个社会之间的冲突，而非在霍布斯观点中起部分作用的个人和无政府状态的冲突。正如我们也见到的，伊本・赫勒敦极力声称这种冲突起源，但他将这种论点局限于游牧者和定居农人之间的冲突，两者之中他更偏向前者。需要记住的是，游牧者既没有阶级分层，也没有私有财产，但定居社群是典型分层的，而这个因素必须被认为是成功征服的一个重要方面的先决条件：当一个社会特权地位要被外来征服者据有时，它就要靠武力来保全。

较现代的科学冲突论以社会学家路德维格・贡普洛维奇(Ludwig Gumplowicz)、弗兰茨・奥本海默(Franz Oppenheimer)、阿尔比恩・斯莫尔(Albion Small)和莱斯特・沃德(Lester Ward)马首是瞻。他们都深受"达尔文主义"冲突和生存理论的影响，他们将该理论与胜利者永久征服战败者的论调相结合，也就是说，他们认为国家是征服以及由冲突引起的适者生存的产物[①]。

本世纪(20世纪)出现了另一种将社会外部冲突作为国家起源的原因(的理论)。美索不达米亚、印度河流域、中国黄河流
41 42 域、美洲墨西哥河谷以及秘鲁沿海地区典型原始国家的起源看来都与灌溉系统有关。这表明，强大的官僚权力、高密度的人口、精耕细作且高产的农业生产、定居的城市化等因素，或这些因素的各种组合，与国家的起源有关，或至少是国家起源的"东方"模式。

该理论根植于马克思的见解，即东方文明演进的道路是独立于西方的。后来一位马克思主义学者卡尔・魏特夫(Karl Wittfogel)采用这个思想来支持他自己对近东和亚洲古代国家起源的全面解读。一种大范围"水源"系统(灌溉和食物控制)的扩展和维护离不开一个集中的权威，魏特夫(Wittfogel 1957)便提出将这个因素作为东

---

① 奥本海默是这样简洁陈述征服的重要性的(Oppenheimer 1914，68)：当征服者开始饶恕落败者以求永久剥削他们的劳动成果时，便具有了无与伦比的历史意义。由此产生了民族和国家，产生了好的、更高级的经济，并伴随着所有已经成熟的以及日后终将脱离它们的发展和衍生物。

方国家兴起的原因，并且是这种国家“专制”特点的原因。魏特夫的理论是，古代东方国家的集权化在于其生产模式的需要，但同样重要的是，这种对生产的控制也能使集权国家在其他方面实施全权控制。在此一个设想是，如果专制可行，那么国家就必然会付诸实施。（一个衍生想法是：一个国家在压迫其民众时被视为“专制”，但如果它**需要**采取暴力压迫，这不正是它虚弱的表现吗？魏特夫的说法应该是，一个大型的复杂水源系统能帮助国家实现集中和强大，这和“压迫性专制”不是一回事。）

正如我们在第 1 章中指出的，好几位现代考古学家对数个古代文明地区的材料研究进行了一些（肯定是有限的）比较，目的在于发现能正式定义文明的基本特征。他们的成果意味着这些特征与文明起源或“诞生”相伴。这些学者中最著名的是戈登·柴尔德，他对埃及、印度河谷和美索不达米亚进行比较之后，对他的想法做出了总结（Childe 1950）。他认为“城市革命”是文明的标志，并且激发出其他显著的特点；他相信，通向城市化的主要“动力”是精耕细作的粮食生产，它不仅能支持密集的人口，也能提供足够的“集中的社会剩余产品”来支持一种贵族等级制和维持其主导地位 42/43
的压迫性国家。

其他学者同意柴尔德对精耕细作食物生产的强调，但遍览所有的情况①，无论是同意柴尔德的，还是对某些特定观点持有异议的（如“城市化”的意义问题），都存在一个共同的缺陷。这个缺陷在于，假定城市化发展存在某种必要条件，就足以解释城市化的原因（参见 Webb 1968）。作为一种动力，足够的粮食对于密集的人口以及供养脱产者是必需的，但正如卡内罗（Carneiro 1961）所中肯指出的，这种动力不是一种原因：许多社会能生产养活密集人口的足

① 斯图尔特（Steward 1959）、怀特（White 1959）、布雷德伍德和威利（Braidwood and Willey 1962）、亚当斯（Adams 1966）、阿尔米拉斯（Armiltas 1968）。

够粮食，但作为结果实际上并没有“成长”或“发展”；它们没有更努力，而是处于一种非常自然的休憩状态，这是完全可以预见的。

上述许多现代人类学家，包括柴尔德，经常提到战争或征服是促进统治集团兴起的一个因素。当然这是一个因果关系不甚恰当的陈述，因为战争是如此常见，特别是在部落社会之间。也许在某些**特殊**生态条件下的战争才明确得足以被看作原因或部分原因。罗伯特·卡内罗（Carneiro 1961，1970）在许多论证充分的例子中指出，当一般土地富饶的地区被非常贫穷的地区所包围，人口压力就会导致频繁的战争。在那些被打败或弱势群体的地区，如果是游牧者，那么会一走了事。但在那些无处可退的地区，强势群体与弱势群体可能比邻而居，最终就会发生持续而非零星的支配与服从的战争关系。卡内罗进而推断，如果情况进一步恶化，就像推测的古代文明地区那样（土地**非常**丰饶的地方受到**非常大**的限制），以至于落败的群体完全被环境和军事支配的持续威胁所束缚，这种结构很容易变成原始国家。考古学家马尔科姆·韦伯
43/44 （Malcolm Webb 1968）用经典的考古学地区和民族学所知的次生国家的启发性材料来支持民族学家卡内罗的论点。但是，在后面的章节中，我们将指出一些例外，并提出不那么依赖地理因素的一种较宽泛的假设。

也就是说，卡内罗的限制理论可以通过包含我们更多的案例加以修正，而埃斯特·博塞洛普（Ester Boserup 1965）的理论也是如此，她非常相似的说法认为，只要农人可以扩散到处女地，土地就不会被强化利用。因此，地理限制会导致人口密度的增加，这将促成较为精耕细作的农业。这个理论非常有道理，但就如卡内罗的情况一样，我认为，这种限制更常见于非地理方面，而往往是军事方面（诚然，经常也结合了重要的地理因素）。不过在任何情况下，我们必须要注意的是，不管什么因素的限制，地理、社会人口、

军事，还是这些因素的结合，它自己不会发生作用。它只是为统治官僚体制提供了一种很大的限制助力，它是规划或实施防卫和城市管理的积极机制、强化农业的途径、更好统治民众的手段。所有这些因素使得较高的人口密度成为可能。（博塞洛普理论主要与个人决策有关；受人口压力和土地稀缺的驱使，农民只能强化劳动。但这里我们是指政府的决策。）

莫顿·弗里德（Fried 1967）颇为考究地将国家起源的问题分成若干组成部分来分别处理，有点像上面第 1 章第 15 至 16 页所述。弗里德将政治结构演进的各个阶段描述为**平等社会**（相当于笔者所述的“游群和部落”社会[Service 1962]）、**等级社会**（“酋邦”[Service 1962]）、阶层社会和国家。这些是政府结构基本要素逐步形成过程的阶段，这些要素是永久性的集中领导及支持它权力垄断的合法化。

“等级社会是这样一种社会，其中较高的地位是有限的，以至于并非所有能力胜任的人都能占据并实际获得这些地位。”（Fried 1967，109）等级社会可能同时也是分层的，虽然弗里德认为分层是较晚的发展。在弗里德看来，分层几乎等同于国家：“分层一旦 44/45
出现，国家的动因已不言自明，国家的实际形成就开始了。”（Fried 1967，185）弗里德谨慎地指出，国家会在许多情况下出现，“但是每个原始国家肯定都必须经历这个阶段或层次[阶层社会]”（Fried 1967，185n）。

弗里德将阶层社会定义为“这样一种社会，其中相同性别和年龄地位相当的成员在获取维生基本资源上并不相同”（Fried 1967，186）。于是，阶层社会在马克思主义看来是**阶级**社会，但经过斟酌，阶级被从获取资本商品（并非拥有消费品）来定义，并不是从“生产资料”的关系来定义的。但是，与马克思主义相同的是，其中经济权的基本差别定义了阶级的差别，而这些是不同种类的**财产**；

换言之，是分配制度决定了政治制度。

这些不同种类的资产权是怎么来的？首先，也是弗里德模式中最重要的，是人口对资源的压力（通常是土地，或土地的灌溉用水——这两者是一回事）的因素。该压力可能来自内部的增长或外来，但无论哪种途径，一个等级社会在资源的平等分配（或再分配）上有强有力血缘关系的约束，但血缘关系的地位是不平等的。在人口过剩和资源紧张的危机时期，地位较高的核心血缘群获得资源的优势要比那些与酋长血统关系较远的亲属来得大。当这种情况加剧，内部纠纷、压力和冲突也会增加（Fried 1967, 225）。于是，政治和经济权力的“非血缘关系机制”就会发挥作用。而归根结底，这些权力的表现（军队、民兵、警察），捍卫的是一般的社会秩序，其核心是分层的中心秩序（Fried 1967, 230）。也像马克思主义的观点，因此国家也就作为维持阶级（阶层）不平等的压迫性结构而产生。

以推断合理和论证周密的陈述，弗里德明确否认战争或奴隶制在原始国家的起源中发挥了作用（Fried 1967, 213 - 223）。但
45/46 是，一旦出现战争，国家就有能力使战争变得比以前更有效，并将俘虏用作奴隶。也要指出的是，尽管他的理论与马克思主义相似，但弗里德谈的阶级制度起源与摩尔根和恩格斯的说法不是一回事，后者是指商业、商品生产和“资本主义”的私有财产。弗里德用“获取基本资源的不同”来描写地位，必须与财产有关，要从经济控制和权力差异的意义上来考虑；但是这种差异很可能是血缘群的世袭，而非资本主义所有者和一无所有者的群体。这一修正使得该理论更适合于现代民族学，而非原来摩尔根—恩格斯的理论，因为它和我们今天所知的原始社会的某些事实更为契合[1]。但是，就

---

① 罗伯特·亚当斯（Adams 1966）做了同样的推论。他的工作将在有关美索不达米亚的章节中述及。

如我们随后将要看到的，越来越多的证据是资源获取差异论和内部冲突论所无法解释的，就像马克思主义“阶级斗争”理论遇到的情况一样。

虽然还有其他一些关于国家起源的现代人类学理论，但是上述这些是一般最具哲理的理论中最重要的。其他最有趣的理论是其作者在特定专业领域的研究过程中提出来的。因此，在涉及这些领域的章节中讨论它们比较方便。比如，奥伯格、拉特雷(Robert S. Rattray)和纳德尔(S. F. Nadel)的理论将在他们的非洲民族学工作中介绍；柴尔德、布雷德伍德(Robert J. Braidwood)和亚当斯的理论会在他们近东考古的工作背景下提及；科(Michael D. Coe)、桑德斯和普莱斯(Barbara J. Price)的理论将在中美洲一章中提及；斯图尔特放在秘鲁的章节[①]；拉铁摩尔是在中国那一章。其他人将在文中涉及时较为约略地介绍。这些理论大多是冲突论的变体，要么来自马克思主义的阶级冲突模式，要么来自征服论。但是，拉铁摩尔的理论是迄今为止最复杂的，是需要从产生它的具体材料中进行充分介绍的另一原因。

---

① 肯定的是，朱利安·斯图尔特已经发表了有关国家发展原因的一般性理论文章(Steward 1949)，但他后来对其做了很大改动(Steward 1955)，最好还是采用他再晚些在讨论秘鲁时提出的概念(Steward 1959)。

# 3

# 自然状态下的人：平等社会

46/47 世界上的各种社会已经被按许多方式分类：按照技术三分的狩猎、畜牧、农业；按照地理学上的大陆或较小“文化区”分类；按照人种划分的北美印第安人、欧洲白人、非洲黑人、亚洲黄种人等；按照语言划分的印欧语系、马来波利尼西亚语系、苏伊恩(Souians)语系；以及或许是最早和最为普遍的方法，根据他们的社会政治制度。后面一种分类方法主要是将具有某种正式政府的人群和无政府的人群区分开来。

如前所述，这种两分法在18世纪的政治理论中占有至关重要的地位。当时针对政府的目的、文明体制的演变、文明的未来等的讨论，都极为看重人性本质的观念，当然还有它在社会生活中的意义。该时期重要的哲学家们都觉得，前文明社会中的原始人生活处于一种“自然状态”中，没有像我们受到“人为限制”(即政府)的束缚。

47/48 但正如我们已经提及，这些哲学家缺乏有关原始人群的准确信息。因此，他们对人类本性的看法，从霍布斯认为的原始生活是“每个人与每个人的战争”，到卢梭的观念认为如田园诗意般的和平自由不等。但是，大家一般认为原始社会是无政府的，因此这种社会生活的性质应能揭示出人类内在社会特性的本质。

有趣的是，我们现在从民族学了解的前国家原始社会的实际性质，都能部分支持霍布斯和卢梭的看法。如霍布斯所言，**战争**作为威胁或危险，肯定差不多就像日常活动一样，是原始生活无所不在的特点；而部分原始社会会表现如同卢梭式的和平与慷慨。如我们所见，社会生活的这两面是共存的，个人自私要求引起的暴力威胁有违于社会慷慨、善良和恩惠的要求。哲学家们没有考虑到的是，一个没有政府形式的社会仍未处于真正的自由状态。除了明确的政府机构以外，有无数非正式的方式约束着人们；而在没有类似国家机构的情况下，这些约束可能甚至比我们习见的家庭—文化约束更大。

任何社会，无论多么小和多么原始，都是以各种重要方式构建的社会行为组织起来的，否则就不成其为一个社会。现代社会学研究告诉我们（也许未必），甚至某种非正式的临时团伙如街头黑帮也有一种结构。所有社会都是通过规矩和界定是非行为的正式惩处，来控制其成员社会关系的。这些规矩是如此地基本，以至于它们始于社会的婴儿期，即社会学所谓的“社会化”和人类学所谓的“文化同化”（enculturation）。同样普遍的是，与上述规矩和惩处非常相似的，是社会对地位和相关行为角色的细分。

在某小型原始社会里，大部分社会生活都是由这些准则、规定、预期、习惯，还有与礼节、道德、角色等相关的习俗来平稳调节的。由于这些规矩一般看不出来，经常违反也不会显露出来，所以这种社会可能会给人以一种自由、缺乏冲突的印象，一如卢梭对其 48/49
的印象。

但人和人不尽相同，某人在其一生中也会有所变化，因此并非所有人都能顺应自身地位和正常的角色预期。更重要的是，可能没有社会能够将其所有成员彻底社会化，或提供符合所有情况的明确规定。当然有时某人会“疯狂”（对于狂人的恰当定义是其行为难以预料，无法按社会对其的期望行事）。因此，任何社会都肯定必须面对偶尔个体行为不端的问题，并且必须有处置的某种手段。

一个更大的问题是群体彼此关系的同步性。当这些群体完全是自治的社会时，这个问题自然就更加尖锐。所有社会随时都必须面对差别、异化和群体冲突(即使很少)等现实。在这点上,我们认为霍布斯的观点是对的,尤其是他强调潜在和实际冲突的威胁。但就像卢梭的情况那样,霍布斯未曾想到有非政府的社会机制,能够成功发挥作用来控制这类冲突。他们两位都基于自己对人性的想象来解释原始社会的运转。

## 平等与影响

多数礼节规则的文化适应,尤其在小型社会里,都是在家庭内部完成的。同样,大部分一般的等级地位也是家族内的构建。这些包括父母—子女、长辈—小辈、男—女地位等各种关系。显然这些关系从根本上说是不平等的,因为它们是基本的权威系统。

但是它们并非**政治**的权威和等级系统,而只是**家庭**的。所有社会都有这种年龄—性别的等级地位,尽管它们当然会因不同社会而异。但是,政治问题不是家庭问题。简单地讲,政治问题是关注出格的行为,这种行为会伤害到出格者家庭**以外**的成员,各种难 49/50 题会出现在不同群体的关系之中,诸如家庭和较大血缘群**之间**,而非他们内部。政治问题经常可能在某些方面类似家庭问题——两个男人打架也就是两个男人打架——但两兄弟打架就可能会被父亲拉开并解决争端;而两个来自无关家庭的男人打架,调解问题的方式则全然不同,这种调解会给整个社会带来非常严重的后果。

后一种情况,正如所有家庭之间而非家庭内部的难题那样,在原始社会的初期形态中难以处置,只是因为在血缘地位之外没有真正的权威等级。这些社会最显著的特点是,在家庭的年龄—性别等级之外,社会是完全平等的。这是如此明显,而同样明显和重要的是后来酋邦与国家的不平等,以至于用“平等的”和“等级的”标签分别将这两种社会区分开来,是方便的且能恰当体现它们之间的巨大差异的。非家庭的权威地位在平等社会中阙如，而存在于等级社会中，自然使得它们对政治问题的解决之道也完全不同。

查尔斯·达尔文在第一次邂逅原始人群时见到了这个问题。他注意到火地岛印第安人的“平等”特点，认为这“肯定长期延误了他们的文明”。也许要指出的是，“平等”也延缓了许多实际和日常的许多重要事情。试想，特别是在狩猎社会中，经常会见到高人或首领对于一项合作行动成功必不可少，然而当谦让成为一种理想人格时，那他就将难以领导社会。

在平等社会中，一位首领必须拥有独特的魅力。由于他是一位没有正式地位的权威，该角色必定要完全根据个人的品质。这进而意味着，不同的活动或不同的场合可能会让不同的人来充当首领。主持一项仪式的人通常是一位老者，因其年岁而熟知部落神话和仪式习俗；另一方面，战争首领则应该是勇武有力的年轻人。 50/51

亚当·弗格森(Ferguson 1767, 83－84)很早以前就认识到平等社会的这种特点：

> ……实际上他们并没有不同于工作分配的从属关系，这种关系按年龄、才智和性格差异而定。个人品质给予某高人在需要他时发挥才能的机会，但在无所事事时，权力和天赋毫无用处。

一位高人看来基本上应该上是一位顾问，而非执行者。例如，1634年勒热纳神父(Father Le Jeune)在谈及加拿大克里印第安人时如是说(见 Thiwaites 1896－1901, vol.6, 243)[①]：

① 下文的说明颇不平衡，因为它们代表了大量源自狩猎采集部落而非众多部落社会的样本。这种不平衡是由这样一个事实所致，如像爱斯基摩人、非洲布须曼人和澳大利亚原住民等非常原始的群体，特别是因为他们居住于相对孤立的边缘地区，相较大部分园艺部落，将较多纯粹的原住民文化保存至今天。至于更多的采样，请见附录1中的研究。

> 他们首领所有的权威都集中在他的三寸不烂之舌，因他的雄辩之才而坐拥权力，若不是能让蛮人们高兴，无人会听从他的命令。

论及另一批印第安人群、拉布拉多的蒙大格拉斯—纳斯卡比人（the Montagnais-Naskapi）时，勒热纳神父说，这些印第安人“丝毫不会容忍那些看上去想要高人一头的人”（Thiwaites 1896－1901，vol.6，165）。

梅吉特（Meggitt 1962，250）在提到澳大利亚长老时说：

> 无论他们对其他人的行动有什么实际控制，都只不过来自他们根据常见情况的第一手知识提供的建议。

这令人想到爱斯基摩人称呼重要人物的头衔“Isumatag”，意思是“思考的人”。

夏普（R. L. Sharp 1958，5）在涉及澳大利亚伊尔约龙特人（Yir Yoront）时指出，鉴于血缘关系的地位本质就不平等，这样就没有绝对的地位高低：

> 51/52 每个伊尔约龙特人所发挥的血缘关系角色的性质，意味着每位男性个体之间的关系包含了确切和公认的劣势和优势。一个男人并不在完全平等的条件下与另一个男人（或女人）打交道。双方同时处于相对的弱势地位和一种相等数量的相对强势地位，没有人是绝对强势或绝对弱势。将所有男人都包括在一种金字塔型或倒Y型的等级结构中是不可能的。整个血缘结构没有根本的改变，伊尔约龙特人甚至无法忍受温和的首领或头人，更无法想象在整个群体之上有一个绝对权威的领导者。

有时候，一个兼备高超的技能、勇气、良好判断和经验的人，以至于他的多才多艺在各种背景里会充分表露出首领的权威。但即便如此，这也不是一种**官职**，一种永久性的社会地位。相反，这完全取决于他的个人素质，这种真实和被赋予的权力一般称为**魅力**。但正因为这是个人的地位而非一个职位，他不能真正发号施令。只有人们尊敬他，听从他，他才能保持这种地位；他发挥的是一种道德影响力。拉德克利夫—布朗(Radcliffe-Brown 1948，45)在写安德曼群岛的尼格里特人(Negritos)时，提到了如狩猎和作战技巧等此类个人素质可能与慷慨、友善、温和等特质结合起来，使得这样的个人极受尊崇，而他的意见要比其他长者更有分量。但拉德克利夫—布朗谨慎指出，这完全是一种个人**影响力**而非权威的地位。

南非布须曼人(Bushmen)很好说明了有影响力人物的谦逊。伊丽莎白·托马斯在描述一个获得高位的男人胜过两个有望获得这个位置男人的案例时说道(Thomas 1959，183)：

> 但那两人从未竞争过托马(Toma)的首领地位，因为这并非托马通过武力或施压所得，而只是凭借他的智慧与能力，使大家愿意听从他驱策。虽然没有布须曼人愿意崭露头角，但托马则更加低调，他几乎一无所有，散尽一切所有。他极具外交头脑，用自甘贫穷而换取了所有人的尊敬和追随。他享有极高的地位，并且不可思议地没有受到布须曼人常见的约束与嫉妒，处事公正不阿，因此他能很好地领导族人。

一位有影响力人物的一个重要特点是(在其他人中)体恤大家想法的能力，这在加拿大阿萨巴斯坎(Athabascan)印第安人中作为特别重要的一点介绍(MacNeish 1956，151)： 52/53

> 总之，首领特别在东北部阿萨巴斯坎社群中的地位很不起眼。他可能是一名顾问、共同协调员、指导者，或

> 是策划特别作战行动以及日常捕猎惯例之外偶尔和特殊经济活动的发起者。他还凭借因本领出众和令人叹服能力而获得的名望，可能在群体内就社会事务发挥主要的提议者角色。他的“权威”在于批准整个群体或较确切而言其男性族人们一致同意的决策或观点。明智的首领或领导要把握好个人和群体意见的脉搏。他必须要争取其他人想其所想，倘若行不通，他就得相应调整自己的路数。他的地位可能依托于有力的医疗知识，还有欧洲人对他作为“贸易首领”既有主导角色的评价和利用。但一名有力或“伟大”首领的权力要更多凭借其自身的影响力而非他的“法定”权威。一般而言，他没有道德或有形的资源来为所欲为，伯科特—史密斯(Birket-Smith)把奇帕维安族(Chipewyan)首领“居首位者”的特点来说明北方甸尼族(Dene)首领的地位。

权威和平等不可兼容，因为真正的权威立足于等级制。然而，文明社会中所见权威的某些目的已经以某种方式在这些平等社会中做到了；权威人士通常要处理的相同政治问题肯定也存在于其他各种社会，只是程度不同而已。如第1章所介绍，权威人士通常承担政治问题的活动或角色有三：强制、领导和调停，讨论一下这三者在平等社会里的独特性或许不无裨益。

## 强　　制

大部分社会秩序的强制是心理、习惯和习俗上的，是通过家庭内部奖惩系统完成的社会行为约束。但社会行为会因人和因家庭
53/54 而异，而社会行为的文化系统于每个人也并非总是很清楚，以至于有时某些人有可能违反一般公认的家庭行为规则。这意味着，所

有社会一定会对政治不法行为拥有某种威慑性的制裁措施，也即凌驾于家庭的内部作用之上。由此，“强制”这一术语既包括家庭内部的文化适应，也包括无意识的内在化，还有明确的、刻意采用的正面和负面的制裁。

所有的权威系统，看来最终都立足于对某些过失进行适当惩处的公认定义之上。对文明人而言，这些通常都是明确的正式法律。但原始平等社会缺乏正规的权威机构与正式法律，我们只能见到有影响人物和一般公共习俗而非法律的制裁。于是，这类社会中的这种负面制裁通常完全不由任何特定人士来管理，这只是因为原始社会里大部分恰当社会行为的规则处于礼节的范围。平等社会一般很小，因此社会关系大多是面对面的。任何社会对于违反礼节规则的常见惩罚，通常是对冒犯者投以鄙视态度或对其疏远，剥夺他礼尚往来的社交权利并将其孤立。这种惩处的极端方式当然就是放逐，这在原始社会里基本等同于宣判死刑。违反任何礼节必定天网恢恢，疏而不漏（而罪行会被掩盖）。但是制裁措施并不涉及任何特定之人，而是整个社群本身。

只有极少数真正的举止失当者，即“疯子”，才会不断抵制社群规则的正常制裁。流言、嘲笑和疏远等制裁也许仍无法制止他，有时制裁越久，抵触越强。但是，这样一个行为持续出格者可能会伤害到他自己家庭以外的家庭和群体——这常会引起争执。原始社会中常见的是，一个行为出格者所在群体在无法控制他时便会密谋除掉他。

在极少数情况下，强制是某些特定人士的一种作用，它很不正 54/55
式，而且在很大程度上是一种社会地位而非真正权威的问题。最常见的情况就是，一名长者训斥一名年轻人。这当然是标准的家庭内部行为——长兄/姊对幼弟/妹做规矩，家长惩罚孩子——因而是家庭而非政治的行为。但在小型的原始社会中，“长者”的地位在某些有相当影响力的方面也会延伸到长者的直系家庭之外，因此也可能在强制任何年轻人就范的环境中发挥作用。同样，男性地位通常比女性地位更有影响力，我们确实发现原始社会中一般是男性而非女性忙于处理非家庭的、类似政治的问题。所以总而言之，我们可以说家庭内部的性别和年龄区别可能比较模糊，但是在较宽泛的强制环境里，这些行为会接近真正的政治行为。但应该记住的是，这只是在相对较小、面对面的社会里，无论实际的血缘关系多么淡薄，他们本身是家庭性质的（familistic）。

## 领　导　权

在需要时将群体活动组织起来的权威角色，通常是用“领导权”这个术语所归纳的最醒目的活动。但正如上文所指出的，在平等社会里不存在永久性的领导地位，没有真正的“首领”。而且，平等社会甚至无法容忍这种领导的建议。“跋扈”寸步难行，谦逊最受推崇。

正是领导权的这种谦卑，以及这种不见权威地位的社会中的明显秩序，使得像沃尔特·白芝浩和西德尼·哈特兰（Sidney Hartland）等著名作家提出了“习俗结块”（cake of custom），即文化规范的力量压倒了人的个性。另一方面，赫伯特·斯宾塞则倾向于认为，正是这种平等，对于个人而言要比后来的权力国家有更多的机会。但是，涂尔干用一段有意思的文字表达了与斯宾塞的不同见解（Durkheim 1933，94）：

> 与其留意一种抹杀个人的专制权威机构，我们不如
> 55/56 反过来将这种专制体制视为走向个人主义的第一步。事实上，首领正是从社会大众中脱颖而出的最初人格。他们特殊的地位令他们鹤立鸡群，并赋予他们与众不同的

> 面相以及相应的个性。在专权社会里，他们无须被迫遵守所有的社会约束。自然，他们的权力来自他们的群体，但一旦权力形成，它就变得自主，并使之成为个人的活动。于是，这开启了一个前所未有的先例。此后，有些人能够创造出新的事物，甚至在某种程度甚至否决集体的惯例。平衡就被打破。

真是令人困惑！从小型原始社会的主要特点竟得到相反的结论：尽管没有权威首领，但是仍能保持平等和社会的顺从。这或许意味着，这类社会没有正式的权力地位是因为他们不需要它，卢梭就是这样认为的。但是，他们为什么不需要权力地位呢？难道是因为压在他们身上的“习俗结块”如此之重，而只会从集体规范的角度思考和行事吗？

无论如何，平等社会看来确实在需要的时候会有领导。它所缺乏的是永久性和无所不在的领导地位，这种领导地位由等级制的权威地位带来，并标志着等级制权威地位的自我满足。这并不意味着人们在所有方面都被拉平，以及一致性必须大于其他任何类型的社会。这只是意味着，某种优势只是间断的和个人的，而非永久性的和制度化的。涂尔干也错误地否定平等社会里人的个性，因他将这种个性归于政治上较为进步社会的首领。下章将对后面一点做更多的说明。

## 仲　　裁

在平等社会里，使用武力的权利由公共权力或任何其他以合法手段压制内部冲突的权威所垄断。这是否是因“习俗结块”足具威慑而无需武力的又一例？抑或在某小型社会里有足够的非正式手段来维持秩序，以致无需正式的政府？也许两者皆而有之。

56/57 由于社会是如此之小，冲突一般存在于家庭血亲之间。在这种情况下，很有可能由一名年长、受尊敬、与双方都有关系的亲属来调解矛盾，解决纷争。理想情况下，这种仲裁应当由一位与双方血缘关系等距的亲属来执行，不至于出现偏袒行为。

在许多有关某人的争端中，由于是非曲直一目了然，因此公众意见几乎完全一致。在这种情况下，公众本身就是某种意义的仲裁者。但是，当问题不明时就会出现困难，因为平等社会的显著特征之一是，一致的观点看来要从政治决策来寻求，而不像我们所熟悉的“少数服从多数规则”。最常见的办法之一，就是争端双方进行某种公开的决斗或竞争。

例如，爱斯基摩人的摔跤和撞头比赛就是典型的公开决斗方式。更常见并肯定更有意思的是著名的爱斯基摩决斗之歌（Hoebel 1954，93）：

> 歌咏比赛被用来消除所有的怨恨和纷争，避免谋杀的发生。不管怎样，一名东格陵兰人能通过一场歌咏比赛而取得一位亲戚被杀的妥善处理，如果他因体质过弱而无法复仇，或如果他如此善于唱歌以至于赢得某种胜利感。由于东格陵兰人如此沉迷于唱歌这种纯粹的技艺，以至于一笑泯恩仇，这是可以理解的。歌唱技艺在爱斯基摩人当中等同于或高于粗野的蛮力。
>
> 歌唱风格是高度约定俗成的。成功的歌手采用传统的作曲模式，以此设法取悦观众，获取热情的掌声。获得热情掌声最多的歌者便是“胜利者”。赢得歌咏比赛并不会给歌手（及其追随者）带来补偿，唯一的好处就是赢得威望。

歌咏比赛常常耗时甚久，让大家有足够的时间达成共识。大部分人可能一开始就已经选边，但他们仍想保留意见的公开，直到他们觉得这是否与大多数人一致。慢慢随着越来越多的人开始一致嘲笑某方对决者，暗示他们自己的偏好，但又不公开承认这点。但这很快会形成一致的意见。

在澳大利亚原住民中，解决争端的典型方式是投掷长矛比赛。57/58
从规定的距离，原告方可以投掷许多长矛，而被告方只能躲避。大众可以为原告方的投掷能力喝彩，也可以为被告方的机敏灵活鼓掌。在爱斯基摩人的歌咏比赛中，大众逐渐形成多数意见，然后很快达成一致。而在长矛比赛中，当大众态度偏向被告方时，原告方就停止投掷。但是，如果被告方输了，那么他可以设法让一支长矛伤到他。

这些是解决同一社群成员之间争端的一些方式。但是这些手段不足以解决不同社群成员之间的争端。群体间距离越大，相互了解越少，那么调解争端就越是困难。像世系和氏族这样的原始血缘群，当其一个成员受到伤害，整个群体就会做出反应。相反，一般认为，对肇事群体任何成员的报复符合罪有应得的规则。

显然，上述伤害/报复的循环有发展成社群间全面冲突的巨大危险。“以牙还牙、以眼还眼”式的报复严惩通常不会回到原来的平衡状态。只是因为这些争斗者不太会以同样的眼光看待最初的伤害，这就不大可能让双方就什么是公平的报应达成一致。原始社会中的这些人们似乎意识到这是个危险，有时甚至预先想办法避免它。防止社群间冲突最常见的尝试，是被称为“赎罪遭遇”(expiatory encounters)的做法。例如，澳大利亚原住民中遇到杀人情况时，犯罪者会被本族人要求接受被害方至亲向其投掷长矛的惩罚。一旦他受伤，冲突就有可能中止，即便代价并不相抵。有时，罪犯本族人会在被害方一族找到机会报复之前就对他进行惩罚——这也是意识到冲突的危险性。

但有时冲突仍然会发生，它们会恶化，进而在部落间引发大规
58/59 模真正的战斗。但是，平等社会之间开战很少是一种激烈的流血事件。这种社会无法在战场上投入大量男性，因此战斗规模既不会大，也不会持久。而在限制战斗规模上更重要的是社会的平等性。一方面领导权是临时的，首领也不具备强有力的组织或权威来征召或强迫人们参战。而他无法通过失职惩罚的威胁来强迫人们勇敢。不是为人效命的武士通常不会置生死于度外，因此激烈的战斗罕见——伏击和奇袭是战斗的常见形式。当一场真正的战斗发生时，更常见的是鼓噪而非流血。下面就是澳大利亚北部所见的例子（Hart and Pilling 1960，86－87）：

> 因此，蒂维（Tiwi）的战斗肯定是混乱无序的，结局一如既往。它们一般持续一整天，其中三分之二的时间耗在主次地位不断转换的粗暴对话和互相辱骂上。剩下三分之一的时间则是双方的对决：包括两位男子互掷长矛，直到一方受伤；还有就是每次简短爆发十几个人用一般武器的投掷，这常止于其中有任何人，甚至包括旁观者被击倒。这一整天暴力活动的结果，也许能在当晚解决少数问题——某父亲交出逃回娘家的女儿，或某男子交出一名有争议的妻子，还给她合法的丈夫——但当第二天战斗方快要回家的时候，已经解决的事情可能还不如在战斗当日，新产生的世仇、怨恨和伤亡来得多。因为战斗的参加者不仅从战场上带回关于何人施与何人身体伤害的，有意或无意的，所有鲜活记忆，他们也会用语言或手中的长矛满腹狐疑地长期考虑谁支持了谁以及为什么。
>
> 不过，到最后资深男子之间所有的这些争端和敌对行动会集中到对单身汉们的怀疑。1928年末，发生在容

> 谷(Rongu)来自不同游群的大族群之间的一场“战斗”，是两年里唯一一场干脆利落和有最终结果的战斗。那时，他们之间在经过从早到晚的争执和战斗之后，参战双方的所有长老都到场，并逐渐将他们的怒气集中到一名倒霉的曼丁布拉(Mandiimbula)单身汉身上，最后他们指责他在游群之间挑拨离间，引起各长老间的误会。双方 59/60
> 一些长老公开证实，他们彼此间的误会正是始于这名可疑男子出入他们家里后不久；而敌对双方资深武士很容易就确定，他们之间的大部分猜忌“都是他的过错”。于是，一致联合起来对付这名男子，并很快用乱棍将其打晕，作为对其制造和散布麻烦的惩罚。在战斗中，老人政治通过找到一名单身汉作为替罪羊来言归于好，并将他们双方的所有怀疑和敌意施加在此人身上。

## 对外关系

迄今我们所见的案例大多是社会内部的政治问题。但是，当上升到争端和战斗的问题时，我们便触及到政府对外政治问题的核心，即发动战争或维持和平的能力。如果政府形成的组织主要在于使用合法的武力，那么它不只是针对内部使用或威胁使用武力，同样也用来对外。当然，这两种背景应当分开，因为两者很不相同：内部的约束和制裁(以及文明社会中的法律)无处不在，是维持社会内部秩序的问题；而对外事务基本上无法可依，无法通过共同的习俗或公共制裁维持秩序。平等社会无法通过结盟和条约来有效发动战争和维持和平，因为缺乏一个责任主体或政府权威。但是，对外政治问题无法回避，虽然应对它们的方式就像处理社会内部政治问题那样，只是某个人和处理内部能力的向外延伸。

就像前文提及的争端情况，看来明显的是，原始人群意识到战争的危险，并采取措施降低其发生的可能。当然，这类措施多样，但是它们全都能归结为结盟的一般模式，即互惠的交换。

互惠交换是所有血缘组织拓展或强化血缘地位的正常人际关系纽带之方式。任何两种血缘关系都意味着标准的权利和义
60/61 务，并体现在物品和关怀（并有规定的礼仪形式）的交换上。这种交换一般兼具实用性和象征性。这意味着，无偿赠予某人一件贵重礼物，使此人有了恰当回应的义务——好比人际纽带实际上是由交换来象征的。这种情况实际上广泛存在于人类之中，甚至见于现在操场上孩子们规定彼此结盟的义务。但在原始社会里，互惠交换行事非常认真，只是因为这种社会是平等和无秩序的。当然，主导互惠交换的规则和预期是社会内部生活的基本核心，但同时也是原始人群在他们斗争中应对战争与和平等政治问题唯一可行的手段。结盟的成败就是维持和平的成败，这听起来带有霍布斯派的味道，霍布斯派认为就大体正常而言，冲突总会发生，除非采取积极行动而避免之，否则维和行动的恶化有可能导致战争。我相信这是真的：谈论“战争的原因”一般毫无意义；各种**和平原因**的演进才是人类记载中能够加以研究的对象；政治组织演进的很大部分和基本部分无非就是维和手段的拓展和强化。此外，可以这样说，不但政府的演进，而且在不断拓宽的社会领域里维和手段的演进，都是不断将新的政治要素添加到社会组织之中的过程。

原始社会中的互惠交换有多种形式，隐含的意义也是多方面的。在此我们仅讨论主权团体之间结盟所采用的那些重要方式。它们主要有两种（虽然每种有许多变体和排列）：联姻和物品交换。后者并非现在我们熟悉的那种“贸易”，因为虽然现代追求利润的贸易在某种意义上有助于维持国际和平，但原始社会结盟的

交换是显示慷慨和友善的个人礼尚往来，而不是毫无人情味的唯利是图，“贱买贵卖”。另一种互惠形式是联姻，也需要与现代婚姻 61/62
区别开来。现代婚姻通常是罗曼蒂克恋爱的产物而自由结合，我们常认为婚姻的目的或作用，是令爱情、性关系和后代合法化。在原始社会里也有这些因素，但是它纯粹可以基本是明显策划的副产品，用互惠交换婚姻配偶来建立政治联盟。当然，婚姻是建立亲姻关系的方式，并可由下一代建立起新的血缘关系。

显然这是最早、最基本，也是最可靠的结盟方式，因为它向外扩大了家庭关系的范围。一种婚姻规则（也即说明何种群体必须联姻，或反之，何种群体不能联姻的规则）调节着整个社会的互惠关系。因为这是一种“规则”，因此是由人们自己制定的，所以它的结果可以预判；而且规则也可以改变，以便能达到各种政治目的[①]。

婚姻的规则可以极其复杂——是在我们看来的复杂。例如澳大利亚中部的北阿兰达人（Arunta）有一套被民族学家称为“二层跨表亲婚姻”（second cross-cousin marriage）的通婚规则。用另一种表述方法可能更好说明实际情况，这就是第一层跨表亲通婚是禁忌[②]。基本上这意味着某男孩不能与其父母所在的当地血缘群通婚（相反，在许多原始社会中，舅舅的女儿是理想的结婚对象），而必须父系外通婚——在母亲第一层堂表亲中通婚。对这类婚姻，结婚者会问：“为什么要与母亲的群体通婚？他们已经是我们的盟友了。”而这种规则的效果在于，将血缘纽带远远扩大到较常 62/63

① 泰勒（Tylor 1888，267）在很早以前就已提出此观点。“低级文化的部落之间所知有一种手段来维持永久的联盟，这种手段就是外部通婚……世界史反复证明，原始部落很可能清楚明白，外族通婚和被赶尽杀绝两者之间简单的实际选项。即便文化发展了，外部通婚的政治价值仍然存在……‘我们把女儿嫁给你们，也会接受你们嫁过来的女儿，我们和你们一起居住，我们将成为一家人’，这是以色列历史上著名的一段话。”

② Tabu原为波利尼西亚语，引申为禁忌。在本文的不同语境中，译为“塔布”或“禁忌”。特此说明。——译注。

见的第一层堂表亲婚姻以外[1]。用这种方法，至少可以获得两倍的亲戚。

在上述例子中，当互惠是指两个群体间持续通婚中女人的实际互换，那么婚姻的互惠可能会滞后和变得非常一般。但有时在平等社会，结盟联姻的互惠过于滞后，或因为距离遥远而无法保证，以致需要用直接的货物礼品代替滞后的互惠婚姻。这可以说是“当场互惠”，最著名的就是被误称为“彩礼”或“彩金”的做法，其中这种交换在具体的婚礼仪式上被象征性地相互抵消。过后，婚姻的回报实际上可能为新娘提供一种相同的物品回赠。

原始社会非常流行的叔嫂婚（levirate 源自拉丁语 levir，意为“丈夫的兄弟”）和娶姨婚（sororate 源自拉丁语 soror，意为“姐妹”）充分证明了这样的事实，即原始婚姻是**族群**之间的一种结盟形式，类似政治协议，而非只是结婚双方个人的事情。叔嫂婚遵循这样的习俗或规则，如果丈夫亡故，他的兄弟，通常是弟弟要抚养嫂子和侄儿们。娶姨婚也维系着结盟，如果妻子亡故，那么其姐妹必须接替她的位置。这两种情况都反映了这些族群是如何认真地对待这种协议的。受损的“契约”必须维持，“即使死亡也无法让我们（族群）分开”。

## 政治组织的局限

如果在平等社会里，和平的政治扩张是通过物品互惠交换和
63/64 联姻这种个人和非政府手段来实现的，那么可以肯定的是，政治组

① 某人的跨堂表亲是父亲姐妹或母亲兄弟的孩子，即舅舅或姑姑的孩子。平行堂表亲则指父亲兄弟或母亲姐妹的孩子。这种区别的发生原因是原始社会常见的本地异族通婚原则：一个人不能与自己在本地的族群通婚。因此，交叉堂表亲是本地异族的住民（因此是可结婚的），而平行堂表亲在同一个本地族群中长大，因此不能通婚。

织的范围并非一目了然，也没有可见的固定界线。大多数原始社会与其他自治社会在社会（因此潜在是政治的）关系方面有许多重叠和相互交织的内容。

原始政体这种相当不确定的特点在很大程度上，与领导权的短暂性以及用直接和权宜的办法来解决不同政治问题的情况有关。一旦问题解决，社会系统就又回到无政府状态。另外一个事实是，不同的问题和活动会召集不同数量的人员，宴会或舞会召集和吸引的人数通常会多于葬礼。但任何此类集会，因为它形成了一个社会群体，无论多么短暂，都会有一定的政治作用。拉德克利夫—布朗（A. R. Radcliffe-Brown）在谈到澳大利亚原住民时是这样说的（Radcliffe-Brown 1940，xix）：

> 需要指出的一点是，这类宗教或仪式目的的集会在不同的场合是由不同群体（本地血缘群）所组成。每场集会当时就形成一个政治社会。如果两个团体之间有争端，那么在聚会期间要么解决争端、维持和平，要么搁置争端以后再说。于是，在不同的情况下，某群体暂时会属于较大和不同的临时政治团体。但并不存在确定的永久性团体，指称某群体就是它的组成部分。这种情况与非洲某些地区所见的情况相似，如塔伦西人（Tallensi）。

上述的塔伦西人是定居农人，比澳大利亚沙漠中流动的简单狩猎采集社会要大得多。然而他们和许多其他社群就像易洛魁人（Iroquois）和北美平原印第安人那样在许多方面各不相同，都是无国家的平等社会，这使得外人难以看出这种社会的局限性。政治事件由社会事件而产生，任何聚集的规模取决于其功能，随着血缘纽带向四方辐射而变弱，以至于亲戚关系——个人眼里真正和稳定的亲戚群——对每个家庭而言并非相同的人群。当然，亲戚关系并不与

任何地域界线相对应，也不与其他诸如语言或文化特点的区别相对
64/65 应。较大的部落社会仍在平等社会的范畴以内，这种血缘群以地域命名并有时以地域分界，以至于他们被具体化并视为一体，可以说，这超越了个人亲戚关系，并使得成员关系代代相传，历久而弥新。这些通常是父系和母系本地的世系和氏族（相关世系的联合）。但即便如此，我们也无法划分这种社会。一些氏族会为某些共同目的如祭祀、节庆或战争聚合起来，第二天又恢复原状。这种根据不同事件的结构拆分和重组的性质在某些社会中的形式是如此平衡，以致被贴上了结构功能类型的标签：**分节**社会①。

福特斯和伊文思—普里查德在其努尔人（Nuer）研究文章的结论中概括道（Fortes and Evans-Pritchard 1940，296）：

> ……我们在努尔人政治结构中所见的一致性是一种过程而非一种形态。这种过程包括对待聚与散的各种互补倾向，其一系列的分分合合在所有政治团体中的运转都有相似之处，这种聚散由不断变化的社会条件所控制，使得我们能谈论一个系统，并说这个系统的特点是由其分节部分的相关性和对立性来定义的。

强调平等社会基本上没有固定的政治边界，意味着这些具有正式政治组织的社会是有边界的，并意味着这也是真正政治组织的一项重要功能和方面。亨利·梅因爵士（Sir Henry Maine）知道这点，并将其作为在原始非国家社会与文明之间进行著名区分的一部分。随着社群的扩大，在基于就近聚合的原则无法再用扩展
65/66 血缘关系的办法来团结新成员时，政治国家就出现了（Maine

① 经典例子请见：M. Fortes，The Political System of the Tallensi of the Northern Territories of the Gold Coast 和 E. E. Evans-Pritchard，The Nuer of the Southern Sudan，两者都载于两人所编的《非洲的政治系统》（1940）。

最近有一本完全写非洲分节社会的书，这就是 John Middleton and David Tait 的 *Tribes without Rulers：Studies in African Segmentary Systems*，1958。

1861，109)。许多人类学家不同意梅因的观点，理由是许多原始社会是由家庭、游群和世系所组成，他们严格立足于分界的地域。但是这有点离题：梅因显然不是说原始人群完全没有地域划分的概念，而是指这些组成单位，无论是否以地域分界，彼此并非始终团聚在一个对外隔离和永久性政治实体的界线以内；而国家或政府的一个重要方面就是强烈的地域意识，它在此范围内执行法律，保卫这片领土。平等社会的灵活性，其范围的多变性取决于政治问题的性质，这生动地反映在这些平等社会在面对欧洲殖民者抵达美洲、非洲和大洋洲时所做的各种震惊反应。

与平等社会相比，原始国家和酋邦在分界、统治以及永久性的建构程度上更甚，于是它们有可能为入侵者提供各种机会来保持这种供其剥削的人口。为了做到这点，他们可能让自己人取代原来的统治集团，或较常见也更成功的是仍然让原来的统治集团掌权，尽量减少变动。这种“间接统治”的形式被西班牙人用于墨西哥和秘鲁[①]，最著名的就是被英国人用于西非、肯尼亚和罗得西亚，以及被传教士用于夏威夷、汤加和塔希提。

但平等社会则没有这种可能，他们面对入侵者的适应主要体现在“聚散”的变通能力上。两种极端的反应交替发生：在某些情况下会形成大型的联盟，其规模是纯原住民条件下从未达到过的；而其他情况下，当联盟无法承受运转压力时，部落会分裂成小 66/67
的单位，较好地免于被击败。作为前者的例子，我们马上就会想到北美东部的阿布纳基（Abnaki）、莫西干（Mohigan）、克里克

① 由于西班牙人能剥削墨西哥人和秘鲁人，而英国人无法剥削北美印第安人，于是英国人散布有名的“黑色传说”，即西班牙人残暴、剥削成性，而英国人则相对宽厚仁慈。我在别处声称，拉丁美洲的这种剥削，以及这种剥削在北美相对阙如，是由于原住民社会的性质使然：墨西哥和秘鲁印第安人有发达的国家，而除了美国东南部和西北沿海有一些发展尚不健全的酋邦以外，北美印第安人还处在平等社会（Service 1971，ch.6）。

(Creek)，特别是北美东部的易洛魁联盟，以及大平原(the Great Plains)[1]上较为短暂的联盟(歼灭卡斯特将军[General Custer]部队的多部落劲旅)。但是，五大湖上游的奥吉布瓦人(Ojibwa)却无法对付白人和印第安联盟，在殖民时代初便迅速瓦解，以至于自此成为民族学上一种“个体化”和“碎片化”文化的著名案例[2]。

美国西部有这两种过程的极佳案例，尤其是内华达州以及相邻犹他州和爱荷华州部分地区的大盆地(the Great Basin)。历史性的冲击在更东部的地区来得较晚，因此我们得到的是对纯粹原住民情况的较真实的描述(1805 年路易斯[Lewis]和克拉克[Clark]详细介绍了大盆地北部地区，1824 年到 1825 年亚历山大·罗斯[Alexander Ross]也做了介绍，后来还有其他人)。大盆地印第安人讲同一种肖肖尼语(Shoshonean)，其原住民文化和社会结构也大体相近。但是，因为他们对该地区的白人到来有非常不同的反应，所以我们从民族学上了解的他们是非常不同的社会。

大盆地有些肖肖尼人从新墨西哥州获得了马匹(后来也通过贸易从北部获得了枪支)，于是他们的狩猎范围和生存营地扩大到如此巨大和显著的程度，以至于他们变成了类似大平原上流动的好战的野牛狩猎者。这些便是后来为我们熟知的犹特部落(Utes)。有了新的生计方式与较大的社会，他们能够在很长时间里有效保卫自己和他们的活动范围，以对抗白人和其他印第安人。最后，他们变得如此强大，以至于几近职业的劫掠者，不但抢掠白人的枪支、马匹和刀具等，也袭击其他印第安人。他们所做的最为
67/68 惊人的一件事，就是进入内华达州中心盆地，那里是一片近乎沙漠的避难所，不骑马的肖肖尼人(Shoshone)撤退至此。他们将这些(肖

① 指北美中西部的平原和河谷地区。——译注。
② 参见哈罗德·希克森(Hickerson 1960, 1962)对此早期过程的记录。

肖尼）印第安人围捕后送到圣达菲（Santa Fe），作为奴隶卖掉[1]。

后者这些不骑马的印第安人就是今天所知的派尤特人（Paiutes）和西肖肖尼人。由于占据有利的位置，现在叫犹特人的肖肖尼人要比其他人更早获得马匹和枪支。这迫使不骑马的（肖肖尼）印第安人逃离。他们无法获得足够的人力和马匹形成有效组织来对抗犹特人，因为犹特人能够阻止这点。（如果肖肖尼人真的找到马匹，他们会吃掉它。）结果，这种组织就是支离破碎的、孤立的家庭形式，一如朱利安·斯图尔特在其著名论著中介绍的那样[2]。

这种聚散反应的一个有趣例子发生在大盆地—高原地区的北部，有趣的是，一个印第安人自己对这种变化做出的功能解释和我们在此提出的解释相同。亚历山大·罗斯于1824年引用一个"巴纳特"（"Ban-at-tee"；北部派尤特人）的话道："因为害怕黑脚人（Blackfoot）和派岗人（Piegans），我们从不冒险进入开阔的平原，所以我们也从不养马。"1825年，一个巴纳特人向罗斯解释，他的族人藏匿起来是因为"如果我们聚在一起会很容易被发现"（Ross 1956，176，277－278）。

在南美，从事农业的平等部落居住在低地丛林中，而流动的狩猎采集群则居住在疏林草原和南部无树草原上。就像在北美，各种反应倾向于两极分化。智利和阿根廷西部的阿洛柯人（Araucanians），以及阿根廷中部的佩尔切人（Puelche）和德维尔彻人（Tehuelche）都是持久的大型联盟，于是形成了强悍和好斗的（于是后来在民族学中被概称为"好战的"）劫掠部落，便是著名的例子。

另一方面，一些较边远地区便成为零碎部落的避难处。最著名的就是兴古（Xingu）河上游地区、玛多克罗索（Matto Grosso）、

① 斯图尔特（Steward 1938，9）引用法纳姆（Farnum）。

② 《大盆地—高原社会—政治群体》（*Basin-Plateau Socio-Political Groups* 1938），上面的解释有异于斯图尔特的观点；他相信社会分裂是由食物短缺所致。

68/69 蒙大拿（Montaña）和大查科平原（the Gran Chaco）等地。甚至比大盆地更清楚的是，这些人群的分裂并非斯图尔特所认为的食物供应的问题，而是防卫性的分裂[1]。

非洲的情况颇为不同，因为有数量较多的王国和酋邦（这些酋邦常联合成为王国，最有名的在西非沿海和非洲东南部）。非洲西南部、刚果丛林和东非的山区成为较弱社会的避难所。看来再次清楚的是，分裂是对其他政治—军事主导的一种适应方式，而非食物供给的缘故[2]。

为了不把聚散原则看得过于简单，以为这是原始人群应对欧洲入侵者的唯一办法，顺便提一下，我们应当强调，分裂最常见的原因之一只不过是欧洲人疾病造成的人口锐减。但是，当这种情况发生，我们能经常发现联盟和分裂作为适应性反应的两个选项仍然成立。虽然疾病造成的死亡人数更经常地导致某社会人口骤减而变得如此虚弱，以至于攻防政策更偏向于防守，但是互不相关人群、过去血缘社会的残余有时会建立联盟，因此导致持续和进一步的分裂。但无论如何，我们在此强调的是较为纯粹的政治行为，尤其是先前一直被限于指称“分节”的社会的聚散这一非常有用的政治原则，扩大了其民族学的实用性。

但是要注意这样的区别：伊文思—普里查德和福特斯曾谈及这样一些特点的社会，它们针对不同政治事件频繁改变其结构，以作为持续保持平衡的一部分——把它们叫作“分节”，是代表**一种社会类型**。但是在本章，我们谈及的**这样**一种政治过程，它对于提及在历史上只发生过一次重要聚或散的许多社会并不重要，所以
69/70 从前面的意思而言，它们不能被视为分节**类型**的社会。因此，我们将保留涂尔干本意的术语“**分节**”（Durkheim 1933），用以指称由平

---

① 卡内罗（Carneiro 1961）。

② 参见塞维斯（Service 1971，ch.10）提供的更详细证据。

等和相同成分群体（一般是类似氏族或世系的血缘群）组成的社会。鉴于它们的分节类型，它们会更加频繁地显示出比其他种类社会更多的分节过程。

要注意，我没有试图全部罗列平等分节社会的各种政治过程。本章只是打算对这些社会的显著特点做非常一般的描述，因为它们与以下章节将要讨论的主要观点有关——与文明的起源及本质相关的正式政治发明的起源及本质。因此，本章尽力呈现**非**文明的某些特征，希望它们在思考**前**文明时有用，而这对进一步思考早期国家必须处理何种政治问题有所帮助。

# 4

# 权力的制度化

70/71 基于不同权力的各种关系，实际上或潜在地存在于所有人类群体中。当然，所有家庭都有内在基于年龄和性别差异的主导—从属关系。在游群和部落(分节)层面的家庭内部关系中，普遍的意识形态和礼节在社会互动中都会迫使面向平等，因此在单个家庭层面之外不存在正式的权威等级或其他权力。如上一章所述，首领是临时的，只是偶尔发挥作用，而且通常仅在他们特定权限范围之内。他们拥有的权力恰如其分地体现了马克斯·韦伯最早对魅力概念的恰当指称。该社会成员设想，他们首领的能力事实上远远超过他们。但是这种权力在大多数原始社会中是如此有限，如此个人化，以至于最好称之为“影响力”(*influence*)。

一个有影响力的人如何占据一个职位(office)，这样，当他的领袖魅力不复存在时，这个职位可以由别人填补？换言之，个人权
71/72 力如何变成去个人化的权力，法定并加以制度化？一个取得的高级地位如何变成一种赋予的地位？用较社会化的话语来说，这个问题是：一个平等的分节社会是如何变为一个具有永久性赋予高低差别地位的等级社会的？仍用社会化的话语来说，我们如何解释“社会阶级不平等的起源”，就像冈纳·兰特曼(Gunnar Landtman)1938年为他的著作所起的标题。所有这些问题都涉及相同的官僚制特点：当一种个人权力的形式最终确立并制度化，届时便出现了各类附属职位，并形成某种等级。在所有酋邦中，这种职位的等级在继承方面是世袭的，于是就形成了永久的社会阶层。

这是一个比韦伯所述更宽松的官僚制概念;特别是没有引用诸如完全正规化、薪金、任命等现代标准(Weber 1946, 196 - 204)。这里强调的是梯度的等级制以及相关的权限,也即“职位”;也就是说职位的制度化,以确保它们在个人任期结束后仍能持续。这虽然只是韦伯概念中的一部分,然而是一个重要的部分。

## 等级和权威

我们发现某些分节社会在某些情况下,在逻辑上有逐渐开始变为等级社会的趋势。首先,看来有可能的是,当某人获得一群人的拥趸后,他会想让自己的后代也享受同样的殊荣。如肯尼斯·里德(Kenneth Read)所描述的一个新几内亚部落,特别好地体现了这点。

在东部高地的加呼库—加玛人(Gahuku-Gama)当中,常见的权威系统是标准平等社会所见的男性长老制,这是一种基于年龄—性别地位的家庭观念。里德说(Read 1959, 427):

> 但是,超越这一分节权威的层次已经做到。最重要的人被称为“头人”(big men)或称为“有名号之人”(men with a name),他们之所以能够吸引拥趸并具有影响力,首先是因为他们具有追随者们仰慕的品质。存在某种子承父业的期盼。人们相信,父亲的品格会传递给他的后代,因而杰出之人的儿子身上也很有可能具有令人信服、值得依赖的品质。事实上,一个“头人”的儿子可能比其他人略有优势,例如获取较多的财富,还有各种压力会诱导他效仿他的父亲。

72/73

但是,里德的观点是,在通常情况下,领袖魅力仍然更胜一筹,因为在一个“传统取向”（里斯曼的习用术语）的社会里，通常胜出的还是地位较高、像首领这样的“自主”个人。某人的“力量”可以在不同背景里得到体现或证明，其中最重要的可能还是战争。舞蹈能力和赏赐一直是证明至高地位的最重要的制度化场合。馈赠“将接受馈赠的人置于臣服于施主的地位，后者在一段时间内具有比其他人更优势的地位。这也同样适用于群体之间的馈赠，或许更加明显”（Read 1959, 428）。里德有趣地详述了基本仍然是平等的社会（门当户对[equivalence]主导着年龄—伙伴关系和群体间的接触）中存在的压力和紧张，但是这种压力和紧张比平等社会赋予了领导权更多的威望。

在一些新几内亚部落，“头人”被称为“核心人”（center-man），并对馈赠的情况十分在意，这种馈赠与几近制度化的个人权力形式紧密相伴。他在这种意义上是一个核心人，即他吸引了一群拥趸。他的伟大之处表现在各个方面，但最值得注意的还是馈赠的宴飨，证明他有能力从他的拥趸那里获得各种物品，特别是猪，以便为别的群体提供奢华的宴飨。这种活动的竞争性方面，以及这样的事实，即他或他的群体获取物品以便接下来进行再分配，很像北太平洋沿海美洲印第安人著名的夸富宴（*potlatch*）[①]。

73/74 任何时候，一个头人和他的拥趸会像是第 2 章中定义的酋邦雏形：领导权是集中的，地位是按等级排列的，而且有某种程度世袭贵族的特点。这种头人群体要小得多，通常是数百人而不是上千人，但更重要的区别在于，由于它基于一种纯个人的权力形式，

① 北美西北沿海的夸富宴表现的夸张地位竞争似乎是社会结构（包括长子继承制，地位由出生顺序决定，以及酋邦的组织形式）崩溃所致，这造成了许多世袭地位的空缺。欧洲人带来的疾病造成人口减少是导致此次崩溃的重要原因。

此外，用海獭毛皮与欧洲人贸易获得大量的商品，为具有野心的夸富宴操办者获取威望创造了条件。完全有可能的是，在新几内亚那些头人激烈争权夺利的地区也是某种程度上结构崩溃的地区。

博安南（Bohannan 1958）对新几内亚提夫人的头人系统进行了很好的讨论。

作为一种结构，它短命且不稳定。最重要的是，因为该头人的权力是他魅力的吸引，他没有正式的手段来强化他的权威，而他的拥趸也只是出于自愿响应他的号令①。

一个头人是怎样将一个明显的酋邦雏形变成一个真正的酋邦的呢？如上面里德所说，答案看来在于人们相信一个人的品行会传递给他儿子，尤其是他的长子。纵览玻利尼西亚和密克罗尼西亚、美国东南部、加勒比海岛屿和沿海、许多非洲社会，以及中亚游牧者的著名酋邦案例，长子地位继承制几乎是酋邦的普遍特征②。我们完全有理由相信，随着这种长子继承制的自然趋势逐渐固化成一种习惯或规则，该群体领导权的稳定性和权力也逐渐增长——很可能其规模也随之增长，这就是领导权的制度化。

再分配看来也与领导权的出现和永久化密切相关。当再分配 74/75
扩大和正式化到某种程度，首领的权力可能也会扩大和正式化，因为他作为再分配者的地位变得越发有用或必要。反过来，领导越好、越稳定，它在扩大和稳定交换系统中的执行力就更好。当然，一旦社会开始严重依赖这种交换系统，那么它也会依赖这种领导的延续性。

定居酋邦通常栖息在多种自然资源并存的地区，拥有需要当地和区域共生的多种生态位(ecological niches)③。有些位于有海拔落差的山谷，朝北或朝南开口，接近河流或湖泊等等。其他则见于沿海地区，具有高度多样化的陆地和海洋资源，需要全方位的合

---

① 关于所罗门群岛头人活动的经典报告可参见道格拉斯·奥利弗(Douglas Oliver)“首领的作用”(“A Leader in Action”, Oliver 1955, 422-439)。

要了解西北沿海印第安夸富节的功能，请参见(Suttles 1960, 1968; Piddocke 1965; Vayda 1967)。

② 有少数母系酋邦的继承权会落到酋长姐妹的儿子身上，但是似乎一般是其姐妹的长子。该谱系并不那么重要，因为按照年龄的排位才是世系的基本特征。

③ 玛雅低地的情况似乎例外，但它们的情况将在第10章中另做解释。尤其强调“定居”是因为某些酋邦是游牧者。看来这些游牧劫掠群体不仅需要良好的永久性领导权来进行军事冒险，也需要对抢来的物资和畜群进行重要和经常的再分配。

作和再分配，以便有效猎取鲸鱼，用渔网捕获大比目鱼，捕捞、熏制鲑鱼并装箱（以后者为例，北美西北沿海有大量产卵期鲑鱼的洄游）。存在这种再分配的地方强烈表明：某种地理条件有利于再分配的发展，当与头人系统这样的领导权雏形相结合时，会倾向于促使领导权发展成为一种权力集中的制度化系统的地位等级制，并带有一个制度化的中央政权体系。不考虑细节的话，这很可能就是这样发生的①。

图1显示，一处山脉河谷中湍急的河流经过肥沃的冲积谷底
75/76 时逐渐减速，最后在河谷下游形成一片沼泽。河谷的上游有一处燧石露头，离该河谷的下端约6.4千米（4英里）远的沼泽有一片极好的芦苇，很适合制作箭杆，也是候鸟的觅食和藏身之所。

一个园圃村寨在谷底长期定居，种植玉米、豆类、南瓜、花生、烟草和几种香料和草药。这个小村寨A，发展到一个临界点后，最后在较远的下游建立了一个子村寨B。那里的土地比较泥泞，不适于种植玉米，但是作为补偿，比较适于种植烟草，也便于捕鱼，有更多的水禽和优质的芦苇。接着，从山区来了一个亲属群体C，并被允许和平地在北端定居。这个群体C发现在多石的土壤上只能勉强种植玉米、豆类和南瓜，无法种植烟草。不过作为补偿，这里离森林很近，能够进行狩猎，特别是鹿，好在这里还有可以用来制作石器和矛头的燧石露头。

这个简单的草图可以说明问题。假定这种和平关系延续，这三个村寨许多家庭之间会存在互惠的交换。但是A不像其他两个村寨那样依赖交换，它拥有较好的各种农业生产，并处于河谷上

① 有许多民族学酋邦案例都符合这种生态背景，这种背景能够刺激一种区域共生，因此我选择它来作为以下讨论的说明（参见 Sahlins 1963，也可参见 Patterson 1973 对秘鲁河谷的讨论，第95－100页）。但需要指出的是，在地理条件同质性很强的环境中，当地技能的多样化和专门化可以提供相同的再分配动力，当需要与高度有组织的长途贸易相结合来获得必需品时尤其如此（参见 Rathje 1972）。

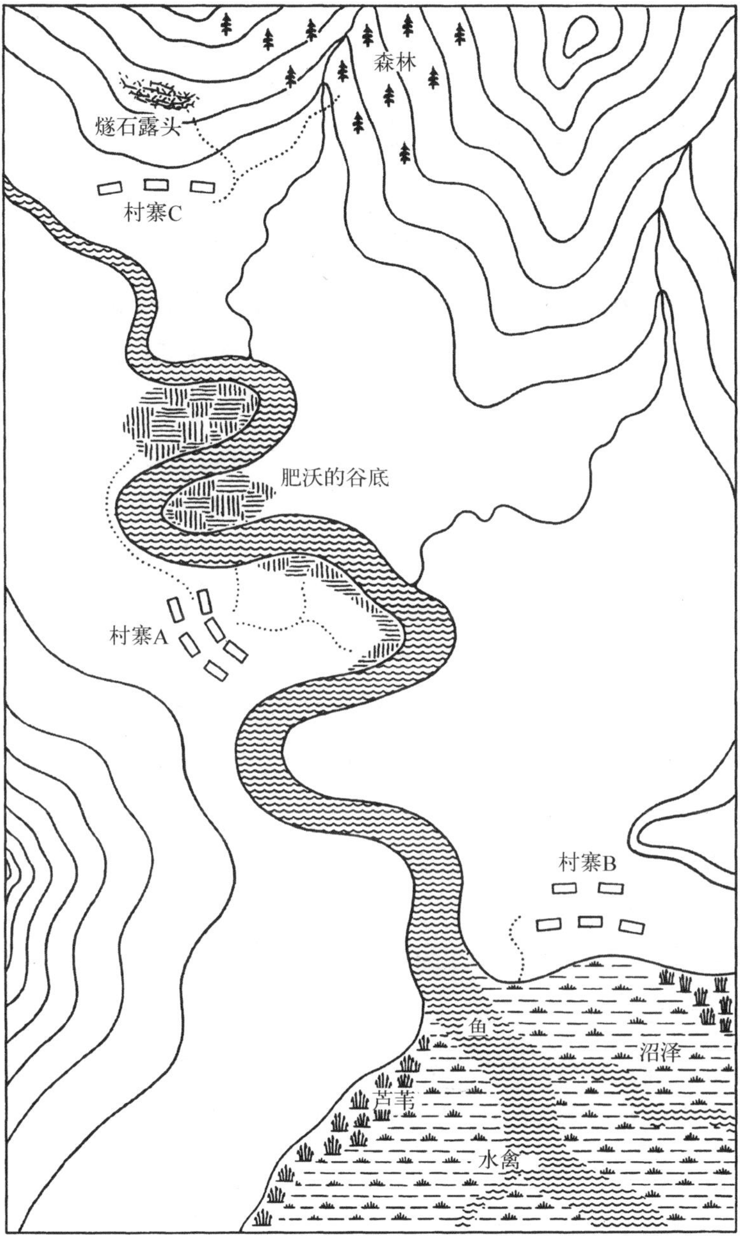


**图 1　多样化资源区的村寨示意图**

77

游可以狩猎、获得燧石，以及下游可以获得鸭子、芦苇和烟草等地点等距的位置。虽然这些大家想要的物品应该在村寨之间进行平等的互惠交换，但村寨 A 处于特别有利的位置。不仅它的地位最高，还因为这个地点的时间最早，还因为占尽地利，产量也更高；也由于这些原因，它也会更大。此外，它位置居中，可以比 C 更容易获得 B 的专门物资，也可以比 B 更方便获得 C 的专门物资。如果其他方面相当，互惠有可能是从 A 到 B，然后返回，还有从 A 到 C，然后返回。于是，A 仅是存储从 B 获得的物品，再把其中一部分给 C（连同一些自己的物产），在某种程度上它逐渐变为河谷里的“仓储”，而此时 A 的互惠交换变成了真正的再分配。如果村寨 A 有一个称职的头人，这种情况会对他提高自己的地位以及维持地位非常有利。同时，当地的专门化是如此具有优势，以至于会自然而
76/78 然地增长，于是村寨 B 和 C 可能都放弃玉米生产，依赖 A 的供应，而 A 会放弃种植烟草。

于是，产量增加，人口增长，还可能会形成新的小村寨（通过分裂，也可能通过增长），而 A 的权力，尤其是社会对村寨 A 权力的要求会相应增加。村寨 A 变为首领村寨（chiefly village）。村寨 A 的酋长建立起最高等级的世系，还有什么比村寨 A 酋长的长子逐渐被训练来继承父位更自然的呢？与其他村寨通婚建立起来的关系确立了高贵的次子世系，村寨 B 的酋长世系高于村寨 C，村寨 C 的酋长世系高于村寨 D，以此类推。这看来是一种普遍的贵族制原则，即年龄最长地位最高。这种情况被酋邦中的一种常见情况加剧，即最高贵族世系的儿子但在继位顺序中最低（比如说最小的儿子），他是建立新的子村寨或与这些子村寨联姻的人。

由于魅力型权力在一条世系中永久持续，并被制度化为一种世袭的职位等级制，这不仅可以增强当地专门化和再分配网络的效率，而且还可以越来越多地担当其他任务。酋长们可以补贴专

职工匠，可以使得，如一个优秀燧石工匠的世系家庭可以有更多时间来提高自己的技能。同理，某酋长世系可能成为祭司世系，以沟通祖先神祇来为社会谋福利。民族学上所知的酋邦看来很典型，甚至可能普遍是神权制的。祖先崇拜是祭司祭拜采取的典型形式，作为与原始萨满和神话的一种文化叠加渗入其中。总的来说，酋长世系通常被认为是该世系和整个社会创始人的直系后代，现在更被推崇至主神的地位。这种观念大大加强了该统领等级制的能力，去更好地执行一些额外、必要和有用的工作。集权政府可以更加有效地发动战争，也可以更有效地维护和平，还可以用平等社会无法做到的方式解决内部治理问题。最明显的是，许多政府都调动公共劳力建造了巨大的纪念性建筑。

一个工作秩序良好的酋邦似乎更团结一致，因为它可以很好地完成上述功能，特别是再分配——事实上，这是古典社会学家偏爱的社会有机体模型。酋邦是一种非常普遍的组织形式，可能是因为它与平等部落相比是如此成功，以至于它改造了它的邻居，或者邻居们通过效仿改造了自己。一个成功的新酋邦也可能继续通过扩展或内部增长而扩张，一直达到它无法进行成功统治的那一点。如果这种成长和解体事实上是常态，那就有助于解释酋邦的扩散：一个扩张的酋邦改造其新的组成部分，如果它们原来是平等社会，那么可以简单通过接纳原始中心酋邦的首领而加入现有的等级制，从而变为其小型的翻版。如果其整体出于无论什么原因分裂成多个部分，那么这些部分也都是酋邦，无论它们有多小。这种扩张和收缩的轮回可能就是导致考古学记录中酋邦出现十分突然，并如此迅速扩张的原因。 78/79

再分配领导权及其地位由长子继承制随时间稳定下来，它改造了社会的血缘结构。于是，平等社会的世系或氏族，用保罗·基尔霍夫(Paul Kirchhoff)的话来说(Kirchhoff 1959)，变成了“圆锥形氏族(conical clans)”,在这个结构中,世系中的所有支系以及家族中的每个人都按照创始者的出生顺序以及该世系和由其衍生的子世系保持者的每一代后代顺序来排位。这种谱系等级在历史上的英国古代凯尔特人群之间、欧洲贵族阶级中很常见,并在闪米特“部落”或《旧约》中也很明显。基尔霍夫采用“氏族(clan)”这个术语造成了语义上的困扰,因为它通常用于从一个创始人延续下来的“共同”(相等或一般化的)子嗣的平等血缘顺序。雷蒙德·弗思(Firth 1936)称这种圆锥形人群为“分支(*ramage*)”,该词来自一个古老的法语词汇,意为“分枝(branch)”。这个词似乎更为可取,因为它的词源侧重于谱系的“分支和再分支”,这是根据与“父母主干(parent stem)”的远近来排序的(见图 2)。但是,基尔霍夫相当
79/80 正确地声称,“锥形氏族”(分支)可以演进成为一个较高的次序,即国家和古代文明。(但是他的错误之处是设想平等氏族是个“死胡同”。其解决办法,简单地说,就是在平等社会和国家之间插入一个酋邦的发展阶段。)

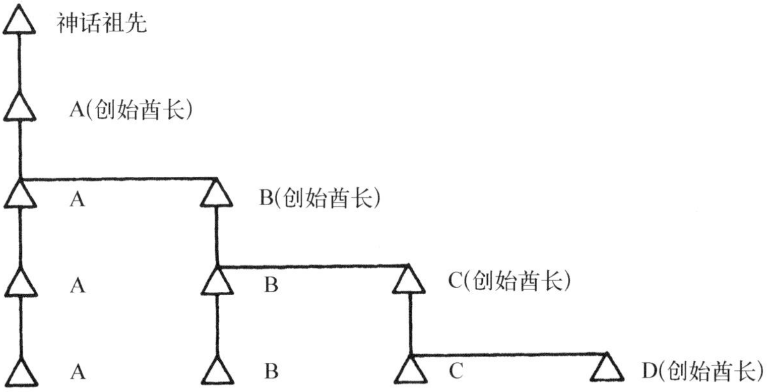


80 **图 2 酋长分支的等级图示,用谱系反映这些村寨的等级和位次**

显而易见,该酋邦及其分支的血缘结构在某种意义上就是政府,与“自然状态”的人群不同。显然,已经产生了一些新的政治创

新。我们已经提到过继承制的不平等、长子继承制、永久领导权和等级的权威。在这些方面以及其他方面,酋邦看来很像欧洲历史上封建时代的社会。由于马克思,很明显还有其他人,为这种封建时代赋予了资本主义民族—国家出现之前的一种进化阶段的特点,我们最好简单讨论一下酋邦与封建社会之间的异同。事实上,两者之间有某些有趣的相似之处,虽然两者的不连续性仍然重要——主要是因为欧洲的封建主义是一种政治类型的特定历史变体,其本身并非一个阶段。

## 原始酋邦和封建制

欧洲封建制通常以 11 世纪法国的案例为经典形式,结合了三 80/81
个独有的特点,其中任何一个,有时两个一起,大量见于原始和农民社群的世界中。它们是:(1) 建立起一种特别的自愿型的个人关系等级制度,通常被称为家臣制(*vassalage*);(2) 封地(*fiefs*)的土地所有权,以农业工人作为其农奴的关系为特征;(3) 一种当地的,几乎是自给自足的经济系统——通常被称为采邑制度(*manorial system*)——(就像政治制度)在罗马帝国解体后仍然各自为政。

法国权威马克·布洛赫,强调了封建制的第一个特征即家臣制,他说(Bloch 1931, 204):

> 那时,在没有一个强大国家的情况下,血缘关系能够支配整个生活以及建立在金钱支付基础上的经济体制,一种人与人之间特殊类型的社会关系在加洛林和加洛林王朝之后发展起来。上等人为其依附者提供直接或间接的保护及各种物质上的好处,以保证其生存;下等人承诺各种给付或各种服务,并承担提供帮助的一般义务。这

> 些关系并不总是随便认定的，也并不意味着双方之间存在一种普遍满意的平衡。封建政权建立在权威之上，且从未停止牵涉大量限制、暴力和虐待。然而，这种个人维系的、等级的和具有约束力（双方）的特点，主导着欧洲的封建制。

第二个特点是封地的土地所有制（the tenure system），如上述布洛赫的定义所指，它与家臣制纯粹的个人维系密切相关。但是对于某些学者（特别是马克思主义者）而言，不管与家臣制关系有如何重要的联系，土地所有制更是封建制的本质，因为它是指生产关系。例如，像莫里斯·多布（Dobb 1946）这样的权威，用的农奴制（serfdom），即依赖土地所有制的非自愿形式，完全与封建制同义。

81/82 但是，欧洲封建制的家臣制相对于封地和农奴制的关系在世界其他地方未必如此。例如，新几内亚的头人系统和非洲许多地区的恩庇—侍从关系，令人觉得很像封建家臣制的自愿“追随者”。但是，他们与依赖土地所有制没有任何关系，或几乎无关。另一方面，我们也很熟悉现代许多类似封地的土地所有制案例，以富有的特权业主和负债的农民为特点（令人想起殖民时期拉丁美洲的大庄园 *latifundia* 和 *hacienda*），但是在这个制度中也许并没有任何的家臣制。

封建制的第三个特点是，帝国政治和经济结构解体后大庄园的孤立无援和相对自给自足。在一些较大政体解体后，这种局地的重建在历史上反复发生，随后的部分重建总有一种可能。如果这就是定义封建制的全部，那么我们必然会得出结论，即这总是任何帝国很可能经历的一个历史阶段，但肯定不是某政体的发展阶段——事实上，它最好被解释为一种（可能是暂时的）倒退，而非演进。

与其他较平凡的倒退相比（如12世纪的日本），欧洲封建主义倒退的历史独特性在于，它与两种不同类型社会的某种前帝国联盟——北欧(特别是德国)的酋邦和较南方地区的古典希腊罗马文明有关。

因此，欧洲的封建制从历史来看是非常复杂的，也许是独一无二的。由于这个原因，它不能被视为演进的一个阶段，或甚至是一个普通的倒退例子。只有其要素之一，即自愿的家臣制，在世界各地到处都有同类。家臣制似乎是那些各种被称为头人或恩庇—侍从系统社会的一个典型(也许普遍)特征。而当这些系统被制度化为世袭酋邦的权力结构时，它们在某些重要方面会类似于欧洲封建时代后期或后封建时代的世袭贵族。但是，这些酋邦的这些特征与复杂的土地所有制和欧洲封建制政治统一的倒退结合得不够紧密，因而不足以将其归为一类。这并不是说这种相似毫无意义。82/83

## 法　律

正如我们在前面章节中所见，“自然状态下的人”并非一种无拘无束的自然人。在面对面的小型社会中，社会固有的控制力非常强大；特别是在原始社会中，个人通常是在他的亲属之间度过一生的。由于无法逃离，因此他无法通过转到某新群体来恢复他因在自己群体中所犯的一些社会错误而失去的尊重。合作、联盟、关爱，以及所有的互惠，对于原始社会里任何个体的生存来说都至关重要。这就是为什么这些人看来对该群体的任何社会行为的反应都如此敏感的原因。奖赏和责罚，喜爱和疏远，还有其他类似的社会心理制裁，在成员稳定的小型社会中是极其有力的强制，它被许多平等社会的观察家们反复提及，他们观察到了这些周密的社会习俗，特别是“习俗至上”(custom is king)的规矩。

西德尼·哈特兰的《原始法》(*Primitive Law*)也许是对非强

制习俗就是原始法律这一观点最有力的解读。在一个典型陈述中，他说原始人“被其群体的习俗所团团包围，他被束缚在古老传统的枷锁之中……这些桎梏被他理所当然地接受；他从不寻求突破”（Hartland 1924，138）。

另一位民族学家里弗斯（W. H. R. Rivers），在他的《社会结构》（*Social Organization*）一书中说：

> 在像美拉尼亚人这些民众中，有一种群体情绪，它使得任何明确行使权威的社会机制变得毫无必要，就像它使得公共所有权的和谐运转成为可能一样，确保了一种共产主义两性关系制度的和平特点。（Rivers 1924，169）

类似这样的陈述对布罗尼斯拉夫·马林诺夫斯基（Malinowski 1934）来说是一个巨大的烦恼，他反对原始人群对习俗执迷不悟的
83/84 看法。他还有力地声称，在“野蛮社会”中确实存在强大的负面制裁，尽管不是有形的[1]。我认为他说有强大的负面制裁是对的，例如，最重要的就是撤销正常的互惠[2]。但是，由于这些并非由拥有特权的正式权威制定和管理，所以许多马林诺夫斯基的批评者否认原始的前国家社会中存在法律。

现代专家霍贝尔（E. A. Hoebel）视法律由三个必要要素组成：特权、正式权威和法规（Hoebel 1954，28）。像霍贝尔一样受过法

---

① 他应该这样说，在他研究的野蛮社会中（特罗布里恩岛岛民）。马林诺夫斯基过于频繁地采用此单一社会的证据来总结整个原始社会。该社会是一个低级酋邦，这点也许值得指出。

② 在这点上，引用马林诺夫斯基的一段陈述可能有用（Malinowski 1934，XXXVi）：

> 遵从原始习俗的积极方面是这样的，即服从规则是以奖励为诱惑，它会得到反馈服务（counter-services）作为回报，在我看来，这就像惩罚性制裁的研究一样重要；而后者不是故意的惩罚，而是对不服从反馈服务、对这种关系内部和机构内部的批评和不满的自然报复。任何恶意（*mala fide*）不充分及不适当地履行义务，会遭到一整个系列的谴责、报复和损害，它一定会在该合作群体完全解体时结束，无论是家庭、行会还是部落。

律训练，但从事民族学实践的罗伯特·雷德菲尔德指出："法律……从形式上是可辨的：对规则的正式表述；确保服从这些规则的方式，或对违反这些规则所需的赔偿和惩罚。"（Redfield 1967，5）但是，这些定义并没有明确指出，"特权"和"惩罚"的强制必定伴随着国家的出现。不应从这种进化角度来看待它们。

也许只有进化论者才相信法律惩罚力量与国家之间的关系。沃尔特·戈尔德施密特说："一个真正的国家涉及统治者手中合法权力的垄断。"（Goldschmidt 1959，99）斯坦利·戴蒙德明确将习俗与法律分开，用这种划分严格定义原始社会和文明社会之间的区别：

> 习俗是自发、传统、个人和众所周知、集体和相对不变的——这是原始社会的特点；法律是文明和有组织力量认可的政治社会的工具，总体上凌驾于整个社会之上，并支撑着一批新的社会利益。法律和习俗都涉及行为的规范，但是其特点全然不同；在形成中的法律与习俗之间，无论是传统的还是新兴的，还没有打破进化的平衡。（Diamond 1971，47）

84
85

其他许多人也在这方面争论不休。马林诺夫斯基之前对习俗意义的看法看来可能会卷土重来。法律史学家辛普森和斯通指出：

> 尽管马林诺夫斯基近来面临挑战，但在一种血缘结构社会中，社会控制有效性的正统解释看来仍然是最令人满意的。通过一套指向社会舆论和对神祇的恐惧、被超自然起源信仰神化的习俗压力，是社会基本控制武库中的两大法宝。（Simpson and Stone 1948，3）

与习俗和法律争论相关的某些问题是语义学上的，所以在面对民族学证据之前，最好先避开它们，这需要对该争议做一些新的判定。首先，习俗是什么意思？现在我们不想和个人习惯（"我习惯在早餐前散步”）相混淆；我们关心的是集体的惯例（conventions）。但这可能是两种截然不同的类型。当莫里斯·金斯伯格决定用习惯（*usage*）一词指称“那些使某社群成员习以为常的行为，它没有规定的特点或缺少道德约束的惩处”，而习俗不只是指“行动或行为的普遍习惯，而是指……对行动或行为的一种判决。换言之，习俗是受制裁的习惯（sanctioned usage）”的时候，就意识到了这个问题（Ginsberg 1921，106 页后）。

这种二分表明了某种真正的差异，但似乎无须如此严格，因为可以这样说，任何偏离常规习惯的行为都会在某种程度上受到社会上某些人的抵制，以表示某种不满。我们很难做跨文化的预判，即偏离正常行为会引起公众强烈的负面制裁：如传统歌曲的错误唱法、不合时宜的发型、问候方式失当、打嗝、扼杀了你氏族的图85/86 腾。对这些习惯的任何违反，或者其中任何一项，在某些社会里可能会受到大家的严惩。但是，这些无数习惯中的有些违规也可能会被漠视。当某习俗确实附带制裁时，我始终采用受制裁的（*sanctioned*）这一修饰词，来设法避开这个问题。

受制裁的习俗是积极或消极强制的社会控制形式。积极制裁通常得到公众或其中部分人的同意。消极制裁是反对违背习俗，通常通过解除友好关系，及上面马林诺夫斯基强调的取消预期的互惠。还有，就像积极制裁的情况一样，反对是公众或其中部分人的一种社会惩罚。也就是说，制裁并不是作为“第三方”的正式权威行使的；分节社会中唯一的第三方是具有某种家族权威的个人或团体，比如一个可以作为调解者或仲裁者的有智慧的年长亲属。

另一方面，法律意指一种永久性的集中权威，凌驾于家庭地位之上①。它在分节社会中的习俗规则和等级社会中习俗之外的法

---

①　显然，这是法律史学家威廉·西格尔（Seagle 1946）的想法，当时他坚持认为法院是法律的核心要素。

律之间做了明确的区分，后者强调武力的强制，为国家的创建所采用。正如著名历史学家保罗·维诺格拉多夫所言（Vinogradoff 1920～1922，vol.1，95）：“国家用强制手段垄断法律的制定和实施，而这在古时候是没有的。”因此，武力和一种政治结构，以及国家对其使用的垄断，一般是定义法律的重要因素，这成为受制裁的习俗和法律之间的区别。

但是，做出这种区分的这些人都没有意识到明显先于国家的酋邦所提出的问题。酋邦阶段介于分节的平等社会和强制的国家之间。在酋邦里，我们见有真正法律的一个基本要素，即能作为凌驾于家庭层面之上发挥第三方作用的权威结构。但是酋邦缺乏与国家实施武力垄断相关的强制性有形制裁。要注意，这个有关酋 86/87
邦和国家的设想，以及酋邦阶段在演进中的普遍性问题，在我们的讨论中，就这点而言是“假定的”。其事实基础将在后续的章节中做更全面的探讨。

看来将法律分为公法和私法两类是有用的。公法在此是指拥有权威结构的人们（个人或团体）的法律问题。就我们现在目的，其最重要的背景就是强制的意义，就像叛国或“犯上罪”那样的情况。私法是指人们（个人或团体）之间的法律纠纷，它由权威结构来调解。（在本章的“强制”与“仲裁”小节里，会对酋邦的公法和私法作用做更全面的讨论，并举例说明。）

由于我们现在对酋邦感兴趣，看来很明显，我们需要一个可用于它们，但仍能令我们讨论有关酋邦和国家之间的差别的法律定义。里阿普德·波斯皮西尔（Leopold Pospisil）在《法律的民族学》（见 Pospisil 1972）中的经验在这里很有用，特别是因为他关于卡普库·巴布亚人（Kapauku Papuans）（一个类似酋邦的社会，但是一个层次较低的社会）的重要工作（1958），就面对本章的问题。他介绍了像法律那样来解决冲突的案例，当时的判决具有四个特点：权威、从众意向、义务(*obligatio*)和制裁(Pospisil 1972 和其他论述)。

法定权威要求某人(或团体,如一个委员会)强大得足以通过劝说或武力威胁来强制执行裁决(需要补充的是,在酋邦里,一种法定权威很可能将此功能与政治、军事、经济或祭司性质的其他功能结合起来,而这些都能赋予他各种强制的力量)。争议通常由一位权威调停,他用自己的说服力来诱导(争议双方)遵从他的裁决。这种干涉看来与他强迫当事人接受一种判决相比不那么正式,而较原始或较家庭化。前者在我们看来更像法律,因为它包括像一位法官那样行事:娴熟地运用权威。但波斯皮西尔指出(Pospisil 1972, 16),无论哪种情况,制定决议的人不是争论双方,而是“第
87/88 三方”,即某法定权威。但这可以看出,与一个智者通过劝说所为不同,法定权威强制执行决定的能力是衡量其等级权力和指挥能力的一种尺度。

但是要有一个重要的资格认定。某权威所做的决定对于该理由而言并不一定合法;它可能是政治性的,因此会依不同背景而做权宜的变通。如果它与“从众意向”相结合,那么这个决定就更具合法性。无论何时,若见有某先例与正在考虑的案例有相似之处,而且该先例得到了令人满意的解决,某权威通常会倾向于以较早的案件为样本。屡见不鲜的是,麻烦案件会由一位关注先例的权威很快解决。换言之,案件中的第三方看来是非正式地找到了解决方案,而非做出一个主观的决定。即使案件“提交法庭”,某权威必须做出较正式的决定,若他是先例的一员,则他很容易遵从先例,而不那么费力。但是,首个案件也即作为先例判决的那个案件,必须是一个真正的判决,如果这个案件合法,那么在类似情况下总是会进一步采用普遍的(从众的)意向(当然,它很可能是一个坏的判决,完全无法仿效;但如果它是一个合法的判决,那么先例裁决中很可能存在这种普遍的[从众的]意向)。这个标准的难点

在于发现它的存在(Lundsgaarde 1970)。

法律的第三个特点(Lundsgaarde 1970, 22－23):义务,“是指法律判决的一部分,它定义了权利方的权利和义务方的责任”。但这还不是制裁,而是对当事人之间不平衡关系性质的一种声明。制裁,尽管与之密切相关,但是指通过恢复某种平等关系来解决冲突。(用现代法庭熟悉的术语来说,当法庭作出有罪的事实判决时,是对当事人之间被扰乱义务关系的一种声明;而实际的判决是执行这项制裁。)

义务这个特点在讨论神权政体的法律时特别有用。这类社会对其规则和社会安排的强制就是宗教,必定与道德、良心,尤其是禁忌相关。违反这些规则可以说是“无被害者的犯罪”;而对这些犯罪的惩罚,如果有的话,是虚构和超自然的;而诉讼关系也不在 88/89
活人之间。这并不是说像宗教禁忌这样的事情并不重要:它们作为一种社会奖惩系统是如此成功,以至于很少实施严厉的制裁。换言之,神权体制中的义务是远离制裁的,这常与混淆两者的现代社会形成对比。

正如我们所见,包括武力的惩罚性制裁被一些人类学家认为是法律的独有标准,但看来很明显,尽管这类制裁可能是现代法律的常用手段之一,但并非所有制裁都是在法律背景下实施的。最重要的是,大量特定的(ad hoc)政治裁决都带有制裁,然而它们并不是法律。正如上面所讨论的,政治决定是权宜多变的,虽然它们可能会实施制裁,但它们不会采取从众意向。

制裁不必总是或甚至经常具有一种有形的属性。它们可能是经济上的惩罚(比如罚款和损失);特别在神权社会中,它们可能是心理上的惩罚(例如,一位大祭司的公开谴责);它们或是社会的负面制裁(比如流放,取消奖赏、服务和正常的互惠)。在原始社会中也没有法律案件,在酋邦的神权体制中,特别有必要或甚至最有必要关注的是有形的暴力。私人犯罪经常是在互惠中“违反承诺”(breaches of faith)、公共犯罪及犯上罪。后面这些罪行在神权体制中可以用两种不同方式来看待：(1) 一种是针对最高酋长个人的犯罪，或程度较低，针对等级较低的权威人士的犯罪(如违反禁忌)；(2) 攻击任何传统习俗或信仰，以某种方式伤害了统治者的权威。(只有当存在义务——某冒犯者和个人(如酋长)，后者在某种程度上受到了该行为的伤害，打破禁忌这种事情就是一种法定罪行。)这种违法通常是蔑视或诅咒的一种表达，如果(违法者)不受惩罚，就会削弱权威系统，而这种系统大体上立足于意识形态、超自然和文化的基础之上。

正如我们在一些引用的例子中所见，一些学者强调这种强制
89/90 性制裁是国家的暴力，于是他们认定法律与武力相伴，而与国家相伴。我们将在后面章节中通过分析一些实际案例来考虑这个问题，但在这一点上，我们需要考虑波斯皮西尔在理论上十分中肯的一个说法。如果法律为某群体中大多数成员所乐见，并且如果他们认为它具有约束力，那么在某观察者看来，它就像是一种习俗；但与习俗不同的是，法律可能必须由国家做出强制，甚至有时会违背多数人的意愿。根据波斯皮西尔的看法(Pospisil 1972, 30)，一种习惯的法律是被“内化了”的，以至于人们乐见其成；当它被违反时，犯罪者会感到内疚或羞愧。如果一项法律太新，或者出于其他原因不被充分接受和内化，可能会要求采取强制性压迫；但是后来，或在其他一些社会中，同样的法律可能单靠良心或舆论就能得到支持。例如，本来无受害者犯罪(如公开酗酒)在稳定时期可以通过羞耻的心理阶段加以阻止，但在社会或人口崩溃的时候，很可能必须通过罚款的有形惩罚来压制。

因此，这两种法律之间的区别不是定性的，也不能作为区别国家和原始非国家之间确切或具体的特点。但是，我们必须谨记，在

后来国家起源的参考资料中，可能伴有压迫性法律数量的陡增，更严厉的镇压，也许还有新的法律。而且很有可能的是，这种新的国家会有一个更显著、更正式和更明确的司法和惩罚机制。在某种程度上，这些法律是全新的，它们还没有被内化甚或被广泛接受。这可能会造成进一步压制的需要。在这点上，我们可能会继续接受这种武力垄断和司法机构的存在作为“国家性”的标志，但并不一定包括法律。国家和酋邦两者都具有最必需的法律成分，以及一个可以制定行为规则，对其强制执行，并判断它们是否违法的集中权威机构[1]。

## 非法律强制

具有平等社会特点的社会—个人家庭制裁同样也存在于由面 90/91
对面居住群体构成的酋邦中。但除此以外还有新的政治规范、规则和制裁，体现了这些群体社会系统的新特征，尤其是那些与维护新的地位和权威等级相关的特点。同样，由于酋邦比平等部落更大更复杂，所以群体的相互关系会有新的问题。

从前一阶段延续下来的一种重要奖惩方式是家庭的训斥和表扬，长辈通过这种方式引导并教育小辈遵守规矩。然而一旦辈分大的人实际比辈分小的人更年轻，长幼的地位就会错乱。一个年轻人似会索性回避与一位年龄地位较高但其辈分较低的长者冲

① 莫顿·弗里德(Fried 1967，90－94)基本认可波斯皮西尔对法律的定义，但不同意他将其中一些应用于简单的平等社会。我同意弗里德的看法，但如果我们现在明了前一章所述的内容，那么这个问题就很容易解决：所有社会中都见有调解内部纠纷的家族权威，它们不是法律。因此，让我们再加上一个简单的附带条件，即法定权威是超家庭的。我们目前的章节还意指另一项可能的修正：权威和制裁无须单靠世俗(就如波斯皮西尔和其他人所相信的)；在酋邦里，还有无疑在古代文明中，权威的典型就是祭司，而制裁是超自然的。于是，我们较为进化的视角，将某些分节社会案例从正式法律类型的社会中排除，并允许存在那些较波斯皮西尔等级更高的社会。

撞。我们很难在民族志文献中找到足够的例子来确认这个判断，但例子的缺失也许说明了这种回避的存在。另一方面，在某些酋邦里——我记得是波利尼西亚酋邦，年轻贵族会故意对年长平民施暴，看来似乎是后者在回避（与前者冲撞）。但首先，等级之间存在极端社会距离的塔布系统就是最好的例证（这将在第 9 章讨论）。

就如前面所强调的那样，一种永久性再分配系统的发展似乎不仅与酋邦起源密切相关，而且也能为社会政治权威等级制的持
91/92 续维护和强制（执行）作出有力的贡献。它主要从两个途径强化了该结构：(1) 权威结构也是主要和较次要的再分配者结构，这是基本供应系统，因此它对于整个社会而言显然十分必要；(2) 与供给系统相关的是这样一个事实，即某再分配者可用撤销任何有异见的下级首领或群体的物品来进行惩罚。这一切就足够明显了。

与再分配一起，新的政治整合要素中最有力的是意识形态：权威系统的等级制成为神话中超自然力的制裁。最初的创始人成了祖先神，其他祖先则是较为次要的神祇；在世的首领几近神圣，次要首领则次级神圣，超自然世界和现实世界相互映射（“人世就如天堂”）。波利尼西亚人是这种安排最为惊人的例子。他们甚至想出一种来自祖先的强度不同的叫玛那的超自然力，长子较多，依次出生的递减。因此最高首领“最为神圣”（拥有最多玛那），该权威等级制逐级往下由玛那数量相应较少的人管理[①]。可以想见，这种信仰赋予了社会结构以极大的稳定性，使得每种地位在理论上绝对世袭，实际上也大体如此。

由于超自然神祇支持现有的结构，恐惧和超自然的恐怖主义无疑会促进进一步的稳定。祖先必须由牺牲供奉（有时是人祭），

---

① 类似玛那的概念广泛存在于神权政体中。非洲极为类似的一个例子见于提夫人（Tiv，见 Bohannan 1958），他们信奉察夫（tsav），即每个人拥有不同数量的内在灵魂力量。

而大型仪式也以他们的名义举行。这些信仰证明了神祇可以用阻止降雨和动物迁移，或用虫害和疾病实施惩罚。另一方面，神祇也能带来福利：它们会给战争带来好运、确保丰收、治愈疾病和送雨等等。所有这些还有其他的超自然奖惩都由祭司—首领进行协 92/93
调，因此他们本身的重要性大大提升[①]。

恪守仪式及仪式本身就有巨大的社会整合效应，尤其是当祭祀和仪式有大批人群参与并且为了全社会的目的时。后者在某种意义上是权威系统的一个技术功能，祭司—首领为了一次好收成在“搞定一桩事情”，比如确保仪式之后的一场降雨。那当然好。但他需要他的人民在场，或需要他们大量的实际参与，跳舞、诵唱、拍手或祈祷。所有这些都是为共同福祉所做的一种努力，但由权威领导。因此，这种仪式具有有机体的性质，就像再分配系统一样。它也具有重要的社会心理学意义，因为人们在这种情景下进行群体合作而不太可能起摩擦。显然，群体越大，个体融入集体的社会陶醉感也越强。

最高首领和最高祭司常常是同一人，虽然并非总是如此。但首领总要得到祭司的批准，为他度过生命劫难举行庆典，并大体上通过祭祀和仪式手段维持等级制。有时如波利尼西亚，有特殊的排位顺序的祭司也是某些神庙和神祇画像的全职守护人，但这些庙宇和神祇总是为权威机构服务的，它们事事维护权威。这并不是说酋邦没有其他宗教。平等社会的治病萨满可能是这种“最古老职业”的延续，就如魔术师、预言家、巫师和其他原始超自然实践者。但是，这些人大部分是无组织的，而祭司等级却是酋邦有组织等级社会的一个重要部分。

在古典酋邦中，负面制裁强化了社会的完整性——典型的超

① 内丁(Netting 1972)曾出色地分析了宗教在非洲无国家社会权力制度化中的主要作用。

93/94 自然惩罚，比如诅咒或来自神职权威的谴责，即是公法。像在我们社会中，类似谋反罪的罪行会被认为是“犯上罪”(lese majeste)，是对该等级制最高首领(也即规则)或成员的冒犯。在大部分酋邦中，任何抗命会被认为是冒犯首领，于是被认为是违抗神祇。亵渎圣物或宗教罪都属于违规。很有可能的是，最初酋邦的等级制度在想让它们的统治永固之时，马上就推行这种“犯上罪”法律。因此，一种不成熟法律条款的起源可能与维持新酋邦的问题同步。随着酋邦的扩大和维稳，为了这种领导权，有什么还能比扩大“冒犯今上和神祇”的行为范围更自然的呢？(古代波利尼西亚人塔布系统也是这一过程最复杂的例子[①]。)

## 领　导　权

领导权的作用通常与协调群体事务相关，在酋邦当中可能比较零星。但正如在其他背景所提及的，酋邦最重要的群体活动是再分配，它不仅使领导成为永久的角色，同样也要求他能恪尽其职。这意味着他必须能够在农业和手工业生产中指挥劳力，而后他必须公正和明智地决定物品的分配。分配物品的重要用途之一是将某些物品储存起来，不仅要作为以后公共劳力和工匠的报酬，也要留作如战争或为贵客举办大型宴飨的资金。

这样的权力在经济上和社会上很有用，具有前述的政治整合效用。但首领的仓储还有另一个政治效用。一位夏威夷原住民历史学家戴维·马洛(Malo 1903，257－258)是这样描述的：

> 94/95 这些国王(即各岛屿的最高首领)的做法是建造仓库，收集食物、鱼、塔帕斯(树皮布)、马罗斯(男人的围

---

① A. M. 霍卡特(Hocart 1936，139)曾说：“斐济酋长只需延伸他的管辖范围并广泛解释仪式行为的传统规则，以便获得刑事管辖权，并加大对其臣民生活的干涉。”

> 裙)、帕乌斯(女人的围裙)及各种物品。这些仓库由卡莱莫库(Kalaimoku,首领的总侍)设计,作为保持让人民满意、不让人民抛弃国王的手段。这些仓库就像是捕捉条纹刺尾鱼的篓子,鱼儿们认为篓子里有好东西,于是聚集于此。同样,人们认为仓库里有食物,因此关注着国王,正如老鼠不会离开谷仓一样。只要人们想到他的仓库里有食物,他们就不会离开国王。

显然,一个管理良好的再分配系统本质上会促进团结。最明显也最常被论及的是,它的有机体性质:特殊部分依靠整体的运转功能。但马洛的观点也很重要。例如,一个户主多种了薯蓣,可能不会介意把部分过剩的薯蓣送给首领,因为他知道他以后会需要自己不生产的物品。这种交换对薯蓣种植者来说似乎是必要而有利的,他不会从他自己对一个系统或有机体的依赖的角度,而是从首领本人的角度看待对他的好处。因此,"有机体的团结"从真正的政治意义而言,也导致了个人对管理层的忠诚。

当然,领导权最引人注目的管理功能——其中剩余物品的再分配也十分有用——体现在战争中。但是,我们把对外发动战争和维持和平放在本章另一部分"对外关系"中讨论;此处我们只需提及领导权在防止叛乱(即"内战")中的作用。

前文已提到,酋邦看来具有一种倾向,会发展到一个不平衡点或组织压力过大的点。也许它们只是发展得太大而难以用相对原始的管理和交流方式来统治。但这看来有点模糊,讲专门一点,就是有人会疑惑,所有社会的酋邦是怎么崩溃的。所有社会都会有一些不满者和反对派——离心力量总是在起作用。在大型酋邦中,组成的小型酋邦是对最高酋邦的复制,因此能够建立自我统治 95/96
的等级制。其中有些酋长目空一切、野心勃勃并能力很强,仅为了满足自己的好胜而寻求独立;而有些酋长可能真的受到压迫或剥削而难以忍受。萨林斯(Sahlins 1968，92－93)在考虑波利尼西亚接触时期时强调过这一因素。他视为一种原始的阶级斗争：

> 进步的波利尼西亚政治系统赋税过重。在夏威夷和其他岛圈的传统历史中存在集权化—去集权化的轮回：周期性的动乱使大酋邦分裂成小酋邦。同样，社会又周期性地分久必合。西德尼·帕金森(Sydney Parkinson)与库克船长一起到达波利尼西亚，并留下了重要记录，但诺斯科特·帕金森(Northcote Parkinson)也应该懂得这点：酋邦的扩张看来是管理机构和显赫消费失去比例的膨胀。紧随而来对人们财富的压榨和希冀最终引发动乱，结果毁掉了酋长和酋邦。

我们不知道在大波利尼西亚岛屿之外有多少上面这种酋邦特点的动乱发生，甚至在这些岛屿中也无法知道它是否总是行政管理崩溃的主要原因。但肯定的是，有时大型酋邦解体，只是因为下属酋长找到某种理由想成为一片独立区域的最高酋长。在后面章节中我们会发现，非洲有些地区在本土国家之前的酋邦就有这样的运动。但是，如果所有潜在的反对群体都参与到全社会的努力之中，这将是有利于整体团结的。

神权酋邦的管理能力的最显见结果之一，就是动用劳力建造公共建筑。其中最壮观且最有用的就是神权秩序的纪念碑、金字塔、土墩墓和神庙。这种领导权显然能轻易要求每个社群为公共建筑提供一定数量的人工，就像收割一定数量的庄稼一样，或许还更容易，因为这种原始工作会安排在播种和收割之间很长的闲季中[1]。

96/97 为公共事业征用劳力必定很像招募军队，两者都是征召男性。

---

① 见伊拉斯谟(Erasmus 1965)建造纪念建筑的有趣实验。

就军事行动而言，不言而喻的是，酋邦的集中管理体制可以组织更强大的军队，比平等社会更能在规模和战术上进行合作，而平等社会依赖某种自愿。酋邦或至少部分酋邦能够征召大量的壮丁，有时都按年龄分段，而游牧酋邦看来几乎所有成年男子在某些季节都能参与军事攻击，因为畜群可在安全地方由女人和孩子看管。

## 调　停

或许不言而喻的是，因为酋邦比平等部落人口更多、更为集中，不仅有更多需要调解的机会，调解的能力也更强。这并不意味着他们建立了正式的法律（或条例）体系，也不是说有了一种正式的对簿公堂或程序，只不过是我们确实发现有为消弭威胁社会完整之争端的权威存在。这是等级社会和平等社会之间的一个重要区别，前者的权威有进行干预的能力，而非仅仅在诸如歌咏比赛和体育竞赛中统一大家的看法。

如前所述，本书的讨论基本是介绍，并非试图解决人类学家之间有关法律是普遍存在的还是仅见于国家的语义上的争论。让我们先简单达成一致，当真正的国家实施一套法典，并有正式的程序和武力撑腰，该制度化的结构显然不同于某澳大利亚社会长老团在解决纷争中提供某些建议或帮助。我们的问题是，酋邦有点介于现代制度化法庭和原始家庭习俗非正式的公开制裁之间。所有这些都有同样的调停功能，但手段有别。酋邦似乎是类法律体制的肇始，以至于即使法律最严格的定义，都会有诸如“早期法律”或 97/98
“类法律”(law-stuff)等特点。然而，我们的确想讨论真正的调停系统。诚如人类学家反复指出的，如果我们在讨论原始社会时过分执着于现代的法律术语，那会有一种“民族中心论”之危险。

首先，我们不要期望在酋邦里发现这种极为正规和明确的法律以及程序，能令现代社会里的我们很容易在“打官司”和“我要向你爸告状”之间进行区分。我们要小心，不要让纯粹形式主义成为判断法律过程的唯一标准。一个相对的非正式程序的例子仍与波斯皮西尔判决性立法的标准一致，让我们从波斯皮西尔亲自调查的巴布亚新几内亚社会中举一个例子（Pospisil 1968，49－50）：

> 卡保库（Kapauku）社会“法律的过程”通常始于一场争吵。“原告”控诉“被告”做了伤害其利益的事情，被告否认这个指控，或者为其行为辩护。争吵常伴有大喊大叫，引来围观。双方亲友会分别在争吵中站队，用声情并茂的演讲或喊叫表示他们的观点和证词。如果这种被当地人称作“玛那克托”（*mana koto*）的争吵不受制止地继续下去，一般会引发殴斗或混战。但是，在多数情况下，村里或村际联盟的重要人物会到场。首先，他们蹲在围观者中旁听争吵，一旦意见争论到了引发暴力事件的临界点，富有的头人便会介入，开始他的议论。他告诫双方要有耐心，并开始盘问被告和证人；他会在犯罪现场或被告的家里取证，这可能会给被告定罪。该权威的这种做法被称为“博克佩太”（*boko petai*），大概翻译为“寻找证据”。在找到证据并就事件的背景心里有数之后，该权威便开始进行当地人称作“博克杜外”（*boko duwai*）的活动，即做出裁决并劝告当事双方服从决定的过程。该原住民权威会发表长篇演讲，总结证据，诉诸规则，然后告知当事方要做什么来结束争端。如果当事方不愿服从，该权威就会变得情绪化并开始大声训斥。他的长篇演说
> 98/99 中，证据、规则、裁决和威胁形成了劝诱。实际上，该权威可能会夸张地开始跳“瓦奈”（*wainai* 即疯舞），或是突然改变策略，为被告的行为失当和不服从裁决而痛哭流涕。

> 有些原住民权威的劝说技巧如此高超，以至于能流出真的眼泪，几乎总能瓦解不情愿一方的抵制。不知情的西方人要是看到这一幕，很可能会把哭泣的头人看作是被审判的犯人。因此，从形式上看，西方法庭的判决和头人的“博克杜外”活动毫无相似之处。然而，头人劝解的结果和法庭通过裁决的效果是一样的。在我的材料中，仅有五宗案例，其中当事方公开抵制和不服从权威的裁决。

此例的一个显著特点是，该权威本身并没有真正利用自己有力的影响来对事件进行裁决，并调解双方矛盾，甚至在某种程度上还包含了一些公众意见。没有警察的力量撑腰，他只有依靠权威地位来行使权力，还要极其小心，完全不像一个“有权威的”领导。就像一个好的仲裁者，他试图通过自己的说服力让双方达成一个可接受的决定。这也许说明这个特定职位的权力实际并不大。由于其他原因，卡保库社会在我看来不足以称为酋邦，而是处于一个较低的层次。但正因这个原因，一个有趣的案例反映了雏形酋长制的本质。

较发达的酋邦，如美国东南部的印第安人、环加勒比海地区的印第安人和非洲人及波利尼西亚人，较卡保库有了更完备的神权体制。该权威地位得到更强大超自然力的支撑。有证据表明，酋长在对犯罪、补偿和惩罚做出裁决时更加自信甚至傲慢。

## 对外关系

前文所有强制、领导权和调解的例子都有维护社会的主要功能。只要它们成功，尤其是在防止争斗和其他分裂倾向上，社会就能通过积累而自然成长。当然，社会越大、管理越好，就越能在对外关系中发动战争和维持和平。 99/100

显然，这样一种社会能较有效地发动战争，因为军事成就非常倚重领导权和纪律；但是该权威在社会外事活动中营造和维持和平的重要性不那么显著。例如，如果两个相邻酋邦结盟，通常意味着两个群体个人之间保持着各种和平关系，并在受到第三者攻击时互相帮助。但这些关系要得到保障，权威要签订协约，但他若无法命令其人民作为个人遵守协约，它就毫无意义。同样重要的是，社会之间的关系是靠礼物、人员（通婚）的互惠交换，还有殷勤好客等典型方式来维持的。如果两个群体可以交换对方缺乏的特产，友好关系就更有保障。上述一切都取决于酋长从他社会里调动劳力和物品的能力。

如果一个拥有集中权威的社会能比平等社会更好地发动战争和维持和平，那么哪个会在其历史上占主导地位？酋邦是战争居多还是和平居多？照理说，酋邦的战争要比平等社会之间的战争规模更大，并因组织较好而更加具有决定性。这本身就可能倾向于限制战争的数量。此外，酋邦比平等社会更具征服能力（Otterbein 1964）而非仅仅进行恐吓。换言之，战争可能因为更加彻底而不大会经常发生，但酋邦中战争数量的问题却不能一言概之。

维护和平的一个重要方式是采用贸易的手段，有时和平与贸易的必要巧合也会产生不寻常的机制。例如菲律宾群岛的卡林阿省，独立地区之间特殊物品的交换是战争的强大遏制剂。货物的贸易商（好听点叫承运人）完善了广泛的贸易伙伴关系网，旅途中也许就能享受款待、保障安全。他们相互结拜成兄弟，兄弟间带有仪式规定的义务，甚至像亲兄弟一样不准子女相互通婚，否则视为
100/101 乱伦。这种机制成为地区之间和平公约的基石，由贸易伙伴协商而成，而他们则成为某种外交大使，作为代表本地区的对外发言人。这些被称为“潘伽茨”（pangats）的人在社会内部也会很突出，

成为争端的调解人。

鉴于两个社会之间的重要贸易关系遏制了它们之间的战争，我们也能合理设想，这些酋长非常乐意培育这种关系，因为再分配是对他们权威的重要支撑。接下来的章节里我们会看到，从酋邦脱颖而出的文明强烈依赖由地区共生所取得的有机体团结，而政治权威操纵路程较远的贸易。

## 政治组织的局限性

需要记住的是，一个原始分节社会在不同时间倾向于组成不同规模的群体，尤其是当聚集的机会或功能各不相同时。因此，这种社会的界线是模糊的。当然对这种社会的总结还是有许多例外的，特别是那种自给自足、相对定居的园圃村落（同族通婚）类型的社会。这在南美热带森林和其他地方十分常见，这可能是因这些社会好几代人口锐减和文化萎缩所造成的（Wagley 1940）。

在一般分节社会里，政治边界不明确的最重要原因之一是领导权的短暂性。结果到一定程度某酋邦有了一个最高首领的永久职位，于是他的追随者才会“坐实”而为人所知。这并不意味着地域边界总是固定的，而是会随经济类型而异，游牧者有别于精耕细作的农人就是最好的例子。但社会本身会被定名，成员为人所知，并且在任何特定时候占据着某特定空间。有时某定居酋邦的名字也就是其领地的名字。

权威系统的主要功能之一是把社会整合起来。如果达到这样的程度，人群就能在相对长久的基础上团结起来，该社会也就更加卓越。在这样的社会里，领土未必是社会成员身份的唯一标准，但却是一个常用的标准；若非如此，成员身份仍然可以用某些方法知晓。这个因素的结果之一是克服了分裂的倾向，因为平等社会的 101/102

特点，就是有关个人归属的结伴和团结有极大的随意性。

必须牢记，虽然某组织良好的酋邦已有稳定的成员，但这只限于特定的时间，因为随着规模扩大，他们的分裂倾向也会越大。经过长时期的人口增长，酋邦的兴衰会导致一种常见文化形态的广泛分布，虽然最终会以许多政治迥异的社会表现出来。在此，我们讨论的是人类学跨文化统计方法中最棘手的一个问题：什么是计算的单位？这种困难已经不足以决定什么是一种社会政治单位，尤其是平等的分节社会。这种单位在其演进过程中，其独特性和稳定性不断增长，规模和复杂性也是如此，但是它们还是文化单位吗？看来很明显的是，一种独特的社会以一种文化表现出来，但是该文化在许多方面未必是一种独特的文化，只是该社会在其邻居中鹤立鸡群的亮点。

但是有不少途径，经此，某些新的文化特征可能成为一个特殊酋邦的特点出现。就宗教意识形态和祭祀而言，神权领导几乎可以任意增减物品。例如，一个新酋邦可能想通过树立新的神祇、废除旧的神祇和其他相伴仪式，把自己（特别是酋长的世系）与其父母的社会和世系分开。出于政治原因，某社会可以在某些方面改变其文化要素，乃至社会结构（Leach 1954）。夏威夷改变塔布系统可作为这种力量的一个主要例子。在酋邦和国家里，这种变化力量要比平等社会更为固有。当然，这种变化大多限于文化的神权方面。

# 第二编
# 现代原始国家

# 5

# 祖鲁国家的兴起

非洲东南部尤其是现在被称为祖鲁兰(Zululand)和纳塔尔 102/104
(Natal)的那片区域，直到19世纪初尚未被欧洲人所主宰。因此，虽然祖鲁王国的历史一定程度上受到了欧洲人的影响，但是其过程还是应本土功能所需发展的，也就是说，这是从简单、众多酋邦发展到一个完整国家的复杂而环环相扣的过程，而非直接受制于外界的影响。非常幸运的是，这个重要且有趣的现象发生的时间距离我们很近，实际上有不少祖鲁老人曾经亲历过这些戏剧性国家发展进程的不同阶段，并向人类学家讲述他们的传奇经历[①]。另外，祖鲁统治者沙卡(Shaka)在位早期，有两个英国人曾在不同时期居住在他的宫廷里[②]。最后，现代民族学田野调查和历史记载的研究和评估、当事人的证词及本地背井离乡原住民的口述材料，全部被编入来自曼彻斯特大学的人类学家马克斯·格卢克曼(Max Gluckman)的著作中。出于这些原因，祖鲁 104/105
国家的形成是所有有史可稽的国家形成案例中记载最为完备且分析最为透彻的，因此我们理所当然将它作为我们研究的第一个案例。

## 恩古尼酋邦

早期祖鲁政体的发展可以被分为三个明确定义的历史阶段。首先，1775年之前的约300年间，班图人中一批讲恩古尼

① 这些中最好的当属布赖恩特(Bryant 1919)和吉布森(Gibson 1911)。

② 这两位目击者是艾萨克斯(Isaacs 1836)和费恩(Fynn 1845)。

(Nguni)语的分支居住在该地区。他们为多个小型酋邦，不时互相争斗。大约在 1775 年，战争的性质改变了（稍后将对其形成的各种原因进行讨论），当地形成了几个大型的军事酋邦，不过它们中的大多数最终因战败而被融入 1798～1828 年间的一个军事政权之下。19 世纪初，祖鲁人经历了著名祖鲁武士沙卡的恐怖军事统治。在姆潘迪(Mpande)国王比较进步和有效的统治下，较为和平稳定的政权一直从 1840 年延续至 1872 年。

根据格卢克曼(Gluckman 1960)重建的第一个政治阶段，其社会政治单位很小。酋长分别只有约 50 名武士的卫队，且一次进攻中集结人数绝不超过 300 人。据说，“朝代纷争”（dynastic disputes)是酋长死亡的主要原因，这是由于没有严格和明确的继承规则，而这又是导致群体频繁分裂而使其小而分散的原因(Otterbein 1964)。但格卢克曼(Gluckman 1969，161)补充说，社会如此之小可能是因为在当时一个酋长可以用于维护其整合的政治手段，根本不足以统治超过一定规模的人口。像这样的社会分裂会在政治整合最为脆弱的时候经常发生，也就是在酋长死亡的时候。

在这片约 20.7 万平方千米(8 万平方英里)的范围内居住着大约 10 万人[1]，实行轮种农业和畜牧业。这一时期还没有征服性的
105/106 战争；牛是最常见的战利品形式。战术比较简单，交战双方相互逼近，直到进入互掷标枪——当地基本武器——的范围内。伤亡人数很低，伤口很少致命，因为标枪很难穿透 1.5 米(5 英尺)长的厚重牛皮盾。也许，这种战争没有什么直接后果的另一个原因，是缺乏一种政治组织能够持续对战败方进行统治。

---

① 格卢克曼列举的这些数字引自布莱恩特，他认为这个人口数字太低(Gluckman 1940，26)。史蒂文森同意格卢克曼的观点，并指出前沙卡时期的人口密度至少为约每 2.6 平方千米(1 平方英里)10 人(Stevenson 1968，49)。

祖鲁发展的早期阶段是前面章节中所定义的那种标准酋邦。以父系延伸家庭构成基本的栖居单位，称为克拉尔(kraal)。在克拉尔内，长子继承制是等级统治的原则，并且在常见的一夫多妻情况下，由正室管理偏房。根据所有的权威研究表明，最大的永久性政治单位是氏族。布赖恩特说(Bryant 1919, 72)：

> 现在从我们所见的克拉尔到氏族，我们会发现后者的结构和治理与前者相似；只是在此，分置的茅舍以及长幼(辈分)分开了地位高低不同的克拉尔，普通的克拉尔头领、普通的氏族首领或酋长还有氏族，实际上只不过是一个放大的克拉尔或家族(family)。

氏族像克拉尔一样是族外婚。因此，尽管氏族是最大的稳定政治单元，但妻子来自外族则意味着不同部族之间建立了某种联盟。在战争、不和或某种政治动荡的情况下，便有一种趋势，令有联姻关系的不同氏族和部族站在一起。当然，这些氏族间的联盟牢靠程度各异，取决于两个氏族之间联姻的频繁程度。这是典型的分节型联盟行为，这些政治实体的大小各异，取决于谁是对手以及当时的政治背景如何。于是，氏族仍是唯一拥有永久领导权的统治实体。非洲学者一般将分散的较大氏族联盟称为**“部落”**，这里将保留这一用法，但读者应当注意人类学文献中对该术语模棱两可的用法。

因此，祖鲁的政治单位有三个层次的社会等级结构。首先是
家庭本身。其次是克拉尔，显然，它是通过两三代成人家庭发展而 106/107
成的产物(三代的情况是，一个年长的在世族长以及他的妻子或妻子们，一两个已婚儿子和他们的成年子女)。但是，如果家庭繁衍兴盛，到了三四代都已成年的情况下，原来的克拉尔就会分裂成两个或更多独立的克拉尔。这样一来，估计只要再延续几代就能形

成一个大型的氏族。当然，有些克拉尔仍然保持原来的规模，有些衰落了；某氏族可能会通过领养，或是接纳前来投靠的婚姻不幸者等等方式来添加人丁，但从意识形态上，所有氏族成员都被认为是开山族长的父系血缘后裔，即便事实并不总是如此。所用的氏族名字就像欧洲人的“姓氏”，通常是开山族长的名字或他的出生地。活着的酋长是长子继承制下该族长的直系后裔(Bryant 1919，15)。部落作为较大的实体，只是一个准政治性的单位，几乎完全凭自愿结合，有点像在第 3 章中描述的平等分节社会。另一种说法是它有真正的权威，它基于等级制，止于氏族——部落内的各氏族没有严格的等级差异，因此它们之间的关系并不受某人或某氏族支配。因此，祖鲁的酋邦虽小但数量很多，它们的这种等级制模式具有形成更大政体的潜力，尤其是在战争的刺激下。

## 军事扩张时代

1775～1800 年间的战争由于非洲东南部人口的增长而日趋频繁。格卢克曼(Gluckman 1958，31)是这样描述这一情况的：

> 仅从当时的记录我们就能明白这个过程，当时存在的人口压力使得部落很难分裂，而持不同政见者也很难出走独立；由于恩古尼文化强调继承的资历和给予主要继承人相对较大的遗产，对这些部落造成了强大的压力，酋长们不但开始对部落下属的各氏族施加压力，而且对
> 107/108 他们的邻居施加压力。这种趋势的发展有可能因各部落之间力量强弱不等而加剧。

较强的部落是能够聚合起更多武士并能对他们进行有效组织和惩戒的部落。这些都是政治问题，而它们显然被姆特蒂瓦

(Mtetwa)部落一个名叫丁基斯瓦约(Dingiswayo)的首领很好地解决了。他将武士以社会年龄分组进行统领,有效地增强了组织性并提高了士气。更为重要的是,他对战败的酋邦予以人道对待,并实行间接统治的政策以保持自己的统治地位。格卢克曼(Gluckman 1960, 162)说:

> 在以尽可能少的杀戮征服一个部落后,他将该部落留在部落自己的酋长家族中,也许从中挑选一位自己的亲信来进行控制,然而该部落中的年轻人必须在他的军中效力。

丁基斯瓦约在年轻时曾被他所在的部落放逐在外,并且曾经远抵葡萄牙人在达拉瓜湾(Delagoa Bay)建立的一处商贸据点。这有可能使他在接触到欧洲人时得到了很多启发性的想法。不管怎样,间接的统治策略和按年龄分组的军队使得姆特蒂瓦部落的统治覆盖了很大一片区域。通过指定该酋长家庭中的亲信来管理被征服群体,并亲自处置战败者,丁基斯瓦约令新的头目和后者的家族依附于姆特蒂瓦部落的力量。因此,这不仅是一种间接统治政策,还是一种最古老的统治策略——分而治之。依据年龄编组的军队也是一种类似的策略:组成某军队的男子只根据一种不分地方的年龄标准来分组,这样就将他们与来自同一氏族和部落的其他武士分开。此外,也许更重要的是,武士酋长虽然是统领军队的"将军",但已不再专门指挥他自己的同胞和部落成员。这是当时非洲社会的一种独特的分而治之的政策。

丁基斯瓦约将酋长的另一个功能扩大到更广阔的一片区域,以巩固他对民众的统治,这就是他对争端的政治裁决。甚至他的军事远征也被说成主要是为了维持和平的目的。费恩(Fynn 1845, 64)认为,丁基斯瓦约战斗的原因是"他希望结束部落中不

108/109 断发生的争端，因为他们之上没有一个最高首领来判定孰是孰非……”这成为以利益而不是单凭强制手段进行统治的榜样[①]。

到19世纪初，丁基斯瓦约已经征服和统一了30余个部落。他的胜利尤其得到他手下一个战功显赫的年轻军官——沙卡·祖鲁的臂助。沙卡是祖鲁族酋长的私生子（并遭放逐）。当祖鲁酋长去世后，丁基斯瓦约确立沙卡为祖鲁的首领，然而仍让他在姆特蒂瓦部落军事系统中担任重要的职位。

丁基斯瓦约最终在一次军事冲突中被敌方的酋长所杀，沙卡得以接管他的军队，并在丁基斯瓦约的统治区内确立其祖鲁氏族的支配地位。约1828年，沙卡打败了眼下所有的对手，成为现在祖鲁兰和纳塔尔地区的主人。沙卡沿用丁基斯瓦约的策略，通过安抚被征服部落的首领“领养”了这些部落，最后将整个地区变为当时的一个超级酋邦。所幸的是，这个地区的居民都讲相同的语言（恩古尼语），并拥有相同的文化和社会政治结构。

沙卡能够征服如此广大的区域，是由于他熟练地应用了丁基斯瓦约的政治发明，同时他也增加了一些重要的战术和武器。通过用戳刺短剑代替传统的投矛，他根本改变了过去战争显著的角斗特点，使之变得更像真正的战争。他的战术是包围敌人与之近身格斗，打得你死我活以求全歼对手。这种战术令大部分敌军闻风丧胆，畏惧沙卡的难民逃窜至毗邻地区，导致非洲很多地方不堪负担。

但是，征服是一回事，巩固统治又是另一回事。无论是在打仗或是准备战斗，沙卡始终保持着约3万人的军队。就像古往今来的人一样，他发现战争是造就一个国家并维持其完整的一种有效
109/110 政治手段。不过，可谓其独到的政治发明的是，他在国家的各地建立军营，如此一来士兵变为全职，与他们自己的家乡分离，从而无

① 另一个益处源自与达拉瓜湾商贸站的葡萄牙人的远距离贸易，吉布森(Gibson 1911, 14)采用了费恩对此事的报告，但这份报告如今存在广泛的争议。

法参与反抗沙卡的部落叛变。这种手段在当时显然是绝无仅有的。

沙卡持续采用丁基斯瓦约的间接统治，并最终打破了长子继承制的规则，以便确保部落首领有赖于他的支持。酋长通常有几个妻子及嫔妃，但是正妻或称“王后”(Great Wife)所生的第一个儿子按照传统即为酋长继承人。然而实际上，延迟封后或者改立王后并非什么难事，因为确定王后还是嫔妃地位的规则本来就有矛盾之处。

如果说继承权不明确对一个社会的持续整合有危害的话，那么反过来也可以为政治所需提供便利。最明显的是，它对沙卡有用，因为他能册封或罢黜酋长，而不至于过分冒犯其民众对他们世袭“王族”的尊敬。一个征服者，比如沙卡或其他任何一位试图统治一个成分过于复杂的族群的酋长，会发现能任意册封或变换王后也十分有用。因为众多妻妾一般代表他与各地最高家族的政治联盟，比较有可能被册立为后的可以是那些势力强大的异己部落或派系的酋长的女儿，而这些酋长是最需要被安抚的。

不过，必须指出的是，这几项政治发明和持续的军事胜利不足以保证沙卡新生“国家”的完整。很快沙卡就不得不采取血腥杀戮的恐怖统治。无数人被折磨致死——无疑，通常毫无公正可言——以至于他的兄弟丁加尼(Dingane)于 1828 年暗杀了沙卡。民众这才如释重负。

尽管丁加尼刺杀沙卡表面上是反对他的残暴统治，但他最终也采取了相同的苛政。同样，民众开始转而拥戴他的弟弟姆潘迪。一场内战之后，姆潘迪成为胜利者。从 1840 年到姆潘迪死去的 1872 年，祖鲁王国经历了一段相对和平和政治稳定的时期。姆潘
迪死后，他的两个儿子为争夺王位再次发动内战。1880 年英国打 110/111
败了祖鲁，从此以各种不同方式对他们进行统治，直到 1910 年祖

鲁王国成为南非联邦的一部分。因此,姆潘迪长达32年的统治是独立祖鲁国家演进的第三个也是最后一个阶段。

## 姆潘迪的祖鲁国家

看来,沙卡的恐怖统治对他而言很可能是一种政治需要。作为他的继任者,丁加尼上台本是要结束这种恐怖统治的,却很快就发现他自己采用了同样的政策。如果是这样的话,那么姆潘迪能够实施长期、和平且公正的统治,也许可以解释为是采取了一些政治变革,或因环境变迁的缘故,而非不同的统治个性。这些变革可能是凭借武力统治与依靠权威和法规进行统治之间的区别。

到了姆潘迪时代,祖鲁国家的周边环境已经发生了很大的变化。它的领土现在已完全被一些强大的国家所包围:北面是史瓦济(Swazi)和聪加(Thonga),西面是布尔人(Boers),西南面是巴索托人(Basuto),南部是英国人,当然还有东部的大海。这些都是不小的威胁,但当时最为显著的是布尔人和英国人的存在。这些群体不仅形成一股强大的威胁,还与非洲原住民的种族、语言和文化有强烈的反差。这无疑成为促进祖鲁统治下原本不同部落之间团结起来的催化剂。正如前面提到的,所有这些部落在种族、语言和文化上原本就彼此相似,而且在被祖鲁统一之后也未在征服者和被征服者之间形成不同的等级或阶级。最终他们都成为骄傲的祖鲁人。考虑到姆潘迪统治时期的外部环境,我们可以推测民族和民族主义是其强大的融合因素。

欧洲人存在的另一个结果就是大大增加了贸易,尤其是与英国在纳塔尔港(今德班[Durban])的贸易。这种贸易在很大程度上仍是再分配,从而增加了地区对中央机构的依赖。

111/112 另一个可能重要的事实是,随着时间的推移,氏族和普通部落的规模不断变化，有的变大，有的变小，因此一些原本内部忠诚度强烈的当地血缘群要么变得太大，逐渐淡漠和分散；或变得太小以至于在政治上变得无足轻重。原本与氏族和部落边界相对应的政治分区到 1840 年后已不复存在，因为虽然边界依旧，但是氏族或部族已经发生了变化。结果，行政区域在英国人管辖之前就已变得越来越非血缘化，而更接近于便于管辖的政治分区——特别是因为某地区首领不再兼本地氏族或其他血缘群的首领。因此，我们再次发现分而治之是分裂和破坏血缘群力量的常见形式。亨利·梅因爵士独具慧眼地指出，血缘关系和（行政意义上的）地域关系的两分是原始与文明政体的根本区别。

一些始于丁基斯瓦约和沙卡的重要发明仍然有效，而且只是随着时间的推移在生活方式上变得更为有效和操作上更为稳固。常备军或民兵继续按年龄单位而非地方单位分组，这些士兵住在远离家乡的军营里。国王的附属功能，主要对死罪和最高上诉进行裁决的法庭被保留下来。这种功能若非始于丁基斯瓦约，就是始于沙卡（Isaacs 1836, 298），但是又因时间的推移，其过程得到了优化，而上诉法庭也日益成为政府给予人民的一项明显福利。法庭征收的罚款归国王所有，增强了他对农业歉收地区的救助能力。然而，大多数针对普通犯罪的一般整治由各地区自行处置，当犯罪引起国王的注意时，他习惯上会借助集体负责制（collective responsibility）的原则。

这类凝聚机制与其他机制相比，只有在经历一段时间并充分得到确立后，才能看作是意识形态特别是宗教仪式的发明。虽然
最重要的新信仰和宗教仪式是在沙卡统治时期被引进的，但是任 112/113
何强加的思想不可能在一代人的时间里真正成为一种有效的信仰。例如，国王在第一次收成庆典（the first fruits ceremony）上象征国家，以及作为能通过仪式控制祈雨的神圣祖先祭拜管理者的

想法，很可能要在人们的长期记忆里才能奏效。总的来说，基于祖先崇拜的祖鲁宗教本身就意味着时间的积淀。

姆潘迪煞费苦心以各种方式使当地氏族和部落的首领有求于中央政府的支持。由于姆潘迪国王有许多妻子，他有许多儿子（而沙卡和丁加尼没有）。他将儿子们安置到各个重要的管理职位上。而他的女儿则自然嫁给了国内的要人，如此一来，这些女儿们的儿子就能够成为王子，以及这些家庭财富的继承人（Gluckman 1940，35）。

上述这种血缘关系可以被灵活运用，比如通过联姻来延展。但是我们也可以看到，一项重要的政治发明往往只是与当地血缘忠诚权力交叉或削弱这种权力的一种策略，于是常常与国家的忠诚度相抵牾。还需指出的是，血缘关系的一个或更多特点似乎一直独立于国家关系之外，并常常与之冲突：利用血缘关系作为地位标准的原则与政治关系的原则有所抵牾。当然，这种差别在地位很高时尤为重要，比如构建上层社会时。

等级的血缘关系原则大体与继承制相关，在祖鲁社会中体现为长子继承制。沙卡肯定会遇到的最为重要的一个政治麻烦是，他通过征战所获得的地位要远高于严格的继承制赋予他的地位。因此氏族其他更正统的贵族首领以及他们的人民会认为这些首领应该拥有比沙卡**更高**的地位，而不是比他低。这种世袭贵族与靠自己力量崛起的新贵之间的矛盾，以各种不同形式见于世界各地，但是在诸如祖鲁这类酋邦的观念里，长子继承制的等级系统是异常强大的。

113/114 一个有趣的案例是有关祖鲁起源的神话。祖鲁族神话中的创始人祖鲁是夸贝（Qwabe）的弟弟，而夸贝是夸贝族的创始人。直至今天，夸贝族的酋长一直不肯承认祖鲁国王的地位在自己之上，因为按照原来的尊卑，他和他的氏族地位更高。格卢克曼（Gluckman 1940，36）说：

> 我向一些人提及夸贝酋长对自己地位的说法，他们认为没有道理：沙卡建立了祖鲁国家，因此他的继承者理当有权统治它。不过，他们认为祖鲁国王应该“尊重”夸贝酋长在血缘关系上的资深地位。

这份报告写于当代[①]；即便沙卡在一百年前就建立了国家，时间的积淀已赋予他的统治以更大的合法性和一种贵族的祖先光环，矛盾心理仍挥之不去。但可以想象沙卡在世时，他与世袭贵族，包括沙卡自己的亲戚朋友以及他亲手扶植的武士酋长之间存在着多么紧张的关系！

在统治集团的意识形态里——该氏族真正的祖鲁人、沙卡的亲属以及姆潘迪的直系后裔——都是祖鲁国家各部落的原始酋长，他们是被沙卡或后来某个国王提拔到这个位置上来的。如前所述，沙卡和他的继承者要么从一个氏族或部落的酋长家族中任命一位酋长，要么让合法的酋长在祖鲁官方支持下继续进行统治。这一举措当然会减少贵族拥有统治其氏族和部落的“自然权利”的争议；他们必须相信，他们所拥有的权力最终属于祖鲁国王。不过，最初任命的政治官员，即使不是贵族出身也能传位于他们的长子。如果他们的儿子不能胜任或者没有儿子，那么在职位回到继承主线之前会挑选一个摄政者代理（Gluckman 1940，37）。

## 伟人与演进过程

如果祖鲁王国的兴起只是完全和独一无二地归于沙卡个人的功劳，那么它作为能告诉我们一些有关国家起源政治过程的案例来说将毫无意义。它不会比其他任何历史事件更有用。但是看来 114/115

① 对本书作者来说的“当代”。——译注。

很明显的是，如果沙卡确实有某种天赋，那么这种天赋是在军事而非政治方面。格卢克曼（Gluckman 1960, 158）说：

> ……他的崛起之路可能也是两个多世纪来非洲人民生活所经历的跌宕起伏的结果：非洲内陆人口增加，从内陆来的移民挤满了纳塔尔草原，与欧洲定居者和贸易者的接触也日益频繁。

沙卡建立的"国家"从政治上说还没有成型①。它基本上是一个地域性的军事政体，先是主要由频繁战争的胜利、后来又在布尔人和英国人的威胁下维系到一起。

在我们看来沙卡政权看上去颇为引人入胜，而且较多归因于他的天才禀赋。而我们不知道的事实是，即当情况大致相同时，非洲其他的地方大体也会发生类似的事情。班图最重要的恩古尼语分支与祖鲁相邻，并显然受其影响。史瓦济国家是由来自恩古尼语和索托（Sotho）语的祖鲁征服者在 18 世纪晚期建立的，而相邻的恩德比利（Ndebele）也借鉴了祖鲁的政治体制，特别是他们依赖征服和贡品、地域组织以及按年龄等级编组（Murdock 1959, 384）。

在南非共和国（主要是巴索托兰）内陆存在被统称为索托人的无数王国，其中包括一些当代被民族志所介绍的族群，最著名的有正宗的索托人、茨瓦纳人（Tswana）、巴索托人（Basuto）、巴佩迪人（Bapedi）、巴文达人（Bavenda）以及巴兰巴人（Balemba）②。他们都各有一种比较复杂的国家机构以及神圣的王权。南索托与西索托

---

① 史蒂文森在他对非洲政治制度的研究中说，这个政权"本质上是短暂和必定消亡的"，作为一个案例来对政治发展做比较研究不太可靠（Stevenson 1968, 52）。

② 正宗索托人（Sotho proper）指的是最早被定义为索托的人群，后来被人类学家定为南索托人（Southern Sotho）。班图语中 ba-和 m-表第一人称，m-为单数，ba-为复数，如 Basuto 意即"索托人"。现在人类学家根据班图语的语法特点已经将这些部落更名为 Sotho、Pedi、Venda、Lemba。需要注意的是"basuto"是 basotho 的旧称，应该是当时被早期人类学家发现的自称"sotho"的索托人的一支。——译注。

族群(例如正宗的索托与几支茨瓦纳族群)是以祖鲁和邻近的恩古尼国家为范本的征服型国家(Murdock 1959，390)。它们都有一种世袭的阶级制度、领土防卫以及一种由地方向中央进贡、再由中央进行再分配的朝贡模式等等。

祖鲁国家的形成过程看来是南非其他地区国家形成一般性进
程的典型,只不过祖鲁在其他国家的形成过程中究竟发挥了何种 115/116
作用尚无法被准确描述。但不管其他国家的形成是否借鉴或模仿了祖鲁,抑或至少部分是相似文化对相似环境适应的结果,我们发现都与祖鲁的例子大同小异。肯定的是,沙卡的军事成就是非凡的,但正如我们所见,该国家真正的形成并非在军事胜利的时代,也不是沙卡采取恐怖统治的结果[1]。

但不管怎样,从内部的官僚体制而言,这是神权、法律、军事诸多方面的一整套重要和缓慢的变迁;而在沙卡时代之后多年,各种外国群体从外部对整个祖鲁民族的威胁,最终使得姆潘迪能够用国家权柄进行和平统治。这是一种“政治/军事”限制的典型案例。看来明显的是,这种限制很可能起到了一种非常重要的团结效果,得以对抗常见的前异见酋邦的离心作用。

---

①　关于沙卡的恐怖统治与“立法”政府机构的缺失之间关系的有趣分析,请参考沃尔特的《恐怖与抵抗》(*Terror and Resistance* [Walter 1969])。他认为,沙卡对无辜平民的公开杀戮并非为了惩罚或胁迫他们,而是因为他们“不是人”,根本无足轻重。这种恐怖意在对酋长们,即那些潜在的对手或异见者杀鸡儆猴。

# 6
# 乌干达安科拉国家的起源

116/117 在某些情况下，国家起源的一般性理论是在对某特定原始国家的民族志和历史学调查的背景中被提出来的。像这样被提出来的理论，我们很难对其进行评估，因为它看来言之有理，好像是来自材料。但是，这个理论很可能是该研究者在展开调查前就已提出，而这些材料会（尽管无意）被筛选或被选择来解释这个理论。在接下来的两个章节中，我将会把这些研究者的说法尽可能准确呈现，而我的评论可以被视为旁白。当它们能够对其他相关的可比性材料进行审视的时候，我再做总结性的评估。

## 历史与传说

卡勒弗·奥伯格（Oberg 1940）曾经依据好战的牧民征服定居
117/118 的农民这一经典理论来解释乌干达的传说、语言的民族志分布以及部落习俗。他的典型案例是安科拉王国——从北到南沿乌干达西部边界草原走廊的一系列原始小国家之一。在这条走廊上，所到之处，牧民是主人而农民是被奴役者。

有关牧民的英雄传说和歌曲都讲述了一个同样的故事。大体上，这些传说描述了安科拉原本是一个和平的地方，由农人巴伊鲁（Bairu）和少数牧人巴赫马（Bahima）居住。他们分地而居，都没有发达的政治组织。新巴赫马（New Bahima）的到来，导致了巴赫马与巴伊鲁之间的斗争，最终巴赫马成为胜利者。从此之后，社会像一个王国那样被组织起来，而这些传说仍然提供了该社会的这些传统。（这里的“王国”不具有任何特定或技术上的意义。显然，奥伯格是指个人的世袭统治。）

但是，奥伯格说：

> 我们不需要用本土传说来解释安科拉王国（Banyankole）的起源，从各方面看，证据显而易见。即使今天我们也可以观察到造成安科拉社会及政治组织这一特定局面的环境及社会动力。[1]

据奥伯格所述，该环境的性质——上述的封闭走廊——使得巴伊鲁人及巴赫马人成为紧密的比邻，并使被征服者难以逃脱。含米特（Hamitic）[2]巴赫马入侵者的人数仅为当地人口的十分之一，这意味着巴伊鲁相对原始的农业仍然能够提供足够的剩余产品，对巴赫马人来说是值得永久征服的对象，虽然巴赫马人基本上是靠他们自己养牛以及征收啤酒、小米及劳力等贡品为生。

尽管在人口上与农民相比处于劣势，但是巴赫马人仍然能够征服他们。因为像其他地方的游牧民一样，他们持续的劫掠发展出了一套卓越的军事原则。并且同其他游牧民一样，他们有天然的后勤优势，即可随身携带自己的粮食。由于这些原因，再加上巴赫马人还惯于团结合作，他们就能够永久地控制当地的农民。而 118/119
且永久维持这样的军事统治需要，保护了他们的社会免受邻近牛群劫掠者的骚扰。因此，当他们的臣服者定居之后，安科拉的巴赫马人开始力图征服这些邻居，并向他们收取贡品。

据奥伯格（Oberg 1940，128）所言，能够被定义为“**政治**”的行

---

[1] 奥博格（Oberg 1940，125）。在班图语中，“Ba-”这个前缀用来指民族名，就像上述的“Banyankole”，而词根本身指地方，如 Ankole 即安科拉。

[2] “含米特人”（“含族”）是 19 世纪欧洲人类学家基于种族主义定义的假想人种。体型颀长、面部结构较窄的黑色人种（多为游牧民）被认为是具有白人血统的含米特人。——译注。

为，包括创建新的社会组织形式，以及用有组织的力量摧毁旧的社会结构。一旦两个不同族群建立起永久性的相伴联系，这两个族群之间的关系，及其内部的关系也会随之改变。尤其是就巴赫马人与巴伊鲁人现在所处的对立关系，他们就必须强化彼此的政治联系，以强化作为巴赫马人的共同利益。这种联系中最重要的新要素就是在整个巴赫马人中进行更多合作并确立领导地位，将原先各自为政的酋长纳入一种等级制。在奥伯格看来，这些就是王权和王朝原则的基础，它从一开始就与军事组织和酋长制相伴。

## 庇护制度

奥伯格认为，因新的政治需要而产生的最重要的制度就是庇护制度，一种类似欧洲封建契约的自愿效忠形式。一位牛群主可能会投奔酋长（后来成为国王），发誓在战斗中追随他，并将他牛群的一小部分作为贡品定期进贡。作为回报，该依附者可以得到保护而免受牛群劫掠者和其他灾难的骚扰。同时，这些依附人之间会维持和平关系，任何违规者会在国王前接受审判。

人口众多的巴伊鲁农民则不能拥有作为生产资料的牛群。这很可能是因为拥有牛群是高级地位的象征，仅限巴赫马人拥有牛群便成为一种特权，以明确区分地位的高低。这种等级制还通过禁止通婚来维持。这两个族群之间的社会和两性关系与典型的种姓社会并无二致，其中巴赫马男人可以把巴伊鲁女人
119/120 作为自己的女仆和妾，但巴伊鲁男人却不能与巴赫马女人接触。

就像是欧洲的封建主义那样，巴赫马人是垄断军事力量的贵族阶层，而巴伊鲁农民则被禁止参军。贵族阶层还垄断了重要的

官职。若巴赫马人对巴伊鲁人造成伤害，后者无权采用血亲复仇的方式进行报复；若要讨回公道，只能通过国王的代理机构进行判定。巴赫马人可以在自己人之间以及对巴伊鲁人进行血亲复仇，但巴伊鲁人的报复却只限于他们自己的群内。巴伊鲁人在任何情况下都不能杀死或伤害巴赫马人。

这一切说明，巴伊鲁人没有政治活动空间，根本无法改变或纠正他们巴伊鲁人与生俱来的被强加的劣等地位。身处这种地位，他们还遭受巴赫马牧人的经济剥削，要为所有巴赫马人提供大量的啤酒和小米。不过收取贡品仅限于酋长，并由国王规定和授权；巴伊鲁人可以向国王投诉处理不公。因此，这个国家体制虽然建立在剥削巴伊鲁人的基础上，但同时也以各种方式保护了他们。

安科拉国家并不是一个牢固或复杂的机构。国王和他的酋长们在通过裁决缓解争端方面十分重要，但他们并不做出惩罚。它也没有一个独立于社会的真正意义上的警察机构。某酋长的判决通常由两方面构成：一是对犯罪性质的认定和对罪犯身份的辨别，二是赋予受害人复仇的权利。而在延伸家庭内部的犯罪则由该族群的头人来解决。

国王受到几百个精心挑选武士的保护。他们住在王室的克拉尔附近。因为他们随时要执行国王的命令，可以这样说，他们至少在开始时是一种内部的民兵组织，以胁迫或暗示，保护国家机构及国王本人。国王身边还有许多人，形成了有效的政府。国王的母亲及姐妹是他最重要的亲属。住在国王克拉尔里的一位亲信酋长担任首席顾问。一群被称为“国王亲属”的人在克拉尔内担任各种 120/121
任务，而被称为执行酋长（executive chiefs）的另一群人则是战争领袖或是收取贡品的人。很有可能这些群体中最重要的执行者是国王的亲属或联姻亲戚。

## 神 权

根据奥伯格的重建，宗教在安科拉王国的统治中扮演着如此重要的角色，以至于这个国家可以被恰如其分地称为神权国家。宗教最重要的政治方面是神祠和对王权大鼓（Bagyendanwa）的祭拜。该神祠只是一个旧土坯墙的茅屋。屋内有一个抬高的祭坛，上面摆着几只鼓、一些牛奶壶，还有一个精心看护的火塘，除非国王驾崩，否则火是不允许熄灭的。

王权大鼓并非抽象地象征了国家团结的一组神物那么简单，而是被视为能够真正帮助民众的具体力量。它是真正的王国，而国王只不过是它的仆人。而且，国王心中会惦记其巴赫马人种姓的利益，而王权大鼓则公平地也为巴伊鲁人服务。这是关于王权大鼓意识形态上的一个重要政治方面，因为该神灵偶像不仅能期待它公正无私的帮助，而且也能为不公而复仇——最常见的就是偷盗、通奸、巫术和诽谤。

供奉大鼓的神祠还用作一种再分配的中心。收取的啤酒、小米以及牛等贡品常由神祠的管理员看管，之后被作为结婚礼物发放，更重要的是，发放给那些遭受劫掠或歉收的家庭。这种对剩余财富的利用也是国王宫廷的一个重要的功能。

王权大鼓的重要团结特点是安科拉所特有的。虽然所有王权大鼓都用鼓来表现，但是相邻的王国和部落则有完全不同的祭拜仪式。于是，安科拉当地和地方的各种祭拜仪式以及社会差异被这样一个事实所覆盖，即鼓的祭拜将安科拉人作为一个整体与其所有邻居相区别。也许可以猜测，任何地方的宗教祭拜一个极为
121/122 重要的功能在于它们具有意识形态上的能力，能够通过强调社会体的独特性，即与他者的区别性来团结社会各部分。

虽然祭拜王权大鼓反映了国王的许多功能，但也有一项非常重要的区别。这就是大鼓的永久性和国王统治短暂性的反差。在所有政治简单的社会中，继位的问题极为棘手。因为存在关注国王领袖魅力的倾向，国王的虚弱和死亡会造成政治的不稳。在安科拉，国王作为个人在纯粹身体上的优点与他被假定应拥有的神通力量相关。这种对于在位者超凡魅力的看法（非洲王国极为常见的一个特点），使得国王的妻妾和随从一旦发现他有变老和衰弱的迹象，就必须将他毒杀。

继承的手段也反映了高度个性化的国王的印象。新国王必须具有王室父系的血统，而且必须在与兄弟争夺继承权的内战中证明他体格上的优势。这样的斗争往往持续数月，整个国家处于一种接近无政府的状态，而这种状态更能凸显对一位强大王者的需求。获胜者（通常拥有最强大的支持者）会杀死或放逐他的所有弟兄，直至他最终完全无人匹敌。然后一批全新的随从和酋长团队被委以重任，但有一个例外，即那个拥有重要辅佐地位的人是由国王的母亲担任的（要记住，因为国王的这种继承方式使得不可能有活着的兄弟或堂兄弟来辅佐他）。

奥伯格的关于安科拉王国的一般性结论可以概述如下：国家起源于一个族群对另一个族群的征服，从而产生一个需要维护机制的分层社会。原本分别是这两个族群根本社会力量的血缘关系，现已不足以凝聚整个社会。

新的政治关系包括农奴制、奴隶制和庇护制度。农奴制和奴隶制是强制性、不对等和剥削的关系。另一方面，庇护制度却是一 122/123
种契约性、对等的政治合作关系，对于帮助维持巴赫马人对巴伊鲁人的剥削关系十分必要。

王室神话、对王权大鼓的崇拜以及继承仪式等，都可以被理解为是该国家为保护王权的政治手段，这反过来可以保护巴赫马贵族的总体地位凌驾于无数巴伊鲁农民之上。

## 非洲大湖东部地区

乌干达和邻近一些地区的所有本土国家都有与安科拉神话传说相似的那种国家起源神话。这些传说中都提及有一群被称为巴契瓦齐(Bachwezi)[①]的传奇人群征服了这里大部分地区,并在乌干达西部形成了一个强大的帝国,它在大约公元 1500 年消失(Davidson 1961, 177)。

正如我们所见,奥伯格认为安科拉以及其他邻近国家是源自少数含米特牧民对无数班图农民的征服这段真实的历史。

默多克(Murdock 1959, 350)同意,游牧民渗入班图人中并成为当地一体化经济的特殊部分,他们被允许在不适合耕种的土地上放牧。但他表示:

> 他们享有受人尊敬的地位,是由于他们对统治阶级有用,但认为乌干达的政治制度是入侵的游牧民族通过征服务农的班图人而建立的征服型国家的说法,实际上是缺乏具体根据的。

默多克进一步表示:“另一方面,与此非常相似的情况很可能也发生在卢旺达(Ruanda)地区。”在这里,实行同族通婚的含米特牧民尼洛特人(Nilotes)和班图人在种族和文化上迥异,尼洛特人属于贵族统治阶层[②]。卢旺达诸国都是高度集权、专制和复杂的国家,且都具有由王室、贵族、平民、奴隶构成的等级制阶级。就像默多克所说,这些王国完全有可能是征服型国家,虽然这无法为历史事实所证实。

---

① 现称 Chwezi。——译注。

② 参见麦奎特(Maquet 1960)对卢旺达地区保护制度的有趣讨论。对该地区更全面的讨论可参见理查兹(Richards 1960)。

约翰·贝蒂(Beattie 1960, 3; 1971, ch.3)发现,靠近安科拉 123/124
的尼约罗(Nyoro)王国与安科拉十分相似,但有点复杂。出于对班图农民历来已久的征服,这些尼洛特牧民已自许自己对班图人的领主地位。这种情势因后来另一批尼洛特入侵者——比托人(Bito)的到来而变得更加复杂。这不仅使得上层阶级变得复杂,而且也造成了一种松散的安排,不同于安科拉那样类似种姓的严格歧视(Roscoe 1923)。

最大的困惑也许是乌干达境内最著名的王国,即巴干达工国(Baganda)(Fallers 1964; Roscoe 1911)。据格卢克曼(Gluckman 1965, 147)研究,巴干达王国就像维多利亚湖地区的其他王国一样,是由入侵的游牧民征服了农民所建立的(传统和事实都是如此)。但是在巴干达不见安科拉和卢旺达那种类似种姓等级的区分;它的社会分化只是在宫廷、官僚与平民之间的区别。英国人到来的时候,巴干达已经取得了许多成功的军事征服,并从中获取了大量的财富。另一个重要的事实是,宫廷在到来的阿拉伯商人以及内陆腹地之间扮演一个中间人的角色,也是复杂再分配的中心(Kottack 1972)。与国内其他地方相比,拥有庞大官僚机构的首都变得十分富裕(Southwold 1961; Gluckman 1965, 149)。因此,巴干达并没有安科拉和卢旺达那样的种姓等级。虽然巴干达牧民与当地农民的族群分隔依然存在,但这只是一种职业的专门化,社会或者政治地位并没有很大差异。

我们再次注意到,战争、征服及它们所带来的后果经常与另一个变量相关,这就是贸易。贸易与军事胜利密切相关,但单独作为一个变量,其后果也会有各种明显的不同。格卢克曼认为,从长远看,重要的商贸实际上对于凝聚一个大型原始国家必不可少。他的观点(Gluckman 1965, 143-144)在此值得强调,因为我们已经
谈到了贸易和再分配帮助祖鲁统一的重要作用,他认为,非洲每一 124/125

个能长久存在的国家“都是因为它建立在某种特殊的对外贸易或国家内部分化的基础之上”。“内部分化”使得国王能将来自不同地区的贡品作为一种“广泛传播和令彼此满意的物品交互”进行再分配。

## 审视乌干达地区

在这点上，我们必须对奥伯格的征服理论保持足够的谨慎，将其暂时搁置。当我们将安科拉这个案例与该地区的其他国家进行比较，并考虑游牧与农业群体存在某种形式上的共生关系时，在某些时候，我们能体会到这种历史场景的复杂性。设想一种简单的征服加上少量文化操纵，就能造成一个真正的国家的结论性案例，肯定不是一个好主意。

当然，还有一个非常重要的假设，就是这些王国并非自发产生的**原生**国家。军事和贸易—政治霸权从东非高原（也许早在 13 世纪就已开始）横跨大草原一直到大西洋沿岸，并至少在 15 世纪时下延至刚果河及其以外的地区。当然，所有这些发展很可能与简单的征服有关，但是我们对类似国家和各种法律的附属机制了解得太少，而这些机制肯定与战争的胜利相伴，以便取得立足于臣服的被征服者而取得的和平。

在这点上，乌干达材料中的两个重要变量已经昭示，我们可能会发现在后面章节中涉及不同背景时这些变量值得考虑。其中一个是奥伯格提出的**庇护制度**，因为它与欧洲、日本德川及其他地区的封建效忠观念十分相似（或许只是表面上的），可能立即令我们想到，这很可能是一种政治进程，它在政治演进的某个阶段，或在
125/126 某种适应背景中也许具有较普遍的意义。第二个变量就是格卢克曼强调的具有广泛共存关系的**贸易**。这种贸易同样可能只见于某

些阶段，或某些适应背景之中，可能包含较一般的和平协议及与国外地区互惠的经济关系，以及在王国内部（在其再分配方面）的强大凝聚力。

因为非洲西海岸和热带草原以较为广泛和重要的贸易为特点，我们将在下一章对其背景的重要性进行更全面的讨论。同样，封建的类比问题和对征服理论的进一步讨论也可适当推后。而且，也许最重要的是，我们将要面对的主要问题是真正国家早期的和广泛的影响，这种影响很可能早在我们开始用更多的传统历史学来描述非洲本土政体之前就已产生了。

# 7

# 西非诸王国

126/127 西部非洲是一片生态环境、原住民社会种类和本土社会演进阶段差异极大的广袤地区。我们很难就这个整体做一概而论的讨论，唯有把关注点聚焦在最典型的案例和最具代表性的地区。就像上一章一样，我们仍然只能根据作者对具体案例的历史和民族志描述来评估其国家起源的理论。其中最典型案例是努佩(Nupe)、阿散蒂(Ashanti)和刚果(Kongo)。

几内亚沿海和与之毗邻的刚果河下游盆地主要是一片热带雨林，许多大河蜿蜒其间，最终倾入大海。这片沿海与河流环境典型地在沿海遍布沼泽森林，再往内陆一点是雨林，接着是萨瓦那热带疏林草原，以及与撒哈拉沙漠相邻的干旱疏林草原。刚果河盆地则全被茂密的雨林覆盖，往南渐渐变成萨瓦那热带疏林草原。

除了这些多样的生态环境，这里各个社会的历史受到了它们在奴隶贸易中所处地位的巨大影响，有的是奴隶主的牺牲品，有的
127/128 充当中间商，而有的就是奴隶主本身。而这些外来的影响也十分复杂，比如在尼日利亚，穆斯林征服者建立了几个北部国家，或至少对当地原有国家进行了彻底改造。英国人和法国人影响了沿海地区。葡萄牙人自大约1500年起就已实际垄断了西非南部的贸易。对一般人来说，西非的情况是如此复杂，以至于我们只能在此讨论最突出的案例，并强调非洲专家的阐释，当他们涉及与我们相关的问题时。

# 努 佩

我们从西非北部的内陆草原和萨瓦那热带草原讲起。在该热带雨林以北和撒哈拉沙漠以南，我们见到了伊斯兰商人影响的复杂性。许多在沙漠边缘的撒哈拉沙漠以南非洲部落改信伊斯兰教，就像索宁克族（Soninke）和豪萨族（Hausa）那样，建立起了分布广泛的贸易路线。大约16世纪，这些贸易网已经遍布西非并直达几内亚海湾（Bohannan and Curtin，1971，248）。

北部国家克德和努佩比较典型。纳德尔对两者进行了研究。他关于努佩的专著《黑色拜占庭》（*A Black Byzantium*）堪称经典。在他的研究中，纳德尔为国家起源征服说找到了证据。他是少数将时间维度和功能性分析应用于国家起源研究的现代人类学家，也是少数将国家起源和发展问题与国家本质结合讨论的现代社会人类学家。他把自己的结论概括如下（Nadel 1942，69）：

> 一、国家是基于领土主权的政治单位。其成员身份，即公民身份或国籍，是由该成员居住于或出生于某领土范围内所决定的。因此国家是跨部落或跨种族的，于是国家的成员有别于部落或种族的成员。
>
> 二、政府的集权机制旨在维护法律和秩序，以排除一切独立行为。
>
> 三、国家意味着存在一个在训练、地位和组织上有别于人口主体的特权统治集团或阶级。

在谈到第三点时，纳德尔进而论道："在历史进程中，这种性质 128/129
的一个跨部落的主权只能从一个族群征服另一个族群产生。"（Nadel 1942，69）换句话说，努佩的案例支持这样一个理论，即国家不只是多个部落的组合，而且它是靠征服做到这点，并靠武力进行维持的。

> 我们无法回避的事实是，就努佩国家今天存在的结构，与其富拉尼征服者统治阶级，以及它迄今为止我们可以精确追溯它的历史发展轨迹而言，无一不支持国家起源征服说的理论。（Nadel 1942，70）

看来毋庸置疑的是，努佩以及诸如安科拉和卢旺达等西苏丹地区的王国，它们本身就是军事上较强大族群征服其他弱小族群的产物。这些族群对于种种统治问题的解决办法的细节是具有指导性的，因为对于一个征服型国家来说，它肯定是一个很难维持的国家，特别在其较早阶段。但是，政治问题的这些解决办法明显不是原创——因为这些都是次生国家，而非原生国家。北非和中非地区真正的治国谋略——最早在东北部，后在西北部——无疑可追溯到埃及和美索不达米亚。之后的改进和变更取决于后来帝国的扩散。

早自公元800年开始，一批大型商贸城市国家的演替开始主导西苏丹地区[①]。加纳因最早制造并使用铁质武器和工具而变得强大，于是自然地不仅增强了对自然环境而且对该疏林草原地带邻近较原始族群的控制，且有助于日益集中和城市化政府支配权的扩展。甚至更重要的是，远程贸易的不断发展，尤其是黄金运输，从其南部雨林地带的产地，通过撒哈拉沙漠中间商，一直辗转至地中海世界，最终抵达欧洲。在发现美洲之前，由于盛产贵
129/130 金属，西苏丹通过加纳的经营，曾经长期是地中海世界首要的黄金供给者之一。

---

① 此处关于城市国家的讨论采自戴维森（Davidson 1959，79－107）。

苏丹地区所有国家中最悠久的是加涅姆(Kanem)以及它的后继者博尔努(Bornu)。尼日尔河以东向尼罗特苏丹(Nilotic Sudan)[1]延伸的草原上,见证了一拨又一拨移民的入侵。其中最重要的是来自库施(Kush)的复杂影响,它是埃及帝国扩展的远古游离者。加涅姆参与金属冶炼和跨国贸易,曾控制跨越撒哈拉的商队通道,并实行集中的行政管理。始于公元8世纪左右的加涅姆帝国由博尔努延续,维持一种强有力的文明认同,直到16或者17世纪。正是像马里,这股继加纳之后的中部苏丹的文明力量,成为西部苏丹文明的主要中心。

当马里帝国在西苏丹的昔日辉煌不再之时,居住在浩荡尼日尔河中游草原地带的毗邻的桑海人(Songhay)皈依了伊斯兰教,并不断扩大加奥(Gao)城的支配范围,成为包含众多族群的真正帝国。到1464年,可能除了东面的博尔努以外,桑海人统治着苏丹最强大的国家。诚如戴维森所言,伊斯兰教与商业贸易的结合造就了强大的集权行政系统(Davidson 1959, 98–103)。

16世纪,与新大陆的航海贸易开放,就此开始了商贸财富和权力重新定位的过程,这使得地中海地区与苏丹之间由穆斯林掌控的跨撒哈拉沙漠贸易式微,特别是因为从美洲向欧洲运输的黄金更多且更方便,最终也因为航行和造船术的提高,使得与西非沿海人民的商贸接触更多、规模更大。就如同可乐果和棕榈油,沿海地区的黄金更易获取,最后和最重要的还有新大陆大种植园所需的奴隶。虽然西苏丹没有崩溃,但是欧洲人有效地绕过了它,这些城市国家的商贸能力,以及由此造成的政治影响大为减弱。这些国家,以及它们经济、政治和考究的宗教官僚机构并没有消失。正 130/131

① 旧苏丹境内的尼罗河上游地区,尼罗特(Nilotic)语系部落所在地。“尼罗特”音译沿用自褚建芳等译《努尔人:对尼罗河畔一个人群的生活方式和政治制度的描述》(华夏出版社,2002年)。——译注。

如戴维森详细的叙述，欧洲人倾向于认为非洲的历史就始于他们来到这片土地时所见，而严重低估了非洲与地中海地区之间很早就存在的陆运商贸相关的内在发展。

压倒这些本土帝国残余的最后一根稻草，是穆斯林狂热分子富拉尼人（Fulani）。他们有的是游牧民，有的是定居的农民，在1810年后开始军事统治。富拉尼的崛起在很多重要方面逆转了乌干达和卢旺达的统治方式，普遍的方式明显包括要么是共生，要么是游牧民对农民的征服。在这里有必要就富拉尼人的征服多说几句，因为这部分可能会对上一章奥伯格的总结讨论加以修改和论证。

操富拉尼语的族群由两种文化组成，相互之间差异很大，我们称之为富拉尼 A 群和富拉尼 B 群（据 Murdock 1959, 413 - 421）。A 群是游牧民，体质类型接近于"非黑色人种"，非基督徒或中立的穆斯林，较为平和，"对邻族较为热情"，且"缺乏超越头人和自治游群层次之上的本土政治结构"。B 群富拉尼人在体貌上很像黑人，定居在农业村落内，而且是"狂热的穆斯林"，惯于发起针对异教徒的圣战，并在征服敌人后建立国家。

富拉尼人对许多讲豪萨语的国家及邻居进行长期征战，建立了数个穆斯林苏丹国和酋长国，其中努佩国是在1820年被最终征服的。然而与纳德尔的论述相悖的是，富拉尼人征服努佩后建立的国家，不管从哪种意义上讲都不能算是"国家的起源"，充其量只能算是一场波澜壮阔潮流中的一件晚期事件而已。而且，富拉尼—努佩国在成立后甚至没有独立，因为它只是需向一个更大的苏丹国进贡的无数酋长国中的一员。而且这些征服国只是它们之前历史更悠久、更强大的本土苏丹帝国的残余而已。

131/132 正如默多克（Murdock 1959, 73）所言：

> 苏丹西部的文明，就像埃及文明，早已尘封于过去。

当代民族志——几乎无法提供这两个地区古老帝国文化的复杂性及其精彩纷呈之生活的概念。这些问题必须有待于考古学家的铁铲来发掘；如果说尼罗河流域仔细挖过的泥土有一吨之多，那么在尼日尔河流域仔细挖过的泥土至今还不过三十克（一盎司）而已。

## 阿 散 蒂

与奥伯格和纳德尔将安科拉和努佩作为征服国的分析相反，罗伯特·拉特雷（Rattray 1923，1929）尽管承认外部压力的作用，但是将阿散蒂国家的发展从一种发自**内部**的成长和发展的角度来描述。很像梅因将原始或似部落社会类型与非个人的政府机构（“血缘联系”相对于“地域联系”）相对比，拉特雷将阿散蒂国家的兴起视为更多宗族和世系的逐渐成长导致联合，而最终成为地域性的实体[①]。

所有这一切始于17世纪末，当时阿散蒂是一个由酋长及其姐妹或母亲领导的部落（阿散蒂采用母系血缘继承制）。血缘较远群体（世系或延伸家庭）的首领被称为长老（elders），辅佐酋长。酋长并不过多干涉家族内部事务，因此他在大部分事务中的权力不是很明显。酋邦中存在很多这样的社群，他们彼此独立，拥有自己的土地和渔猎领地。

据估计，人口增长和强大新族群的移动，包括欧洲人的到来造成了新的权力失衡。阿散蒂曾有一段时间向一个叫作邓基拉

① 杰克·古迪提出了对国家征服起源总结的另一修改，他说（Goody 1971，18）：“最近对一些非洲国家的研究清楚揭示了，尽管政治制度的日益集中几乎总是来自征服，但是国家起源之路并非仅此一条。比如，阿卢尔人（Alur）在相邻人群邀请他们的酋长光临对他们进行管理的时候，就扩大了他们的统治范围。我发现，这实际上是权力的一种上交（upward delegation），而非被一个军事团体所主导。”

132/133 (Denkyira)的国家纳贡。枪支使用的日增也导致新的权力失衡，而有可能的是，沿海地区与欧洲人的直接接触也是一个原因。邓基拉国王建立了一个豪华的宫廷，阿散蒂著名的祭司阿诺奇(Anotche)曾经拜访此地。

它们被征服的事实，使得这些本来是独立的阿散蒂酋邦更容易以共同的理由——推翻邓基拉国而团结起来。无论如何，祭司—领袖阿诺奇与库马西(Kumasi)部落的酋长欧塞·图图(Osai Tutu)统一了阿散蒂，并在著名的费亚赛(Feyiase)战斗中打败了他们的敌人。他们也能成功地在和平时期维持这种军事联盟，从而形成一个充满活力的新阿散蒂国家。这种联盟只不过是在先前原始等级制上的较大规模的提升。家族发展为世系；世系发展和分化成为氏族；氏族发展成为部落(酋邦)；而现在独立的部落又团结在一个最高部落(库马西)之下。拉特雷(也与梅因一样)将这种组织的形式视为一种原始社会自然发展的结果，非常像欧洲从野蛮时代通过等级和地域的巩固形成封建制的经历。

与封建制的相似性也同样表现在土地所有制概念的变化上。一种“多重所有权”的土地制度被建立起来：国王宣布对国境内所有土地的拥有，但是各地的酋长变成了他们土地的某种二等业主，以此类推到作为自家土地的业主，即具体家庭的户主[①]。

阿诺奇做出了一项重要的政治发明，这就是“金凳”。阿诺奇使人相信这是他从天上带来的。这个金凳代表了整个民族和神授权力，使得欧塞·图图和他的后裔能够统治所有阿散蒂酋邦。各下属地域的首领也有他们自己的凳子(虽然不是金的)。这一象征让人想起安科拉的王室大鼓。

在其他方面，阿散蒂国家也采取常见的祖先崇拜的神权机制。

---

① 见古迪(Goody 1963)对非洲政体中有关“封建制”指称的出色回顾。

例如,有害于政治实体的罪行主要被看作是亵渎神灵和祖先。重要的仪式主要是祭拜祖先和超级祖先,即包括人类和国家在内的 133/134
一切万物的创造者。

进出口贸易掌握在国家手中,这对于国家机构的继续生存很可能是一个非常重要的因素,尤其因为枪支就是通过这种途径获得的,其性质就非同寻常。欧洲人生产的枪支、布匹以及其他物品被分配给地方上的酋长,再由他们将一部分分配给下一级酋长,以此类推。充当从欧洲人获得这些物品的货币的奴隶则来自阿散蒂统治下的内陆地区。达荷美和阿散蒂这两个重要的奴隶供应国禁止枪支和火药通过其领土运往内陆国家。这不仅保持了这些沿海国家的主导权,同时也保持了这些国家与内陆草原政府之间的重要差别。

根据古迪的说法(Goody 1971, 55 - 56),沿海森林地区与内陆疏林草原国家之间的差别,在于前者的国家拥有枪支但没有马匹(部分原因是因为在茂密的丛林中很难用马匹来打仗,部分原因是吸血的采采蝇),而后者有马匹但没有枪支。这种差别造成了两种社会的明显反差。古迪解释道:

> 在草原地区,统治形式倾向于大型的王朝,其中各部分的高官经常轮换。而在森林地区,官员倾向于比较独裁,并与朝廷保持较近的血缘关系。在前者,统治权比较分散,且统治者的朝代有赖于强大的骑兵;而后者重要的武装力量是驻扎在首都周围的持枪军团,这些枪手常常是从囚犯和奴隶中招募的。
>
> 其他的差异比较间接。由于枪支和火药来自海上贸易,这就比较容易控制当地的武器商。结果,不仅国家的权力比较集中,而且大宗的对外贸易由国家经营。相反,内陆地区的市场和中转则由穆斯林商人的自由企业活动

> 所主导。事实上，内陆的伊斯兰商人和沿海的基督徒商人之间的区别是这种反差的另一个重要方面，具有显著的社会文化意义。这种情况是枪支发展所引起的全球范围对抗的一部分。在西方国家和伊斯兰国家，这一发明
> 134/135 所带来的内部变化意义深远。但正像阿亚隆(Ayalon)指出的，他们对这两个世界之间的斗争轨迹具有深远影响。“总的来说……引入这些新武器对伊斯兰世界来说是一场灾难”；显著的例外是奥斯曼土耳其利用枪支成功对抗了它们的基督教和穆斯林邻居。

总而言之，纳德尔的国家起源征服论与拉特雷的发展论之间的明显差别是建立在他们对两种完全不同的文化、环境和历史经验之上的。这两者外在的意识形态影响迥异：一方是扎根陆地的伊斯兰人，而另一方是航海的欧洲奴隶贩子。环境上也存在反差：一方是热带疏林草原，而另一方是沿海森林(一方是采用马匹，而另一方采用枪支)。而从历史上看，一方是苏丹潮起潮落的强大帝国，而另一方是诸如阿散蒂和达荷美在沿海森林靠奴隶交易迅速成长的后起之秀。以上仅举了少数不同因素所造成的两种明显不同的治国模式。然而，这些群体的历史尽管展示了原始文化在与先进文化的互动下如何变成国家的重要细节，但是并没有告诉我们“**原生国家**”的起源。

## 刚果及其邻居

从刚果河入海口向南经过开阔的疏林草原到赞比西河的广袤地区有几个重要的社会：刚果、卢巴、伦达(Lunda)、卡赞比(Kazembi)和罗兹(Lozi)。其中刚果的论证最为详尽，研究最为透彻。看来，这些原住民国家和帝国在与欧洲人贸易和贩卖奴隶之

前就早已存在的可能性一如本章前所讨论的那些社群。刚果地区一位著名历史学家让·范西纳(Jan Vansina)认为,这些王国都是本土起源的。作为对宣称刚果是“葡萄牙人的创造”以及“葡萄牙人组织其整个结构”说法的回应,他说(Vansina 1966, 41):

> 一方面,刚果在16世纪晚期文献所见的结构与其他非洲国家的结构十分相似。另一方面,是葡萄牙人建立了整个结构,从而最早限定了其领土范围和王国力量的说法,完全没有根据。实际上,可以更加合理地说,葡萄 135/136
> 牙在安哥拉(Angola)复制了非洲国家的领土结构。因此,我认为用16世纪晚期的资料作为15世纪晚期的状态来介绍该王国的情况是可行的。

可以这样认为,刚果“是葡萄牙人的创造”等说法太过极端。不过,正像我们在非洲各地所见,贸易垄断、战争、奴隶贸易、新式武器等结果,无疑促成了新的军事政权和征服型国家。简言之,葡萄牙人对政治结构的影响很可能比较间接,但在改变本土社会上的力量不可小觑。范西纳将疏林草原地区的人群统称为“王国或酋邦,即他们已经建立了政治系统,它们有一种集中的政治结构,并由一个人进行统治”(Vansina 1966, 4)。范西纳没有将国家(“王国”)与酋邦区分开来,不过这也无可厚非,因为许多作家,特别是早期的那些记载,都没有对两者加以区分。但是从范西纳的著作明显可见,奴隶贸易、新的战争和新式武器的出现就像其他地方一样,造成了政治结构的剧变。

奴隶贸易始于1500年左右,枪支随之引进。刚果地区的内陆统治者垄断了武器。然后,范西纳道:“伦达人利用武器建立了帕布拉(Puapula)和亚卡(Yaka)王国。”(Vansina 1966, 247)随着时间推移,奴隶贸易变得日益重要,内陆地区出现一系列新国家,如好几个奥文本杜(Ovimbundu)国家,他们靠内陆贸易通道供应奴隶而致富,至远抵达卡坦加(Katanga)(Bohannan and Curtin, 1971, 268)。其他地区,像尼日尔三角洲的伊乔(Ijo)聚落成为商贸型的城市国家,拥有为奴隶贸易服务的政治机构(Vansina 1966, 267)。有些几乎成为纯粹的军事机器,就像18世纪晚期的达荷美,他们在重组后,专门从内陆捕捉奴隶。看来明显的是,我们在范西纳的材料中并没有发现能比阿散蒂及其邻居研究中所见更好的有关原生国家起源的材料。

## 西非的贸易与征服

136/137 严格说来,我们所述的西非国家形成的各种案例并不与原始国家的起源直接相关。虽然,有几个原始政府的一些重要特征值得从较为一般的意义上,为未来的研究作一番深谈,这在下面会提及。苏丹西部的国家和帝国时间早于这些例子。纳德尔(还有上一章奥伯格谈及的这个问题)所关注的只不过是政治和经济权力关系的再造,而这些权力关系的结构和意识形态的源头来自遥远的过去和地区。对于西非沿海地区(尤其是阿散蒂和刚果),奴隶贸易和枪支具有独一无二的催化作用。

毫无疑问,正如奥伯格与纳德尔强调的,一些社会组织确实靠武力征服并统治了另一些社会组织。但是使用武力并不新鲜和令人意外,显然它没有经常达到巩固政治的效果。因此,武力本身不足以是国家起源的一个充分条件。正如我们所见,古迪强调了奴隶贸易与商贸对产生集权结构的重要性,这点表明,即使是次生国家的诞生,也不是简单的战争与征服的问题(Goody 1971, 18)。

我们很难概括受欧洲人贸易影响之前的诸多非洲本土政体。它们似乎经常是“联盟型”的,有点像早期的阿散蒂国家,中央集权化程度不高。神权统治明显占据主导地位(尤其普遍表现在“君权神授”的统治上),不过他们中很少体验过后来那种高度集中的专制。为了更好地加以表述,很多欧洲学者(包括拉特雷和纳德尔)将它们称为**“封建”**政体。戴维森(Davidson 1961, 29)称之为“‘部落封建制’,这是一种集权政府的体制,几乎总是以部落平等为合法性的前提”。

**庇护关系**,作为一种人对人的政治融合形式(请见奥伯格在前一章节介绍),是欧洲封建制度的臣属和忠诚与非洲的“恩庇侍从”最值得一提的相似关系。古迪(Goody 1971)也看到了这两个系统 137/138
之间的共性,但也中肯地指出了一些重要的差异。这就是非洲的土地充足,能够实行轮种和**粗放**耕作(而不像欧洲那样的**精耕细作**),这就造成了土地使用权的显著差异。在非洲,土地的持有是非永久性的,因此统治者(庇护者)能对其臣民(侍从)进行**政治**控制,而非隐含在土地权中的经济控制。正如古迪所说(Goody 1971, 74):“酋长的财富不仅来自土地,而且来自产品和服务,而这并不完全只为自己的利益。”因此,他指出(Goody 1971, 30),非洲酋长“必须设法吸引和约束”他所统治的臣民。

根据这些描述以及戴维森所用的“部落封建主义”一词,我们可以发现,非洲的这种体制与原始但比较复杂的“酋邦”之间有类似之处。从这一点来说,欧洲封建主义较早阶段的许多早期或偏远社会——比如英国的凯尔特(或“高地”)“氏族”,塔西佗描绘的日耳曼“部落”——看上去都非常像酋邦。也许值得一提的是,许多人很早就觉得,欧洲的古典封建主义(classic feudalism)是置于“日耳曼”酋邦社会之上的一套去中心罗马式意识形态的残余。

但是,像加纳、马里、桑海以及博尔努这些欧洲奴隶贸易时代之前的大型、永久性、城市化和集权的帝国又是什么呢?看来明显的是,有高度组织的长途贸易,而非对土地的所有权,是权力的基础（赋税与中介利润）。（在这点上值得一提的有趣之处是，欧洲自给自足庄园系统的解体，通常被说成是与地中海国家长途贸易的复兴有关。）

很明显的是，像**酋邦**、**封建制**、**国家**和**帝国**这样的概念会被误用或错误定义。在我们研究的这个份上，要有把握地探究这片荆棘之地还为时过早，这些术语目前看来存在重叠。不过根据目前
138/139 已有的证据，我们肯定有把握在之后的章节里继续探讨长途贸易（它必定从政治上受到保护、组织并牵涉最终的再分配）和新式武器在政治上巨大的整合意义。后者是如此紧密地依赖于长途贸易，从而导致了对这种贸易垄断控制的更大需求，以确保一个政体能够实施对后者的控制。

# 8

# 切罗基印第安人

在 18 世纪，切罗基“民族”由几个独立的村落变成一个国家，139/140
是美洲印第安人对欧洲殖民压力最令人惊讶的回应之一。这一章节的资料主要来自弗雷德·吉尔林的《祭司和武士》(*Priests and Warriors* [1962])一书，我们不仅会介绍他的分析，还会对他国家形成的一般性理论进行介绍，因为这一理论来自切罗基这个特殊的案例。

## 作为酋邦的切罗基

切罗基人生活在大烟山脉(the Great Smoky Mountains)①两侧的大河谷中。18 世纪初，他们的人口约有一两万人，分散在三四十个村落里，平均每个村落有 400 人(Gearing 1962, 3)。由于河流被山脉阻隔，切罗基人大约分为四个相互独立的分支，因此形成了不同的区域文化和方言。

这些村落是以严格的神权制组织起来的，由“祭司—酋长”领导，他们发挥的最重要的作用就是举行宗教礼仪活动和主持村落
会议，但是军事组织则与此分开。就像我们后面所见，这种权力的 140/141
初步分置后来成为形成新国家的重要基础。内部争端及犯罪的管理与裁决主要由氏族通过自助(self-help)的方式解决，也就是说，

① 大烟山脉位于美国北卡罗来纳和肯塔基州。——译注。

它不属于祭司的权力范围。

18世纪初不存在正式的体制来管理村落之间的事务、协调村落之间的共同行动，或做全局性的决策。各村落的村民之间存在一些联姻关系（尽管并不完全是族外婚），这造就了邻近村落之间的一种和睦关系。像村落之间的关系一样，村落内部犯罪行为也由氏族全体成员裁决：谋杀需偿命，较轻的罪行则由氏族内部协调。总之，就像酋邦普遍的情况一样，酋长的裁决功能可忽略不计。

行政决策大部分是涉及与其他部落或欧洲殖民者的关系，虽然有些是需要内部做出的决策，诸如在何时将村落迁往更好的地点或建造一座新的公共建筑。出于行政决策的需要，有一个统治团体，由祭司—酋长领衔，由其他三个祭司和一个世俗幕僚辅佐。此外，各有一名来自七个氏族的重要的长老组成祭司—酋长的内部顾问团。这些人分别代表他们各自氏族的利益，同时也为各村落共同的利益而将这些氏族团结在一起。所有其他长老形成第三级议员，在公共（尽管不是内部的）议会中发挥重要的作用。以上所有的长老组成了一个具有最高威望的阶级，被称为“敬爱的人”。

宗教和世俗事务也由同一个统治团体进行管理。在议事厅（town house）内，这两个委员会采取相同的座位排序。当一面白旗升起，宣布某议会或仪式开始，所有人聚集起来。妇女和儿童以七个氏族为单位围绕在该议事厅的周围（在某些村落里议事厅是七边形的）。他们的前面是年轻男子，长老在最前排。祭司—酋长和他的幕僚坐在中间特殊的席位上，七个内部顾问团成员坐在他们旁边。

141/142 广泛流行的社会风气是在任何情况下都尊敬长辈，所谓“年长等于高尚、等于荣誉”。年轻人只有在战场上才能不受约束、任性行事。但是年轻人这种脱离约束的短暂自由，在战士们返回村庄时随即结束，这时他们需要通过净化仪式恢复村落生活所要求的崇敬之心。这个仪式可能具有像成人礼或婚礼这样的“过渡礼仪”(*rites de passage*)相同的功能，尽可能象征从某种自由状态到社会行为备受约束的状态的剧烈转变。(十分有趣的是，和平时期年轻人参加激烈的球赛后，也要举行净化仪式。)

吉尔林发现，武士自然可以通过战功而获得堪比首领的崇高地位，但只有少数战争领袖后来能在众多长老中成为领导者，其比例为 19∶51(Gearing 1962, 64)。在长老组成的顾问团中成为领袖也是一种获得的地位，但是吉尔林很有道理地指出，这两种地位所需的基本个性相当不同，年龄差异和仪式不足以具备改变个性的力量以确保他们在这两个方面取得成功。除了这些背景里的明显差别，切罗基人还显著地用红旗作为战争的象征，以白旗代表顾问团。这些转化为两种“结构姿势”(structural poses)、两种对立行为类型，以及两种政治角色的常见行为：“以‘红色’军事首领行事的男子一般不参与‘白色’顾问团的商议(除非当战争的决定悬而未决，明显有异议)。”(Gearing 1962, 74)

1730 年之前，切罗基村落在这样的意义上属于酋邦，即具有某种连贯一致的领导权，存在办公机关，权力制度化。换句话说，该社会不只具有简单的魅力型军事领袖，也存在能够做到巩固政治、维持统治和进行调节的组织手段。当时，该社会有别于其他酋邦，这在于它缺乏由长子继承制延续的永久性权力机关[①]。

吉尔林把切罗基社会称为一个“法制型社群”(jural community) 142/143
(Gearing 1962, 79)。也就是说，这些村落虽然独立于任何较高的权威，但是通常彼此之间并不会发生冲突。他们倒是具有一种力图通过调解来解决纷争的义务感，并有官员的帮助使之成为可能。

---

① 显然我们缺乏证明切罗基是否具有原生继承制等级的明确证据。但其他类似的东南地区族群有这样的等级制(Swanton 1946, 661–662)。

当然，很有可能的是，切罗基村落之间的这种和平情结是他们意识到了来自切罗基社会外部的巨大威胁的结果。

## 切罗基国家

1699年之前，欧洲定居者与这些印第安人的关系比较零星和偶然，而这时英法殖民者开始了对美国东南部控制的斗争。总的来说，卡罗来纳州的（英国）定居点普遍与切罗基村落结盟，以对抗法国以及与法国殖民者结盟的那些印第安部落。在短短几年内，在一些较大的切罗基村落里建立起官方的卡罗来纳政府贸易点，但在当时，相对于周边其他印第安部落的压力，切罗基人与欧洲殖民者之间的直接关系并不明显，而前者现在越来越骚动。切罗基与南方克里克印第安人（Creek Indians）的敌对冲突尤其频繁。西南方的敌人是奇克索人（Chicasaw）和乔克托人（Choctaw）。东北方的萧尼人（Shawnee）与法国殖民者联合，并始终对切罗基持敌对态度。

每个切罗基村落可以独自决定其与外界的关系。但是因为他们都有相同的语言和文化，并实行相互通婚，所以这些村落之间都存在一种协作的倾向。随着时间的推移，其中一些村落在决策上比其他村落具有更大的影响力。某村落的这种影响力也许取决于其祭司—酋长的威望，也可能与村落的规模有关，或因最近一次胜利获得的威望，而最重要的是其所处的地理位置（是否暴露或有保护，是否靠近贸易点等）。但是没有将该部落作为一个整体来对待的政府机构形式。少数村落和他们的首领只是偶尔获得某种权
143/144 威。虽然七个氏族在各个村落里都有代表，这是在村落之间和平达成共识的一种重要的方法，但它们从来就不是政治行为团体。但是切罗基村民的观念认为，整体而言他们组成了一个一致对外

的团体，这种整体性被吉尔林称为法制型社群。

与此同时，南方的卡罗来纳人倾向于将切罗基部落看成一个政治实体。这在某切罗基个人的犯罪行为引发对任何切罗基人打击报复的时候特别明显。当偷盗或骚扰某殖民贸易商这类事件增加时，变得十分明显的是，整个部落首要的政治问题就是采取措施来防止任何武士未经授权的暴力。事实证明，达成这个决定花了30 多年的时间。

村落里代表战争的红色顾问组织成为与外界进行谈判的一个部落机构的最初榜样，主要是与南卡罗来纳殖民地的谈判。该谈判的一个重要作用是采用强制性惩罚手段防止对切罗基人行为的报复。作为迈向部落政府的第一步，这是重要的进步，但它并不能完全做到防止未经授权的攻击。

1730 年，苏格兰人亚历山大·卡明爵士（Sir Alexander Cuming）来到切罗基人的领地，极力主张那些较大的村落为他们的部落推举一位“皇帝”。他们选择了特里克斯（Tellics）村落的一位武士酋长莫伊托伊（Moytoy）。虽然认可这件事的村落不多，但这种想法已经植入人心，大约 20 年后部落领导机构似乎完整建立了起来，尽管并不是十分强大。

1741 年莫伊托伊去世后，由他的儿子阿莫斯科塞特（Amouskositte）继位，他仍然代表武士组织，其最重要的任务就是防止不听话的年轻人伤害贸易者和定居者。如果这种事发生，贸易就会中断，所有切罗基村落都会因此遭受损失。武士酋长的基本任务是到查尔斯顿（Charleston）和政府打交道，但内部事务如惩罚歹徒则主要由白旗顾问负责。到了 18 世纪中叶，武士酋长的大部分职责逐渐由老霍普（Old Hop）——一位年长的长老，广受尊敬的祭司—酋长——取代。大约 1758 年，一个建立在村落顾问议 144/145
事会传统模式上的真正部落机构正式成立。

1761年老霍普去世，一位名叫“站立的火鸡”（Standing Turkey）[①]的长老作为“国家伟大的受人爱戴的智者”接替了他的位置。这可被当作证据证明，部落政治此时有了一个真正的组织，而并非只是简单地由老霍普的个人品性塑形。部落会议每年在首府村落埃丘塔（Echota）至少举行一次会议。议事会的最高层是首府的长老们：即该村落的祭司—酋长（如老霍普及后来的“站立的火鸡”）、他的三个主要助手、发言人，还有七个氏族的村落议事会成员。部落的其他村落的代表是他们各自的祭司—酋长和助手，以及氏族议事会的成员。每年的主要会议在新年的宗教仪式上举行。

## 从祭司到武士

从1760年开始，切罗基人和南卡罗来纳人进行了两年半的公开战争。在达成了和平关系之后，定居者对切罗基领土的侵占压力仍在持续，因此针对他们的相应报复也不断增加。针对个别武士不受控制行动采取强制制裁的首个证据是“站立的火鸡”的一封信，他写道：

> 我们正在建造一个“铁腕宫”（Strong House），很重要的是，如果我们族人中对英国人有任何伤害，会被收监在此，等候英国人来收拾他们……

到了1768年，当一个部落战争首领“伟大的武士”（Great Warrior）[②]接受部落祭司—酋长的政治作用时，公众情绪明显发生了变化。此时，武士们也可以参与部落议事会的讨论，而年长的武

---

① 本名库内·肖特（Cunne Shote），是老霍普的侄子。——译注。

② 本名奥考纳斯托达（Oconostota）。——译注。

士们则成为一个被认可的团体。

1774 年，丹尼尔·布恩(Daniel Boone)考察了今为肯塔基州一部分的切罗基领地，并开启了建立肯塔基殖民定居点的计划。1775 年，地产利益集团与切罗基酋长举行了一次会议，并提出要购买肯塔基。老酋长们——“伟大的武士”(Great Warrior)、“小木匠”(Little Carpenter)[①]等人接受了这个提议，但是以“小木匠”的儿子“拽独木舟”(Dragging Canoe)[②]为首的年轻人则表示反对。当美国革命开始时，效忠者实施了一项政策，他们为“拽独木 145/146
舟”及其追随者提供武器，让他们攻击边界上的叛军。果然，美国革命者为此谴责整个切罗基民族，并对他们发起了猛烈的攻击，他们焚烧房屋并摧毁农作物。那些年轻武士们带着家眷南迁，建立了新的定居点，后来叫作奇卡莫加斯(Chicamaugas)，而部落的其他人则留在原地。

部落按年龄线的划分大体上也是“白色”祭司管理层与“红色”或战争决策管理层之间的划分。他们在空间上所表现的有形分离，揭示了各自体制的片面性及不当之处。原先村落里温和的老人目睹了他们的神权管理议事会的瓦解，议事会无法再把部落团结在一起；在奇克莫加斯，则完全抛弃了这种议事会，这些有暴力倾向的年轻人不服管教并缺乏理智，以一种无法无天的噩梦般统治方式恃强凌弱。

## 权力与武力

吉尔林认为，切罗基历史上国家形成的主要进程与美索不达米亚早期有着许多共性。他也声称这种进程曾在世界各地重复发

① 本名 Attakullakulla。——译注。
② 本名 Tsiyu Gansini。——译注。

生——不只是通向国家的唯一之路，而且还经常发生，因为它在功能上与原始社会中常见的一种特殊的村落政治体制有着密切的关系。这种村落体制可以成为一个国家的基础，因为在这些村落中，原始国家所需的许多基本要素都已经具备，只要具备外界压力的必要条件，（原始国家）就会应运而生。

我们在前面章节中所见的以及接下来继续关注的，是常见的，甚至是普遍存在的一种酋邦阶段，预示着历史上所知国家的兴起。切罗基人的这些村落非常像我称谓的酋邦，显然，它最重要的特征就是神权的集中统治。吉尔林提出了一个非常重要的论点，即认识到这种村落结构作为后来国家形成基础的意义。

146/147 吉尔林作出的另一个重要的贡献是他对于切罗基社会两种“组织构成（structural poses）”的划分：一方面是神权政治领导（酋长—祭司和长老议事会），另一方面是世俗军事领导。他强调的是这两种结构中个人在社会心理方面的不同，也就是强调这两种政治组织所选定的个性类型以及行为准则，诚然这十分有趣，但是出于我们的比较目的，我们更想强调关于制度方面的差异。正如我们将在后面章节中会看到的，新的或更多的战争及和平决策的外部政治问题的产生，往往会带来一种“权力分化”，通常这会促使有别于纯粹神权统治的军事官僚职位的设立。

另一种对我们较宽泛目的有帮助的说法是，单凭权力的机构（白色议事会和祭司—酋长）可能会发现自己无力解决维持政治的某些新问题，从而允许建立另一个机构（红色议事会和军事首领）以运用基于武力的政治权力。如第 1 章所述，这两者的关系问题是此书的重点。我觉得饶有趣味的是，事实上切罗基人本身似乎已经意识到权力及武力之间的本质区别，同时建立了将后者与前者分离的文化手段，就好像是为了防止两者的混淆。这种神权统治的机构对他们来说是统治的理想形式，而使用武力不仅是一个临时的权宜之计，而且会带来麻烦，因此在执行一些令人厌恶的权宜任务后需要举行净化的仪式。

非常有趣的是，也存在这样的事实，即虽然外界冲突变得非常频繁而剧烈，切罗基的发展明显不是一个征服型国家，也不是赫伯特·斯宾塞所声称的那种战争组织或其首领接管社会的例子。相反，切罗基国家由老霍普和“站立的火鸡”这些村落酋长—祭司所建立。而后来在奇卡莫加斯，单凭年轻人的军事组织却不足以进行统治。正是战争提供的“外界压力”成为一种环境的刺激，促使 147/148
神权领导权刻意地增强了战争首领的地位，但是真正的国家起源——“铁腕宫”所体现的惩罚性法律——作为一种官僚的权宜之计，则显然来自神权领导权的内部。

# 9

# 波利尼西亚的国家起源

148/149 波利尼西亚是世界上最后一片被人类定居的广阔区域。由马来西亚出发的移民在大约2000年前乘坐大型的航海双体独木舟渐渐向东航行，最终横跨太平洋来到这里。广袤区域中两地语言和文化上的相对一致性，支持了考古学对晚近迁移的推断。

波利尼西亚最重要的文化差异是由对各岛屿不同栖息环境的适应所造成的，特别是那些影响人口规模和密度的条件。这些岛屿主要可以归为两种。所谓“宜岛(high island)”的大型岛屿通常是大型火山的残余，有肥沃的土地和丰富的淡水。另一种“贫岛(low island)”是半月形小珊瑚礁，除了驯化的椰子外，大都很贫瘠，所以必须靠捕鱼维持生计。目前的讨论仅限于夏威夷、塔希提(社会群岛)和汤加等几个宜
149/150 岛，因为我们拥有充分历史记录的国家组织的起源都来自这些案例。

在与欧洲人接触的初期，典型的波利尼西亚宜岛社会结构是一种典型的酋邦：具有以长子继承制为原则的金字塔型家族世系的内部等级、一种神权的酋长制、再分配，以及禁止奢侈的阶级。所有这些特点在酋邦结构中被夸大到极为刻板和极致的地步。其中尤其重要的是我们前面提到的与之相伴的仪式、信仰和祭祀，表现为超自然力量的“玛那”[①]，还有“塔布”，及一套与“玛那”相关的

---

① 玛那(mana)一般可理解为“灵力”“神通”，但也有超自然力量赋予人或事物的“威望”和“神圣地位”之意，比如描述酋长具有玛那时就是这个意思。出于对超自然力的敬畏，玛那并不一定都具有正面意义。与之紧密相关的塔布(tabu或tapu)不仅仅是“禁忌”之意。该词最基本的意义应该是因为具有玛那而“神圣”“不可触碰”，并由此衍生出一系列需要忌讳的行为准则。——译注。

宗教禁忌。下面是对这些话题的简短探讨，目的是设立一个平台，以理解欧洲人到来在当地引发的惨痛事件①。

宜岛的一般社会结构基于以世系概念为基础的血缘群，它们是同一对祖先的后代。但是除了世系，每个人在其家庭中的等级是由出生顺序决定的，而每个家庭的等级取决于父母相对于他们的兄弟姐妹的出生顺序。整个家庭和世系的地位同样遵循长子继承制。这意味着，在理论上等级最高的人，即酋长，是创世祖先神祇长子的那条血脉的继承人。该创世祖先家庭次子的子孙自成一支血脉，而这支血脉长子地位低于创世祖先长子血脉中的同辈兄弟。正如我们在第 4 章中所见，如果按照这个规则将所有家族世系排列，就会得到一个金字塔形或圆锥形的结构，它可以恰当地被称为“谱系树”，注意这种血统框架不断分支、再分支的特点②。就像在所有这类继承等级制的社会里，地位越高的贵族家庭越是注重血统。

一个酋长和他的近亲不仅在世袭等级中更尊贵，也更神圣，拥有更多的玛那——从最强大的祖先神祇那里继承的精神力量。几乎一点玛那都没有的人在遇到拥有很多玛那的人时会有危险，因 150/151
此塔布的概念就是限制贵族和平民的接触。这种限制有一个很重要的政治后果，那就是它们制造了“社会距离”，它反过来也保障了敬畏和神秘——神权中权力等级的一个重要特点。

等级地位的不同也包括经济方面。平民生产自己所需的物品，而剩余的战略性物品则供应他们的酋长。酋长不仅依赖这些产品，而且也囤积食物和手工艺品，以定期再分配给民众。因此酋长也管理经济。酋长位于这个系统的中心，对生产和分配都有影

① 这个章节中涉及材料的标准著作包括：Buck 1938、Ellis 1835、Goldman 1970、Oliver 1951、Sahlins 1958 和 Williamson 1924。

② “等级世系”(ranked lineage)或“地位世系”(status lineage)(Goldman 1970, 421)也是适当的概念，要求注意该组织的等级特征。

响。也就是说，他可以对未来进行规划，筹备军事远征，决定这里扩展而那里消减，他还能够在一定限度内说服而非强迫民众多干活。在某种程度上，他能刺激生产，并且最后能够得到更多的物品用于再分配——于是他的政治权力更加稳固。

有了这样的经济基础，一个酋长可以补贴手工业生产，为重要的访客提供娱乐，建造庙宇，资助仪式，发动军事征战，维持自己考究的生活方式。后者的赋税功能是政治统治限制挥霍的一个方面。强调统治者与被统治者在消费水平上的不同，能够取得像塔布规矩一样的效果：社会距离不仅以消费方式的差异来体现，也能靠塔布的礼法规矩来达到。

可能有时候波利尼西亚酋邦的权力机构发展得太过头重脚轻，以致民众的赋税过重。夏威夷及其他大型岛屿的传统历史中详述了集权和分权的循环：一会儿四分五裂，也许伴随着武装叛乱；然后又重组成更大的酋邦(Sahlins 1968, 92 - 93)。在这方面，我们应该注意酋邦的一个重要特点：酋邦并不像国家那样诉诸对
151/152 武力的垄断权。一个酋长因其领导地位，通常可望指挥一支由其民众组成的主要武装力量(Sahlins 1968)，而且如果他指挥不了，他很可能会倒台。但他能够待在这个地位是因为这是一个职位——得到了经济、社会以及意识形态上的各种支持，使得他看似稳固无忧。无论如何，造反的想法并非要推翻这个体制，而是想有一个好酋长来代替坏酋长。真正的体制改变来得较晚，是在欧洲人到来之后，这是我们本章下面要讲的话题。

## 夏威夷群岛

这个岛群在前殖民时期包括 8 个有人居住的岛屿。夏威夷岛本身是其中最大的，人口也最多的。其他主要岛屿为毛伊岛

(Maui)、欧胡岛(Oahu)、考艾岛(Kauai)以及莫洛凯岛(Molokai)。根据库克(James Cook)那次探险的估计，当时该岛群的总人口在30万到40万之间。这些岛屿都有土壤肥沃、适于耕种的山谷，灌溉系统分布较广，组织得很好。基本经济作物有芋头、面包果、可可、薯蓣和甘薯；而主要蛋白质来源则是海产品，猪和狗作为补充。

在夏威夷本土，个人的世系等级与基于三个阶层的政治体制相互重合。地位最高的酋长叫“阿利伊”(*ali'i*)，是各岛和重要地区的酋长，他们的近亲充当顾问，担任重要的官僚职位。第二个阶层叫“科奴希提”(*konohiki*)，是由次级酋长以及他们的近亲、行政人员和阿利伊的远亲组成。人数最多的是普通平民，叫“玛卡艾纳纳”(*maka'ainana*)。这些世袭阶层大体为族内通婚，因此他们之间的关系实际上类似于种姓制度。

独立地区(即真正的酋邦)的最高酋长们(阿利伊)，被认为是神祇的直系后裔。出于这个原因，一个酋长担当祭祀这些神祇的祭司责任。也就是说，夏威夷的政治制度不仅是一种种姓制度，也是一种神权体制。另一个遍布酋邦之间的神权手段就是前面提到的阶层之间不同的概念和社会距离，在夏威夷称为塔布。例如，酋长走过的地面会充满玛那，应该避免被地位低下的人踩踏。当某酋长出现，所有在场的人都必须极其谦逊地匍匐在地。有关塔布观念 152/153
的无数细节涉及对冒犯神圣的酋长和他财物的人予以严惩或处死[①]。

大部分耕地都有灌溉系统，而酋长和他们的托管人控制着水的分配，因为从理论上讲，他们控制着这片土地。而在实际上，集体劳力也被他们控制，因为他们有效利用了灌溉，包括清理、维护、扩展某灌溉系统上的人力协调。其他活动，特别是工匠的生产，也由酋长和当地托管人控制和补贴，这种费用从收集来用于再分配

---

① 可以认为在波利尼西亚，酋长所定的律法就是公法，而针对酋长本人的犯罪也就是针对整个社会本身的犯罪(Hogbin 1934, 224－231, 273)。

的储备中支出。

一个酋长能够掌握和控制人力最重要的活动就是战争。从神话传说中反复表现的战争来看，一个好的酋长应当能够壮大其酋邦。这些酋邦在决定酋长继承人的时期特别不稳定，因此是被邻居征服的大好时机。最大的岛屿，即夏威夷岛本身最不稳定，很可能因为它太大，使得一个酋长难以掌控它（Davenport 1969, 3）。

任何政治制度的重要内务之一是它解决争端的能力。在波利尼西亚，大多数私人纠纷，如人际冲突或偷盗，是由集体行为来裁断和惩罚的，然而在情况严重到发生报复与反报复，并成为严重的宿怨时，酋长通常有权进行干预。没有明确证据显示该体制有一个法律仲裁过程。据埃利斯（Ellis）（见 Sahlins 1958, 19）报道，执管行政的阶层在案件裁决中担任类似上诉法院的角色。

内政的另一个关键方面关乎酋长的顺利继位。这个问题在夏威夷不能说已经解决，但却在这个方向上靠着意识形态的手段有了相当大的进步。百姓相信酋长的身世可沿长子承嗣的血脉而追溯到重要的神祇。男女贵族都按这种方式排定等级。为此，酋长的婚姻问题十分关键，以求确立一位地位最高的儿子来继承酋长
153/154 之位。等级最高的儿子应当是最高酋长与他直系家族中第一个出生的胞妹婚配所生。据报告，这是经常发生的事情。这种乱伦的结合也发生在埃及和秘鲁，显然是出于同样的原因。这种婚姻形式实际上是贵族世系中盛行的常见族内婚的极端情况。

总之，夏威夷本土的政治制度体现了典型酋邦的一切要件。该体制为神权型，由一种意识形态凝聚起来，以保证世袭贵族统治的合法性和神圣性，并得到古老的习俗和礼仪规范的支撑。这种体制与早期国家有些反差，虽然早期国家试图用意识形态和习俗进行统治，但仍必须建立一个武力垄断以及管理这种武力的律法机构作为进一步的支持。

**夏威夷国家的兴起**　纵观历史，一个压迫型国家的兴起往往是一个失败酋邦采取的谋略，虽然饱受战争和混乱之苦，但一旦确定了其武力统治的永久性与合法化，它通常具有更大的整合力量，然后作为一个国家，拥有应对各种情况所需的镇压手段。我们回顾的欧洲人接触以后戏剧性崛起的夏威夷国家，显然就是这种情况的佐证。

詹姆斯·库克船长最后的发现是夏威夷岛(他于1778年被夏威夷岛民所杀)。他之前的远航已持续了10年之久。他的航行完善了之前分散的航海图知识，突然为西方世界大举进入太平洋做好了准备。夏威夷群岛因地处美国捕鲸船渔猎和欧美与东方贸易的航线上，可为日益增多的来往船只提供补给，位置特别优越。

被库克船长发现之时，夏威夷岛的最高酋长正在与毛伊岛一决高下。这场战争毫无结果地持续到1782年，以夏威夷岛败北收场。毛伊岛得胜的酋长此前已经吞并了原本独立的欧胡岛和莫洛凯岛酋邦。这很可能是夏威夷群岛有史以来最大的联盟。 154/155

夏威夷岛酋长的一个主要侄子卡麦哈麦哈(Kamehameha)在与毛伊岛酋邦的战争中赢得了很高的声誉，有“无畏战士”之称。在夏威夷岛酋长去世之后，卡麦哈麦哈公开与酋长儿子争夺酋长之位。(原因在此并不要紧，酋长之位的继承情况不明。)该岛上另一个地区宣布独立，夏威夷岛上形成了三个酋邦鼎立的局面。

卡麦哈麦哈的管辖区拥有很好的港湾，因此比他的竞争对手拥有更易与欧洲船只进行贸易之利。1789年后，他已经从欧洲人手中获得了枪支和轻型火炮，1790年他雇佣了两名欧洲水手作为枪手和顾问，以便征服毛伊岛。卡麦哈麦哈通过计谋，于1792年杀死了他在夏威夷岛上的对手，并宣布对毛伊岛和夏威夷岛的政治控制。后来,在英国船只和武器的帮助下,卡麦哈麦哈得以征服了考艾岛以外的所有岛屿。欧胡岛的火奴鲁鲁港(Honolulu)变得日益重要,卡麦哈麦哈实际上垄断了武器的进口。1810 年,考艾岛的最高酋长不战而降,从此夏威夷群岛成为一个统一的军事王国。

卡麦哈麦哈指定他的儿子利霍利霍(Liholiho)(即后来的卡麦哈麦哈二世)为王位继承人,任命他兄弟的长子为监护人和侍奉国家神的最高祭司。后者就是卡麦哈麦哈之前在继位纷争中所任的职位,这再次成为卡麦哈麦哈去世之后由继承权引发分裂的隐患问题。

卡麦哈麦哈在 1819 年突然去世。经过一段时间的让步和协调,利霍利霍正式登上最高酋长的宝座。但是内战的危险还没有消除,此刻派系斗争在另一种因素的鼓动下不断升级,那就是越来越大的欧洲文化影响。这种影响明显体现在军事方面,尤其是欧洲人的军火和建议,但同时普遍存在的文化同化严重侵蚀了当地生活习惯和风俗。在这方面,最严重的影响是在宗教方面,欧洲人
155/156 肆无忌惮地漠视、嘲笑本地的塔布。接受还是反对文化同化的改变,象征性地集中在塔布的问题上。就如在世界其他殖民地,原住民在面临现代化和文化同化的改变时,被两极分化成“进步”与“保守”的态度。这种情况最终成为殖民历史上最戏剧性——根据某些学者来说——也是最令人费解的事件之一。

1819 年,夏威夷群岛新的统治者利霍利霍和他的几个高级官员故意藐视他们古老宗教中最神圣的塔布。这并不是因为他们已经皈依基督教,因为第一批传教士在数月后才到达。紧接着对夏威夷文化基本特征之一令人震惊的冒犯之后,是一系列社会和文化改革,其影响是如此深远和重要,以至于在人类学的历史中被称为“夏威夷文化革命”。

著名人类学家艾尔弗雷德·克罗伯(Alfred L. Kroeber)用这一著名事件来说明他的一个基本理论假设：人们的选择和领导人的计划并不能很好"解释"甚至描述文化变迁之根本原因。他从夏威夷发生的戏剧性政治事件背后，看到了可用从众心理来解释的无意识动机，他觉得这是一个人类学家可以探索的最重要的途径。正如他在1948年所写的(Kroeber 1948, 404)：

> ……主要的原因似乎是一种社会的泄气；夏威夷人对自己的宗教感到幻灭和厌倦。在这个意义上，该事件可以被解释为文化疲劳。

克罗伯接着写道，为了使重要的文化变革合法化(像美国大萧条年代的新政，还有日本天皇1945年突然放弃神权)，就必须要有一种对旧模式的普遍厌倦，以便让这样的突破受到欢迎。

另一方面，对威廉·达文波特(William Davenport)来说，此番冒犯塔布的关键特点是一种**有意为之**的政治行为，而且它是由该合法政府发起的。诚然，动机是政治行为一种常见的特点，而值得注意的是，这也是一种有别于"文化疲劳"或者"文化同化影响"的解释。 156/157

从表面来看，看似矛盾的是，宗教禁忌是最高酋长合法统治和贵族地位的最重要支柱，而率先将其打破的也是统治者和他的幕僚。这好像欧洲中世纪的统治者公开否定国王的神授权力。不管出于什么意图，其直接后果就是激起保守派在守护国家神祇(在古代神权信仰中，此神祇其实就是最高酋长的职位)的名义下联合起来。利霍利霍显然预料到了这点，他迅速武装起自己的军队击败了保守派，又镇压了另一处叛乱。达文波特说："如果这些战斗被认为是神祇力量与火炮威力之间的决斗，那么夏威夷人对孰强孰弱没有任何疑问……"(Davenport 1969, 16)(达文波特的)解释是，利霍利霍的幕僚们（尤其是他的母亲）认为，在其他派系准备充足之前迫使该问题迅速决出胜负才能确保胜利。而且事实发展也确实如此。

达文波特强调了这一系列事件的刻意性和政治预判，其他早期研究夏威夷文化革命的解释忽视了这些因素，因为这种行为看似统治者在损害自己的利益。我认为达文波特的这个观点是正确的，但现在出于本书的目的，我们来看看产生了哪些结构和进化上的特点。

马尔科姆·韦伯（Webb 1965）提出了一个有趣的说法，即夏威夷文化革命基本上是从一个宗教弥漫的酋邦，向一个在运作上较为世俗化的真正国家的转变。韦伯并不是研究波利尼西亚的专家，而他能够看出这场革命在结构上和演化过程上与其他地方的相似转变[①]。（达文波特以赞同态度来援引这个说法，因为它显然与自己的观点并不相左。）然而从政治的权宜性的观点
157/158 来看，一个神权酋邦通常是在动乱状态下变成一个国家的，即使不是全面的内战，这值得一提。有可能的是，通常当武力统治战胜了老的神权保守势力，新的统治者很容易视旧体制下的祭司团体是与专制对立的。“撤销祭司就是增加酋长的权力，尽管神赋等级概念会由此失去意义。”（Davenport 1969，17）我们可以肯定“酋长的权力”此时就是武力，夏威夷接下来的岁月充满了血腥。

现在要将这些想法作为各种可能来展开讨论还为时过早。但是我们立刻会推测，塔希提和汤加发生的事件可能能够提供一些结构上的有趣共性。

---

① 从古典佩滕玛雅的神权体制向尤卡坦“新帝国”国家的转变就是很好的例子。但是只能延后到后面的章节才讨论。

# 塔 希 提

与夏威夷比较，有趣的是传教士在塔希提王国兴起过程中所起的直接影响，而这为夏威夷所不见。此外，两者之间有诸多相似之处。社会群岛大多是宜岛，塔希提是其中最大的，约 56.3 千米(35 英里)长、27.4 千米(17 英里)宽。岛上多山，但山谷和沿海平地非常丰饶，在原住民时期该岛屿能支持大约 10 万人的生计。

塔希提岛的血缘结构的世系形式建立在长子继承制和世系推算的基础之上，与夏威夷的类似。阶级制度也相同："阿利伊"(*ari'i*)是酋长及其直系近亲，构成一个贵族阶层；"拉阿提拉"(*ra'atira*)是次级酋长；大部分人口是平民或"玛纳乎内"(*mahahune*)。基于玛那的塔布系统支撑着酋长的权威。

酋长是再分配的代理人，靠扣留民众的部分剩余产品维持自己的家庭、侍从和工匠(的生活)。但是，据说这不是真正的剥削，因为流入酋长家庭的财物是如此有规则，以至于"除了刚够他自己所用外，很少占有其他剩余产品"(Ellis 1853, vol.3, p.128)。

根据埃利斯(Ellis 1853, vol.3, 93－94)所说，塔希提岛最高酋 158/159
长的权力与夏威夷的最高酋长相当，但他的权力受到次级酋长的制约。与夏威夷一样，酋长通常并不亲自调解或以其他方式干涉其臣民之间的纠纷。像其他地方一样，冒犯酋长会被迅速地严惩。最高酋长与他人之间的巨大社会距离靠这些来维持：保护酋长本人、服饰、居所和其他财产的繁复塔布，以及每当酋长出现在公众面前都会举行的隆重仪式。酋长触碰的所有东西都会被注入玛那，如果一个平民触碰到这些东西，玛那就会被玷污。因此酋长必须由专门的仆从背在肩上，这样他就不会触碰到平民走过的地面。等级之间仪式性的区别维持了酋长的地位，他"被祭司们包围，并

被赋予王权的标志与神性本身……”(Ellis 1853，114)

因此，塔希提本土的政治体制与夏威夷的相同，是彻头彻尾的神权型，而酋长的权威被其宗教的神圣性所加强。没有武力的合法垄断机构，也没有警察系统。还有，和夏威夷相似的是，这种神权制很难长时间管理大量人口，而一个最高酋邦的规模也会兴衰，因为随着时间的推移，那些进贡的小酋邦会从依附变成独立。换句话说，没有一种世俗国家机构能够有力地将一个大型的政治系统凝聚在一起。这些整合手段大体上是靠习俗、礼仪和宗教的意识形态。

葡萄牙航海家奎罗斯(Queirós)可能是第一个抵达社会群岛的欧洲人，但他并没有留下持久的影响甚至是记忆。1767 年沃利斯(Wallis)抵达这里，宣布以大不列颠的名义拥有塔希提岛。不过他在这里只逗留了 5 周。翌年，法国探险家布干维尔(Bougainville)来到这里，也只停留了 13 天。最著名的早期探险家是 1769 年为了观测金星凌日的天文现象抵达这里的詹姆斯·库克船长。

库克船长这次在塔希提岛逗留了 3 个月，之后他又三度返回。他探索了该群岛所有的岛屿，对他们的习俗进行了科学的观察，并
159/160 为英国皇家学会精心做了记录。库克的航行以及他全面的记录和航海图，使得很多波利尼西亚的岛屿成为捕鲸船和商船可以停靠的补给站①。

在 18 世纪剩下的时间里，欧洲人与塔希提居民的接触要比夏威夷发生的情况零星和有限，后者已经成为一个主要的供给站。然而，热情好客的塔希提人仍然没有逃过欧洲水手的蹂躏。最终，它受到了一批热诚的英国福音传道士的关注，他们认为这些纯真

① 其中最有名的是 1778 年在此停留的英国皇家海军邦蒂号(HMS Bounty)，由布莱上尉(Lt. Bligh)指挥。他曾是库克的手下。在塔希提岛待了 5 个月世外桃源般的生活，以至于船员违抗命令拒绝继续航行。

的南洋“野蛮人”需要他们的帮助来克服不信主的失德，还要防止他们因与水手和流浪汉之类的欧洲社会渣滓交往而堕落。1797 年，承载着 39 个伦敦传教会成员（包括 6 个妻子）的达夫号(Duff)抵达塔希提岛。达夫号将这些人以及他们的行李和装备留在海滩上后就离开了。

塔希提岛当时的政治形势有点复杂。一位名叫图(Tu)的年轻酋长几年前与库克船长交好，如今发现自己的威望因为这段关系而大大提升。图既狡黠又现实，当欧洲人到来时力尽地主之谊。他从英国海军邦蒂号的哗变者那里得到了一些毛瑟枪，并自称为珀麻里国王(King Pomare)，他建立了一个摇摇欲坠的王国。它不像是一个政治组织，而像是某种以暴力行事的流氓集团。他对传教士颇为友善，允许他们在岛上安家落户，并让他们在马泰瓦伊湾(Matavai Bay)建造了一座教堂。

塔希提原住民的生活方式已经处于腐败的状态。他们酗酒堕落，深受梅毒和其他疾病之苦，最终对自己失去了信心，许多原住民改信基督教。1803 年，珀麻里（酋长图）去世，他的儿子珀麻里二世发现接纳一个新的国教在政治上有利可图。他于 1812 年受洗，并着手将塔希提变成一个基督教国家。后来他被对手打败，流亡到莫雷阿岛附近的岛屿。但是，他最终聚集起更多的追随者，并 160/161 在 1815 年赢得了最后一战。

珀麻里二世在取得军事胜利之后，强迫众人皈依基督教。本地寺庙和古代神像被毁，不信新教的人被处死。珀麻里建了一座长约 213.3 米（700 英尺）的大教堂，并牢牢掌权。但是代价不菲！库克船长曾估计塔希提岛人口为 10 万，但到 1815 年已经减少到 1 万(Goldman 1970, 172)。原住民文化随宗教被全部废除。

所有的权威人士都同意，塔希提的统一是由欧洲人的势力促成的，与夏威夷岛的不同之处在于，促成塔希提向国家状态的转变是来自传教士提供的宗教刺激，而夏威夷岛的国家早于传教士的到来。大家认为，因为珀麻里不是世袭酋长中地位最高的，不靠对武力赤裸裸的垄断是不可能控制塔希提岛的，而这也正是他击败对手的原因(Goodman 1970, 176)。

## 汤　加

汤加的原住民社会结构与夏威夷和塔希提一样，有三个社会阶层：酋长和他们的直系亲属(*eike*)；为酋长服务的中间层(*matapule*)；占社会大多数的平民(*tua*)。根据传说，汤加诸岛曾有一个最高酋长，称为"忒·汤加"(*tuitonga*)，他的世系是由天神汤加罗阿(Tangaroa)所建。很有可能一个单一世系的最高酋长曾将汤加诸岛作为一个统一的酋邦进行统治，其总人口只有两万到两万五(Oliver 1951, 130)。

据说，该最高酋长的世系统治大约在1 000年前就开始了。在15世纪，该世系的一支旁系首领被赋予掌管世俗行政(的权力)，而忒·汤加只保留精神领袖的作用。当时，谱系中的第三支旁系被赋予了世俗权力，并且造就了一个比其他两个王国在治国能力
161/162 上更强大的朝代。前面在夏威夷部分已经提到，波利尼西亚的神权酋邦已经准备将世俗和宗教权力分开。有趣的是，与此故事有关的汤加传统也特别提到这样的动机，即忒·汤加重组了政治权力，以便把自己的权力与有可能推翻他的任何世俗暴力分开。(可与夏威夷"文化革命"的政治动机做比较。)

汤加的分层程度、酋长权力，以及权力的集中和管理可与夏威夷主岛上的一位最高酋长比肩。就像在夏威夷，再分配和手工业生产由官僚机构控制，同样也有收集与分配财物的重大仪式活动(尤其是第一次收获)。(在夏威夷，灌溉受官僚控制，但汤加则不

是。但是，因为汤加的政治结构与夏威夷相似[Sahlin 1958, 23]，所以有了这样的推测，即大部分人类学教科书对水源控制的政治意义有夸大之嫌。)

保护忒·汤加的塔布和禁止奢侈的规定也与夏威夷相同。酋长调解纷争的权力存在矛盾或令人费解的证据，也许因为与夏威夷和塔希提一样，即酋长能够介入任何与他有关的纷争，但是日常纷争则是由当事人的族人来解决——这是原始社会中普遍采用的方法。

忒·汤加就像在夏威夷和塔希提一样，被有关他神性的大量塔布所包围。他是最"神圣"的，是世袭的最高祭司，地位无人能及。从这个意义上讲，汤加似乎在很长一段时间内都保持着统一和稳定。但问题是，这是否能表明汤加是一个真正的早期国家呢？忒·汤加实际上并不进行管理和裁决，似乎他也没有战争或和平的决策权，甚至财物的收集和再分配的权利也是在世俗管理者手中。而且，与夏威夷和塔希提岛相比，汤加的人口如此之少，以至于政治统一的问题不那么重要。也许可以把忒·汤加说成是一个大型神权酋邦的最高神圣祭司，而不是一个很小国家的首领。

这些岛屿以前已被几个早期探险家拜访，但是汤加人第一次 162/163
与欧洲人的接触是在库克船长 1773 年的首次短暂停留，然后是在 4 年以后。自此，这些岛屿便陷入政治动荡，但库克对此一无所知，他将这些岛屿称为友好群岛(Goldman 1970, 281)。伦敦传道会的成员 1797 年来到这里，试图减少动乱。最终，随着更多欧洲人的到来，汤加在 1845 年建立了欧洲式的真正君主制。

## "无 形 之 手"

本章讨论的三个群岛中，夏威夷群岛看来在向国家化政治发展中达到的程度较高。虽然成为真正的国家多少还有赖于欧洲人的到来，不过，正如高德曼（Goodman 1970，200）所言："在夏威夷建立新的社会秩序过程中，欧洲人所起的作用有夸大之嫌，他们只不过是催化剂而已。"因此，在早期国家起源的研究中，夏威夷的案例要比塔希提和汤加更具启发性。

但实际上，这三个案例因其相似性应该放在一起讨论，因此夏威夷的例子可以被看作是一般性政治进程的典型案例的历史，而不是一个独一无二、不可预测的历史孤例。夏威夷文化革命最有趣的一点，就是最终建立了全面的国家霸权，这些政治行为是我们要从哲学上和方法论上解释的问题。这是伟人（或其母亲）政治技巧的独特表现呢，抑或可以被视为文化或社会结构的果报（cause-and-effect）这双"无形之手"不可避免的结果？大多数学者将这件事看作是一场个人的、令人费解和绝无仅有的闹剧。克罗伯是第一个从较客观和非个人动机的立场，即"文化疲劳"概念来解释这个事件的人。但这个概念过于累赘。达文波特对此事件的解释较为具体和细致，所以他的阐释也比较可信。他所强调的是成功政治家的理性思考和高超手腕。

163/164 这引起了另一个"伟人与无形之手"争议的问题。刻意性或目的论在历史上是一个常见的因素，尤其是涉及政治事件时。如果这可以很好解释夏威夷文化革命的话，那么是否果报的解释就站不住脚了？这个悖论是否像经久不衰的自由意志与决定论的争论？从达文波特认可韦伯的阐释这一点看来，他并不这么认为；韦伯认为，这场革命可以被看作是一个酋邦演化过程中牵涉到的普遍而正常的世俗化过程的一种表现。我们应当同意和欣然接受达文波特对具体发生情况（包括当事人的脑子里很可能想些什么）的独到和细致的见解，但从本书较为一般的目的出发，我们也应该欣然接受详细掌握社会条件在左右当事人投机和制约上的一般性作用。

酋邦就像任何其他等级社会，在权力转移的时候特别脆弱。波利尼西亚人用来控制继位过程不发生混乱的办法是长子继承制和近亲通婚。酋长位子的继承，其问题是要确保被认为与老酋长拥有同样玛那和魅力的人是正规的继承人——此人尽可能是现任酋长正妻的长子。

不过，实际的继位过程极其复杂。其原因不在于长子继承制的执行不力，而出于神权分治的倾向，即等级制两分的性质造成分权，神圣与世俗，或祭司和行政。在一个夏威夷这样的日趋扩张和复杂的酋邦中，军事管理方面开始增强政治权力——就像在夏威夷文化大革命中所有力证明的。当然这不是贬低利霍利霍的煽动能力，甚至也不否认存在“文化疲劳”的可能性。但是，这些因素必须从过程的背景来观察——特别是压力和张力——这些看来无处不在困扰着成长中的酋邦。

# 第三编
# 古 代 文 明

# 10

# 中美洲的文明起源

现代人类学家用中美洲一词指称这样一片复杂的地理区域，164/166
那里发现了好几个参与本土文明发展的美洲印第安社会案例。该区域包括墨西哥中南部高地和低地、危地马拉、萨尔瓦多低地、英属洪都拉斯，以及洪都拉斯西部地区的一部分。各地的地理情况差异极大，结果相应的文化适应多样性也极大。一方面，干旱的高地采用强化农业（灌溉、引水和梯田），聚集了密集的人口；另一方面，低地降雨量较为丰沛，农业较为粗放，人口也比较分散。这两类最典型的例子是墨西哥河谷的高地城市国家（现墨西哥城所在地），和尤卡坦（Yucatan）讲玛雅语居民的低地及危地马拉佩滕的周边地区。

考古资料显示，墨西哥有很长一段时期是一种狩猎采集经济，166/167
社群由小游群组成，广泛散布在土地上。墨西哥栽培的规模很小，从基本依赖狩猎采集向农业的转变非常缓慢。根据麦克尼什（MacNeish 1964）在特瓦坎（Tehuacán）河谷的工作，农业始于约公元前 7200 年，直到约公元前 2500 年（普荣时期[Purrón Phase]）农作物才占人们食谱的 70%。大约在这个时候，特瓦坎河谷出现了陶器，意味着定居村落的出现，这进而表明对农业的依赖加重。大约此时，许多重要的墨西哥作物已经栽培，包括玉米、豆类、西葫芦和南瓜、鳄梨、番椒、棉花、烟草、番茄及仙人掌（主要是仙人掌嫩茎和龙舌兰）。

桑德斯和普莱斯（Sanders and Price 1968，24－25）用普荣时

**表 1　中美洲的阶段与时期**

| 作为整体的中美洲 | | | 墨西哥湾中部沿海 | 墨西哥湾南部 | 中央高原 | 瓦哈卡 | 危地马拉高地-沿海 | 玛雅低地 | |
|---|---|---|---|---|---|---|---|---|---|
| 后古典期 | 晚期 | 1600 | 坎波拉 | 孙库奥特拉 | 阿兹特克 | 蒙特阿尔班Ⅴ | 奇瑙特拉 | 玛雅潘 | |
| | | 1200 | | | | | | | |
| | 早期 | | 塔欣Ⅲ | 塞罗·德拉斯梅萨斯晚期 | 托尔特克（马扎潘） | 蒙特阿尔班Ⅳ | 托希尔 | 奇琴托尔特克 | |
| 古典期 | 晚期 | 900 | 塔欣Ⅱ | | 科约特拉特尔科 | 蒙特阿尔班Ⅲb | 潘普络纳阿马特勒 | 特佩乌 | |
| | | 600 | | 特雷斯·萨波特斯晚期 | 梅特佩克（特奥蒂瓦坎） | | 埃斯佩拉萨 | 萨科尔 | 文明 |
| | 早期 | | 雷蒙加达晚期Ⅱ | | 霍拉潘（特奥蒂瓦坎） | 蒙特阿尔班Ⅲa | 奥罗拉 | | |
| | | | | | 特拉米米罗帕（特奥蒂瓦坎） | | | | |
| | | 300 | | | 米考特Ⅱ（特奥蒂瓦坎） | 蒙特阿尔班Ⅱ | 圣塔克拉拉 | 奇卡纳尔 | |
| 前古典期末 | | 公元前后 | 雷蒙加达晚期Ⅰ | 特雷斯·萨波特斯中期 | 扎库尔Ⅱ | | 阿雷纳尔 | | |
| | | | | | 帕特拉契克 | | | | |
| 形成期 | 晚期 | | | | 奇马尔瓦坎 | 蒙特阿尔班Ⅰ | 米拉弗洛雷斯 | | 酋邦 |
| | | | | | | | 普罗维登西亚 | 马蒙 | |
| | | 前600 | 雷蒙加达早期 | 拉文塔 | 特拉科曼 | | 马哈达斯 | | |
| | 中期 | | | | 特拉提科阿马库扎克 | ? | 拉斯查卡斯 | | 部落 |
| | | | 达碧兹 | | | | | | |
| | | | | 拉文塔复杂化前A | 萨卡腾科早期 | | 阿雷法罗奥克斯 | | |
| | | | ? | | | | | | |
| | | 前1500 | | 圣洛伦佐 | | | | | |
| | 早期 | | | ? | 科特佩 | | | | |
| | | 前2500 | | | 普荣 | | | | |
| 古代期 | | | | | 阿贝哈斯 | | | | |
| | | | | | 科斯卡特兰 | | | | |
| | | | | | 埃尔列戈 | | | | |
| 早期狩猎采集者 | | 前7200 | | | 特佩斯潘-伊克斯塔潘 | | | | |

承蒙兰登书屋（Random House）的许可，本表采自《中美洲：一个文明的演进》（*Mesoamerica: The Evolution of a Civilization* 1968, by W.T. Sanders and B.I. Price）

期(前2500)标志形成期(Formative stage)的开始——大部分重要的文化发明发生在这个时代,而这又与定居农业村落的持续发展和扩张相关。他们视形成期止于各地高潮迭起的所谓古典期的发展:中部高原的特奥蒂瓦坎、瓦哈卡古典期萨波特克(Zapotec)的蒙特阿尔班(Monte Albán),还有以韦拉克鲁斯(Veracruz)的塔欣(Tajin)、危地马拉佩滕的蒂卡尔(Tikal)和其他地点为典型代表的低地。对于特奥蒂瓦坎而言可能的时间在公元前后,对于塔欣而言要到公元600年。形成期最重要的发展是农业日益精耕细作、人口持续增长(表现在考古遗址的数量及规模的增加上),还有就是从简单小村落向分层社会和国家的转变(Sanders and Price 1968, 29)。其他专家在术语和断代的某些方面存在歧见,尤其是科(Coe 1962),但在复杂化演进的基本观点上是一致的,并对这些地区从形成期向古典期过渡的先后序列也有共识(见表1)。它们将在下面依次讨论。

## 特奥蒂瓦坎

(约公元前后～800)

特奥蒂瓦坎河谷是巨大的墨西哥河谷的一条支谷,位于墨西哥城东北大约40.2千米(25英里)处。古典期的特奥蒂瓦坎考古
遗址无疑是中美洲最大且最重要的城市中心。桑德斯认为特奥蒂 167/169
瓦坎河谷的人口多达15万[①]。城市中心本身逐渐扩张到占地约8平方千米(2千英亩)。庞大人口及某种政治控制的最有力证据是巨大的太阳和月亮金字塔、羽蛇神庙,以及许多大型的公共及宗教建筑。无疑,特奥蒂瓦坎在形成期比它的邻居发展得更快,并能

---

① 1973年的个人交流。

够支配它们，简言之，它无疑是中美洲第一个真正的城市文明，除非瓦哈卡的蒙特阿尔班也够格（Sanders and Price 1968，140）。不管怎么说，特奥蒂瓦坎的发展显然是最早的，没有受任何邻近文化的影响。

根据前文所见的城市密度与政治发展之间的关系，我们可以想见，特奥蒂瓦坎的支配力量已经达到了一个真正帝国的水平。伯纳尔（Bernal 1967，98）在一份证据的概述中指出，除了特奥蒂瓦坎之外，墨西哥河谷古典期的所有地点都不过是小镇和村落。这表明了该城市中心的绝对支配权。但是，该强权在墨西哥河谷之外扩展多远当然很难确定。后面会援引一些关于帝国问题的证据和专业意见。

墨西哥河谷所在的巨大盆地是中美洲主导的文化霸权之地，因为第一个城市中心就在那里兴起。在墨西哥，这一地区的主导地位一直贯穿整个殖民时期和现代。因此，很自然在此展开了大量的考古工作。从本世纪初到中叶[①]，考古学家主要关注陶器分析、年表和遗址描述。在1950年代，更广的研究兴趣开始成为主流，包括在一种生态进化理论框架里的以问题为导向的区域调查和试掘[②]。到1960年代这个趋势更加明显。

169/170 由于该地区十分干燥，因此人口的增长与水源控制农业的发展（即旱地灌溉和沼泽排水，最终是围湖造田的垦殖）有关，还与物产广泛的水路运输有关。估计后者非常重要，因为中美洲缺乏畜力运输。因此，就人口密度而言，该盆地的地理特征，尤其是湖泊

---

① 指20世纪。——译注。

② 阿尔米拉斯（Armillas 1951）和桑德斯（Sanders 1956）的阐释性综述可能是这些广泛研究的最早的催化剂。自1960年起，出现了大量的合作研究：桑德斯在特奥蒂瓦坎河谷的区域性调查和发掘，米隆在特奥蒂瓦坎城市中心的细致调查（Drewitt 1966；Millon 1964，1966，1967；Spence 1968），帕森斯在德斯科科（Texcoco）和查尔科（Chalco）地区的调查（Parsons 1968b，1969，1970，1971），以及洛伦佐的一些较为重要的跨学科研究（Lorenzo 1968）。

与河流，意味着必须运用大规模劳力合作来扩大农业基础。不过一旦劳力扩充，土地的高产和对水的控制与单靠降雨和洪水的早期阶段相比，就不可同日而语了。

在城市兴起前的一千年中，特奥蒂瓦坎河谷中的定居农人采用的是一种依赖自然降雨的农耕方式，包括刀耕火种的栽培[①]。该时期的聚落形态反映了一种部落形式的结构。约公元前 300 年，人口大幅增长，形成了一系列的小酋邦。根据桑德斯和普莱斯的研究[②]：

> 在公元前 300 年到公元前后，生态系统发生了几个重要的变化：人口可能每代人翻番；聚落移到了冲积平原。到此时期末，至少有一半人口集中到了一个巨大的、不断扩张的中心，即古典期的城址。米隆（Millon 1964）觉得，这时候特奥蒂瓦坎已经是一个城市了，到处是建筑活动。大约到公元时代，至少在河谷内实现了统一，面积大约 500 平方千米。特奥蒂瓦坎后续的历史不 170/171
> 过是这个集聚中心规模的扩张、中心人口密度的增长和社会经济的分化，还有其政治影响力范围的扩大。到米考特力阶段（Miccaotli phase），特奥蒂瓦坎肯定已经具备了一个城市的地位，而特奥蒂瓦坎文化已达到文明的地步。墨西哥中部后续的历史只不过是城市文明随着政治经济权力中心变幻的兴衰轮回。

使这个巨大城市得以建立的生计和人口基础，很可能要仰仗一套灌溉系统。桑德斯发现的特奥蒂瓦坎河谷项目的间接证据表

---

① 刀耕火种是采用毁林烧荒形成的一种非永久性耕地。

② 桑德斯曾多年担任特奥蒂瓦坎河谷项目的负责人，并积累了有关聚落形态方面的大量材料（Sanders 1968，140 - 141）。普莱斯（Price 1971）极好地概述了灌溉系统。

明，在古典期初，河谷下游（是片冲积平原）用泉水灌溉；河谷中游显然通过控制洪水。山坡上可能也筑有梯田，用洪水灌溉。

当然，水源控制对农业意义重大，这点是如此明显，以至于无须在此详述。这种控制的结果是稳定和日增的粮食供应，这必须被视为“欲擒故纵”，也即一种诱导因素，这样说的理由是，如果没有密集的人口，城市就无法维持。但是它是城市出现的原因吗？而且它是否造就了一种官僚控制机构？由于围绕着这种可能的关系满是争议和猜测，看来还是等讨论了中美洲其他地区之后，推迟到本章结尾，再来讨论它在中美洲文明兴起中所扮演的角色比较合适。目前我们有充分的理由指出，特奥蒂瓦坎城市地位的兴起似乎与系统的水源控制的发展相伴。

有人常说，在文明的发展过程中，城市化是一个必要的组成部分，即城市和文明互为表里。虽然我们现在无须解决这个问题，但因柴尔德（Childe 1950）、亚当斯（Adams 1966），以及很多其他人确信这点，我们最好先讨论一下城市化兴起及文明本身起源所涉及的各种因素[①]。

桑德斯（Sanders 1956）曾强调，墨西哥中部高地拥有无数环境
171/172 区和较小的生态位（niche），其土壤类型、降雨量、灌溉方式（泉水、防洪梯田、洼地水渠、排水沟等）、海拔、森林（提供木材和猎物）、湖泊（提供盐和鱼类）和分散的矿藏（黑曜石、玄武岩和石灰石）差异极大。这样一批“共生区”通常会参与各类物产的交换；当这种交换成为惯例，区域专门化就会得到发展。专门化的一个重要结果就是生产效率的提高，这进而有助于供养更多、更密集的人口。

专门化也会有一种重要的社会或政治结果。就如弗兰纳利和

---

① 城市化的特奥蒂瓦坎河谷大约在公元 400～500 年人口达到了 85 000（Parsons 1968b，875）；或据桑德斯和普莱斯为 100 000 人（Sanders and Price 1968，149）。

科(Flannery and Coe 1966)所指出的，在这样复杂的环境里，村落之间互惠交换并不比一种再分配的合作系统更有效。由于互惠的滞后，使得再分配得到生产者的计划与默许很有必要。也就是说，一个种植玉米和需要黑曜石的村子，未必需要寻找一个需要玉米并产黑曜石的群体进行直接的对等互换。其实，它可以在收获季节将其经常剩余的玉米送到再分配中心，并根据自己需要换取其他东西。但要让再分配行之有效，就需要一个协调中心，即一个再分配者，或是一个能够有计划进行公平分配的“权威”。就如我们在前面民族学中的酋邦资料中所见，这种再分配系统是这种权力结构的经济交换方面。其积极的回报很明显：权威中心越是集中和组织得越好，再分配和相关的专门化就运转得越好；再分配运转得越好，权威中心也就越发必要，且效益越好。两者以一种相得益彰的态势沿着文明大步前进。

随着该系统的改善，权威的地位也得到加强，从而能进一步扩大其(影响)范围。这似乎在增强该中心补贴专职工匠和公共劳力上特别明显，因而在艺术品和巨大纪念建筑上如此明显，以致成为各早期文明兴起的特点。

就如我们从民族学上所见，再分配与树杈状的栖居结构形态紧密相伴，而根据桑德斯和普莱斯(Sanders and Price 1968，155 - 172/173
157)分析的证据，这种形态很可能是整个墨西哥盆地的特点。一旦这种集权的形式出现在当地的组织中，它在维持集中的同时，就有可能不断进行扩张和兼并。

再分配及与之相伴的权力中心在一大片区域里也有一种抚慰人心的作用。当人口通过再分配系统不断集中，最后占据了附近所有的农业生态位后，正常的结果就是两项选择：竞争与合作。竞争经常导致战争，它很可能导致一种特殊的合作形式，其中战败方在往昔外来权威的领导下屈从于与他人的合作。这种结果实际上在原始社会里颇为罕见，可能只在酋邦向国家演进的背景中才会发生。

杰弗里·帕森斯在墨西哥河谷的区域调查中提出，特奥蒂瓦坎中心崛起时曾经发生过这种本地的对抗。他说：

> ……我们感到，在形成期末，整个墨西哥河谷有一种高度竞争的状况。这个时期见证了两个规模和实力大致相当的主要中心（特佐尤卡—帕特拉契克时期［Tezoyuca-Patlichique］的特奥蒂瓦坎和奎奎尔科［Cuicuilco］［约前200～公元前后］），以及无数次级中心在不同层次上，为获得战略生产资源和贸易通道相互争斗（Parsons 1971，197－198）。

现在需要提到另一种相当不同的特殊竞争，那就是由劫掠人群迁移所造成的动乱。在墨西哥高地，这种入侵者在神话中被称为奇奇梅克人（Chichimec），他们是来自北方干旱边陲叫作“大奇奇梅克（Great Chichimeca）”的游牧武士。特奥蒂瓦坎实际上毁于公元8世纪，可能就是入侵的结果。图拉（Tula）是托尔特克（Toltec）帝国中心的一个城市国家，在特奥蒂瓦坎文明的北部郊区发展起来，很可能本身也受到了游牧入侵者的支配①。经历了一段对墨西哥大部（南至尤卡坦半岛）实行军事和政治支配的时期之后，图拉遭到了一系列来自北方的入侵，最后于公元12世纪覆亡
173/174 （Sanders and Price 1968，33）。（在后来所谓的“奇奇梅克”入侵者中就有阿兹特克人，到西班牙征服时，他们已经发展成墨西哥高地大部分地区的支配者。）我们很难评估奇奇梅克入侵者传说的历史准确性，但是即便时间和地点都不准确，看来这样的入侵很可能发

① 托尔特克帝国（约5世纪末～12世纪初）在特奥蒂瓦坎衰落后逐渐达到鼎盛，一直与奇奇梅克有武力冲突。——译注。

生过，毕竟这类传说是如此家喻户晓，不可能还有其他的说法。无论如何，他们是利用现有国家结构的落后边民。我们将在后面章节看到更多此类现象。

如果桑德斯和普莱斯的材料和分析是正确的，那么特奥蒂瓦坎的文明起源涵盖了上面的所有特点①。现在让我们简要讨论一下中美洲其他几个主要的文明中心。

## 瓦哈卡河谷

（约公元前后～900）

瓦哈卡河谷的考古材料显示了一段跨越形成期和古典期的过程，直到西班牙人的征服。虽然瓦哈卡河谷的发展在墨西哥高地颇为典型，并与特奥蒂瓦坎使用一样的历法、象形文字，呈现许多一致的艺术风格，但是它的适应情况和方式在许多重要方面还是有别于特奥蒂瓦坎。瓦哈卡河谷最重要和发掘最为充分的就是作为贵族仪式中心的蒙特阿尔班遗址。

瓦哈卡河谷位于墨西哥南部高地，是如今瓦哈卡城的所在地。谷底平均海拔约 1 524 米（5 000 英尺），这里属半干旱气候，降雨主要集中在夏季。谷底是一个相当平坦的冲积平原，基本没有水土流失的情况。河谷内是一种精耕细作的农业系统，村庄有一些小规模的控水，但并没有一种整合的灌渠系统②。

瓦哈卡河谷没有大规模的水渠灌溉，这里的溪流和地表径流只能灌溉很小的面积。但是，由于地下水位出 174/175

① 时至今日尚无对该论文的批评。

② 我们很幸运，1966 年在瓦哈卡展开的密集跨学科调查为我们提供了有关灌溉系统、人口及政治发展的重要材料。下面几页中的材料来自肯特·弗兰纳利等人（Flannery 1971）的著作。布兰顿（Blanton 1973）提供了聚落形态新的补充材料。

> 乎寻常地高，所以广泛采用浅井灌溉。这种技术并不费力，个体家庭就能操作，且至少可以追溯到公元前700年或可能更早。(Flannery *et al*. 1971, 169)

这种“陶罐灌溉”是在农田里挖出一系列浅井，用大陶罐从井中汲水，手工浇灌每棵植物。这当然颇费劳力，但也很高产。在此精耕细作的园圃区之外，山麓上部地区形成了小规模灌渠系统，但是范围相对较小。其他地区是旱地耕种，并伴以周期性休耕。由于河谷被群山环绕，河谷内各地区的降雨量不同。最终，大部分地形的生态位都被用于粮食生产。这些农耕区可能是“共生的”，于是可参与再分配系统，随之出现的专门化很可能在一种整体基础上大大提高了生产力。

弗兰纳利等(Flanncry *et al*. 1971, 159, 176)觉得，蒙特阿尔班在古典期之前的社会结构属于酋邦类型。当然，这种感觉并不完全令人信服，但是它是根据等级差别(特别是神权酋长的墓葬)、再分配、贸易、纪念建筑和专职艺术家和工匠的证据得出的。

如上所述，大约公元前后，中部高地的文明特征在蒙特阿尔班发展起来。它的古典期不但与特奥蒂瓦坎差不多同时开始，而且不知什么原因，两个中心的消亡也几乎同时。科(Coe 1962, 127)说道：

> ……到大约公元10世纪的蒙特阿尔班ⅢB期，所有居民弃蒙特阿尔班而去，瓦哈卡河谷的其他文明中心都逐渐沦为废墟。后来的人群，如米斯特克人(Mixtec)把萨波特克人的旧址看作圣地，用作他们的墓地……这也许是试图在他们和统治了一千多年的当地王朝之间建立某种连续性。

我没有发现当时存在灾难或蛮族入侵的情况。但由于在公元8～

10 世纪这一相同的短暂时段内，其他地方发生过与游牧入侵者的冲突，看来蒙特阿尔班的废弃很可能与战争有关。但是，没有证据 175/176
表明，该文明的起源与较早的入侵有关；而事实上我们甚至无法确定蒙特阿尔班是一个与特奥蒂瓦坎那种真正帝国类似的产物①。

## 卡米纳留尤

（约 600～?）

这座位于危地马拉市郊区城市的重要性在于它的悠久历史。该地区从形成期开始到古典期晚期一直有人居住。它是高地唯一被发掘的真正玛雅城址，代表了一座城市和水利发展很可能早于并影响到基于刀耕火种园圃农业的低地非城市的玛雅公共中心。

这并不意味着卡米纳留尤本身是帝国的一处初级中心。有强烈的迹象显示，当地的雕塑、绘画以及建筑风格受到了特奥蒂瓦坎的影响（Thompson 1954，74）。根据桑德斯和普莱斯的研究（Sanders and Price 1968，166），后一点意义特别重要：

> 强调建筑的传播作为国家扩张证据的理由是显而易见的：当地人群可能购买可携带的舶来品作为家居用品甚至用于死者的陪葬，但是（特别是在当地具有高度成熟的宗教系统的社会）这个人群未必会自愿出力，来建造用来供奉外来神祇的纪念性公共建筑。因此，在本地文化序列中大规模引入外来风格的仪式建筑，证明了外来势力对当地人群的剩余劳力已经有了稳定的控制。

① 理查德·布兰顿（Blanton 1973）最近对蒙特阿尔班的研究揭示了一堵防御墙、一处蓄水池和邻近的一片灌溉系统，他认为，这表明河谷中几个主要中心之间存在竞争，以及该城设法防卫食物与水的自给。他还提到了乔伊斯·马库斯所作的雕刻石头纪念建筑的持续研究，马库斯发现蒙特阿尔班Ⅲ期当地形制被另一种形制所替代（以及一些描绘征服的场景），表明可能存在一个蒙特阿尔班帝国。

这两位学者(Sanders and Price 1968, 168－169)声称,卡米纳留尤代表了来自中部高原(包括某种军事力量)的一处殖民地。该
176/177 危地马拉遗址对于控制通向太平洋的沿海低地具有非同一般的战略性位置,因为可可非常值钱。这种形态在后来阿兹特克对可可贸易的控制上有很好的论证。阿兹特克人很可能简单沿用了先前始于特奥蒂瓦坎的安排。不管怎样,这是高地对至少部分低地实行主导的证据。我们下面在讨论低地时,必须考虑低地无城市政体,鉴于它们在创新影响力之外,是次级(或实际上也许是三级)中心的可能性。

## 低　地

低地是否曾经发展出一种原始或原生文明,还存在有较大的分歧。在这些低地还未见有真正的城市中心,也未见有高地特有的各种控水和梯田形式,也未见有导致经济共生高度发展的专门化农业区。桑德斯和普莱斯相信,总体来说新大陆的政治结构、文明以及城市化的起源和发展,在功能上都与干旱环境中的灌溉农业有关(Sanders and Price 1968, 202－210 及其他论著)。

迈克尔·科不以为然。他断言,从形成期到征服期,中美洲的“基本”形态是“贵族中心”,集中了建筑、纪念性的艺术和宗教工程,是统治和祭司阶层的居住区;而大多数民众,即从事刀耕火种的农人,则住在分散的村落和寨子里。当然,这是低地的形态。而且科相信,中美洲文明实际上始于低地并从那里扩散开去。特别值得一提的是,最早和最初的源头是墨西哥湾沿海韦拉克鲁斯南部和塔巴斯科(Tabasco)的奥尔梅克文明(Coe 1963, 83)。米格尔·考瓦路比亚斯(Covarrubias 1946, 80)在1946年也如此认为,而且据詹姆斯·福特(Ford 1969, 15)所言:“大多数研究者都同意,奥尔梅克文化是后来高度文化发展的主要鼻祖。”

**奥尔梅克文化(前1500～前800)** 许多奥尔梅克器物和艺术品都是真正独特的和专门的手工艺品；其主要的遗址也给出了很早的放射性碳年代(Ford 1969，15)。最重要的奥尔梅克遗址是拉 177/178
文塔(La Venta)，鼎盛期在公元前1200年到前800年之间(Ford 1969，188)；于是，该文化的主体在形成时期中段。

> 没有任何疑问，后来所有的中美洲文明，无论是墨西哥还是玛雅，都全面建立在奥尔梅克文化的基础之上。(Coe 1962，84)

现在我们可能有一些语义学上的麻烦，特别是“文明”一词的含义。桑德斯和普莱斯将它与国家的发展联系在一起，同时也承认很难从考古证据可靠推断酋邦与国家之间政治和社会的根本区别(Sanders and Price 1968，54－57)。但是很多人，尤其是中美洲考古学家，将文明仅和少数标志物的出现相联系，比如精致的艺术风格、特种建筑，或者文字和历法。确实，所有这些特点在全世界发达的古代文明中都有所见，十分典型。但是，它们难道只见于真正的国家或帝国之中，抑或它们至少有个别会出现在国家之前？我们从民族学中知道，它们也见于前国家社会——酋邦之中。美国东南部的一些酋邦有各种纪念建筑；美国西北海岸的印第安人有高度特化的雕刻艺术；普韦布洛(Pueblo)印第安人有一种历法；波利尼西亚人的历法和天文学、雕刻、纪念建筑等都极为出色。所有这些例子都证明，这些酋邦具有了资助专职人员及控制某种数量的公共劳力的能力。

桑德斯和普莱斯(Sanders and Price 1968)的看法，原则上与我自己较早的定义一致(Service 1962)，酋邦与完全文明之间的区别显然是上述特点一种程度上的差别(数量、大小、精美程度)；其本质的区别在于社会政治结构的合法压迫方面。桑德斯和普莱斯视这个方面为真正国家的标志，它使得更大密度和更多的人口、更好和更强的军事力量、种类更多的专门化物产成为可能。在本章后面，我们将看看这种观点的反证，即国家是这些文化发展的必要条件。

178/179 看来，奥尔梅克文化可以被称为是一种文明，是因为有的学者将一种“复杂”或“精湛”的艺术风格与“文明”相提并论。科(Coe 1962, 84)说：“奥尔梅克文明的标志就是艺术风格。”其艺术风格基本体现在石刻艺术上，从巨大的头像石雕、石碑和祭坛，到玉石小雕像和坠饰。奥尔梅克风格非常独特，以著名的“娃娃脸”和美洲豹母题为特色。在评估奥尔梅克的权力和优势时，如何解释某些独特的奥尔梅克风格及母题在后来的广泛分布：这是由于奥尔梅克宗教崇拜的传播？贸易？抑或是模仿？除非我们能够知道所有这三个方面是某种艺术风格要素广泛传播的基本原因，否则就无法回答这个问题。因此，这种分布的简单事实无法被看作是导致这些要素传播的奥尔梅克“霸权”或“帝国”的有力证据[1]。

就公共(或“贵族”)的纪念中心而言，最大的就是拉文塔这个中心，还有最近发掘的位于特雷斯·萨波特斯(Tres Zapotes)和圣洛伦佐(San Lorenzo)的较小的其他中心。这些遗址的发掘、地表采集以及试掘采样表明，在形成期中段，奥尔梅克居住面积不大，大约长 201.1 千米(125 英里)，宽 80.5 千米(50 英里)(Coe 1962, 86)。这些遗址的祭祀中心或公共建筑是黏土结构的金字塔、广场、墓葬和土墩。最大的纪念性建筑是拉文塔的金字塔，底部为 73×128 米(240×420 英尺)，高 33.5 米(110 英尺)。它是该时期最大的建筑，但是要比特奥蒂瓦坎的太阳金字塔(底部为 210×210 米[689×689 英尺]，高 64 米[210 英尺])小得多。正如桑德斯和普莱斯所承认的，虽然他们不认为奥尔梅克文化是国家，但“这

---

① 肯特·弗兰纳利(Flannery 1968)中肯地声称，这种艺术风格可能在重要的经济贸易中相伴共生。

三处奥尔梅克中心的规模和复杂性意味着这里存在一个组织良好的社会系统，拥有某些专业行政人员与工匠”（Sanders and Price 1968, 28）。但是，在他们看来（根据民族学证据，我也同意），专业人员既是国家也是酋邦的标志。

在奥尔梅克的讨论中，特别是所谓奥尔梅克器物和母题的分 179/180
布，桑德斯和普莱斯总结道（Sanders and Price 1968, 122）：

> 考古证据表明，在形成期中段，墨西哥湾南部沿海（奥尔梅克）的酋邦要比中美洲其他地区拥有更多的人口，并建造了更多的大型公共中心。但是，即使是这个总结仍值得推敲：恰帕斯—危地马拉沿海（Chiapas-Guatemala Coast），或蒙特阿尔班和卡米纳留尤，在形成期中段很可能都有同样壮观的中心；这些中心的发展很可能是完全独立于“热带中心地带”而发展起来的。

无论如何，与干燥的高地相比，奥尔梅克地区形成期的发展很可能要快得多，刀耕火种农业也更高产，而干旱高地水灌农业的较大潜能还尚未实现（Sanders and Price, 134）。罗伯特·海泽（Robert Heizer）（引自 Coe 1962, 88）做过计算，拉文塔的最大中心在内陆地区至少需要 18 000 人的支持人口，因为单是主要金字塔的建造很可能就要花大约 800 000 个工作日（man-days）。如果真是这样，那么拉文塔是一个非常大的酋邦。

但是，我们现在要对这个问题做出裁决还为时过早，因为这有其他的可能。一种重要的看法是，奥尔梅克文化无须因它如此发达的艺术或壮观的纪念性建筑而将其看作国家。“800 000 个工作日”可以指许多天，而非很多人[①]。当然，大型纪念性建筑也与有无

① 从巨大纪念性建筑所作的推测，参见卡普兰（Kaplan, 1963）和伊拉斯谟（Erasmus, 1965）。

建筑材料相关。正如伊拉斯谟所言(Erasmus 1965，279)：

> 玛雅人生活在一大片天然的建筑者背景中——他们的石灰岩半岛——而他们也选择利用这种材料。

完全的文明有可能只发生在中美洲低地的少数地区，且仅发生在古典期晚段，即公元600～900年间(Sanders and Price 1968，142)。同样，这片低地的社会可能不应被视为文明独立起源的例子，因为他们无疑受到了高地帝国的强烈影响。不过，必须对它们进行讨论，特别是因为它们非城市结构的特点以及其他人口上的
180/181 独特之处，也因为它们的农业系统与高地社会如此不同。

**塔欣与蒂卡尔(约前600～公元前后)**　在墨西哥湾中部沿海，塔欣是一大片核心区的主要中心。这显然是低地区可与特奥蒂瓦坎或蒙特阿尔班比肩的最早中心之一。位于危地马拉佩滕的蒂卡尔是玛雅最大的一座城市，是另一个能与塔欣比肩的城市，而且它离特奥蒂瓦坎如此之遥远，因而值得被单独考虑。

塔欣位于韦拉克鲁斯北部的热带雨林中。这个建于公元600年左右的纪念中心有一座宏伟的金字塔。该中心在公元1200年左右被焚毁，可能也是奇奇梅克人大举入侵的结果。从风格上看，这些纪念建筑和艺术显示出来自特奥蒂瓦坎的强烈影响，表明塔欣原来很可能是特奥蒂瓦坎周边政体的一处据点(Coe 1962，119－123)。桑德斯和普莱斯(Sanders and Price 1968，142)也指出，它的全盛期看来发生在古典期晚段，特奥蒂瓦坎崩溃之后留下了权力真空。换言之，最初作为一个卫星政体，当它一旦摆脱了支配，它自己就能够统治一大片低地——不管怎样，这片区域大得足以提供足够的劳力，以建造一处巨大的纪念中心。

蒂卡尔位于危地马拉北部（低地）的佩滕地区，看来是低地玛雅人居住区中最大和最早的区域仪式中心之一①。它在形成期晚段（前600～公元前后）崛起，所以大体上与危地马拉高地的卡米纳留尤同时。

蒂卡尔的巨大宫廷，即祭祀中心，有两座覆有神庙的巨大金字塔；各边还有许多建在平台上的小型神庙金字塔。整个复合建筑包括相邻的台地，伴有居住围宅（像是有等级差异），还有其他金字塔和建筑物（Thompson 1954，3，62－64）。

但是，蒂卡尔不见真正的城市人口聚集。可能是住宅房间的 181/182
建筑，有可能是祭司—寺庙—工匠阶级的居所。根据桑德斯和普莱斯（Sanders and Price 1968，162－166）的看法，蒂卡尔与特奥蒂瓦坎在人口和聚落形态上存在明显的反差。地表勘查显示，那里的人口集中在小村寨中，它们主要分布在夷平的山脊顶部或自然阶地上，没有像特奥蒂瓦坎那样的整体规划②。

哈维兰德（Haviland 1969）估计，65平方千米的核心区的人口为39 000人。而桑德斯将其减少到26 000人（因为平均每个核心家庭5.7人的数字太高）。桑德斯（Sanders 1972，125）估计，这个核心与周边居住区的人口密度是平均每平方千米200人——假定古典期晚段的所有房子同时被人居住——而这，如他所说，这个假设比较可疑。

无论按照哪种估算，蒂卡尔都与“城市”相去甚远。另一方面，如果它所有的人群完全靠自己的刀耕火种农业为生，居住密度显然过高。要么他们由一大片区域内部落的采集品所供养（当然，还有建造公共建筑的劳力），要么那些住宅群在一段时间里没有同时住满。但是，即便公共中心的贵族住宅全部住满，其承载的人口也

① 附近一处较小的遗址瓦夏吞（Uaxactun）拥有年代最早的纪念性建筑，但是无法挑战蒂卡尔的早期城市国家地位。

② 有趣的是，普利斯顿和卡伦达（Puleston and Calendar 1967）讨论过这些小村寨周围可能有中型的土筑防御工事。

只有两到三千[1]。

蒂卡尔是中美洲刀耕火种(低地)农人最大和最集中的中心,然而其规模、人口密度和复杂性都远逊于特奥蒂瓦坎。甚至公共建筑就反映了人口规模的差别。特奥蒂瓦坎单是民用住宅(称为Ciudadela)和市场的占地面积就与蒂卡尔所有建筑的面积相当。如果加上特奥蒂瓦坎的太阳和月亮金字塔,以及它们相伴复合设施,那差别更大!如果玛雅低地的"城市国家"真是国家,他们显然并非城市——正如最大的蒂卡尔例子所证明的。

182/183 那么,如何来解释蒂卡尔?显然危地马拉高地的卡米纳留尤的中间位置是关键。这个城市可能是特奥蒂瓦坎的一处类似殖民地的附庸,而它很可能进而成为一个中心,其影响覆盖一片共生区,包括佩滕的蒂卡尔和其他一些低地酋邦。桑德斯和普莱斯相信——从民族学经验来看也颇为合理——低级、非城市化的刀耕火种农业群体通过成为一个帝国网络的功能性部分,而在结构上发生改变,特别是这能加强业已存在的集中和再分配倾向。新的外来强权可以大大加强当地贵族的地位,并进而使这些贵族接受源自从事灌溉农业的高地文明的统治技巧(Sanders and Price 1968, 204 - 205)[2]。

## 中美洲的城市、国家和文明

特奥蒂瓦坎作为中美洲高地原始文明发展的一个重要遗址的案例,看来已经很好确立。与它差不多同时期的蒙特阿尔班遗址

---

① 但是,顺便说一下这点,我们应该观察,缺乏城市化可能并非基于块根作物的刀耕火种农业内在的缺点,因为这种园艺的产量是非常高的(参见 Garneiro 1961; Bronson 1966)。

② 需要记住的是,特奥蒂瓦坎崩溃后,墨西哥中部出现了权力真空,直到图拉最终继承了特奥蒂瓦坎,成为新的控制中心。有趣的是,特奥蒂瓦坎衰落以后,蒂卡尔有五六十年的时间停止了建筑活动(Sanders and Price 1968, 206)。这和其他许多证据都支持拉什杰(Rathje 1972)的假设,即长途贸易对促进低地集中政体的崛起有重要的作用。

的发展很可能也是原生和独立的，如果不是，那它很有可能受到了奥尔梅克的影响。这两个河谷之间有令人生畏的山脉阻隔，两地之间也有402.3千米(250英里)之遥。但是，这种独立发展的问题就目前来说没有太大的困难，因为瓦哈卡河谷的发展无须我们对特奥蒂瓦坎的总结做出修改。肯定的是，就水源控制方面有一个饶有趣味的生态差别，但这并不影响蒙特阿尔班独立发展的事实：不管国家是否是独立发展的，水源控制形式在功能—生态上的意义是相同的。

其他的高地遗址，如玛雅危地马拉的卡米纳留尤，明显是特奥 183/184
蒂瓦坎帝国的一个殖民地。其意义在于它证明了特奥蒂瓦坎的影响是多么广泛而巨大。同样，它的存在看来还为玛雅低地某些地区(佩滕)的发展提供了一种合理的解释。但是，对于这点，只能被视为一种暂时的判断，因为我们不想让这个有问题的案例影响到后面的总结。

一个主要的问题是与高地和低地的关系，以及与文明起源和扩散中输出者和接受者的问题有关。研究奥尔梅克和玛雅材料的考古学家，至少在过去，倾向于考虑它们——特别是奥尔梅克——是“高级文化”之源。奥尔梅克艺术的高度发展实际上确实早于其他地方，而且从后来类似奥尔梅克艺术母题、历法、文字和建筑的广泛传播来判断，都表明存在一个复杂的、专门化的再分配政府——奥尔梅克的影响很可能是巨大而广泛的。玛雅低地的文化也有很大影响，它的卓越超群为所有艺术史家和考古学家所公认。奥尔梅克和玛雅作为真正的文明完全够格，除了在柴尔德的十项标准中，它们的城市化程度不高，也没有压迫性世俗国家机器的证据。

特奥蒂瓦坎的城市化特征如此明显，与低地大部分较小的“贵族”或仪式中心形成明显的反差，这肯定是由当地的特定因素所造成的，它们与文明发展的问题并无直接关系。桑德斯和普莱斯(Sanders and Price 1968，235－239)在他们重要著作的结论中强调，城市化和国家与文明是不同的问题——这个告诫，我们确实需要留意。

压迫性国家作为文明的一项重要标志显然是一个更困难的问题。桑德斯和普莱斯认可这项标准。主要区别在于质的标准：国家的整合手段大体需要强制性武力。但这些事情从考古学上是看不出来的，至少是在这些案例中，我们需要谨慎，我们谈论某些事是真的，而有些事情只不过是随便说说或是一种猜测而已。有时
184/185 图像中描绘了一些看似暴力的场面，但需要确定，这种暴力看来与献祭的牺牲、战俘和战争场面有关。

前面章节中回顾的民族史记录中的国家起源告诉我们，最重要的是，内部压迫中使用武力大多是在出现继承危机时，反抗“王子”或其他觊觎权力的贵族，而在外交关系中是为了建立或维持一种外来的征服。换言之，没有统治者对自己社会的某个阶级或阶层使用暴力的证据。而且，明显的暴力通常可以被视为内外整合与和平调解机制有效运转的失败表现。

仅从这点上可以暂时判断，像特奥蒂瓦坎和图拉这些重要的高地社会与像奥尔梅克和玛雅低地帝国之间的主要区别，看来与城市化程度、贸易的规模和距离、农业的强度以及整个人口密度的程度相关。诚如桑德斯和普莱斯所强调，当地的生态因素可以用来解释这些差异。但是，除了城市化和压迫性国家控制以外，在所有的文明特征中，低地文化与高地文化至少不分伯仲(高地文化在某些方面确实略胜一筹)。这样看来，我们可以将两者都视为文明。当然，这也意味着，正如我们之前提到的，城市化与国家暴力都不是文明发展的必备要素。

# 11

# 秘鲁的文明起源

秘鲁[1]与中美洲在地理背景、文化适应和发展方面存在如此重 185/186
要的共性，以至于一些考古学家认为两者之间存在一种传播上的
连续性（Strong 1951；Willey 1955；Lathrap 1966；特别是 Ford
1969）。但是，两者之间的显著差异看来也足以对这种看法产生某
些疑虑，特别是当我们试图根据很可能是间接的“接触”来说明社
会政治结构的发展时（Millon 1968，211）。文化的某些方面显然
是通过远程借鉴和贸易所得，但其他方面很有可能是平行发展的，
或是在相同地理和历史条件下的功能性适应。还有一些特质则是
某些特定文化的特色，长期以来甚至没有传播到毗邻地区，也没有 186/187
为适应环境巨变而改变（Service 1971，ch.9）。在本章中，我们要
时刻牢记，墨西哥中部与秘鲁在环境和文化上的差异可能与它们
的共性同样重要。

这两个地区在地理上最重要的相似之处，在于两者挨得很近，但环境差异极大。安第斯山脉非常高耸且陡峭，从海平面附近一下子攀升到极高的高度。在相对较短的距离内见有沙漠、复杂的河系和高耸的山谷，动植物群差异巨大，从而使“共生区域”成为可能，而这在解释墨西哥中部的文化发展时至关重要。事实上，秘鲁的地理景观要比潜在的特种生态更为极端。

---

① 秘鲁虽然是一个现代国家的名称，但在这里特指文化发展议题下的特定地区，它附带包括了的的喀喀湖的玻利维亚湖岸，那里发现了蒂亚瓦纳科遗址（参见本尼特[Bennett 1948]《秘鲁的共同传统》一文）。另一种常见叫法是**安第斯山脉中部**，但除非有附加条件，使用这个词会忽略非常重要的太平洋沿海地区。

但是现在需要提及某些差异。中美洲的沿海低地是一些高产而粗放、依靠降雨的农业地区，而秘鲁的太平洋海岸非常干旱（由于洪堡寒流的大气影响），秘鲁可利用降雨区都在高山山谷之中。在这个意义上，两个地区保留着高地与低地农业的重要反差（尽管安第斯山脉的东坡以潮湿的丛林为特点）。但是，沿海一带灌溉潜力很大，因为有许多河流经常自山脉奔腾而出，直接穿过沙漠，注入海洋。还有，海洋和河口有丰富的海鲜食品与水禽（鸟粪堆积成为非常重要的农业肥料，至今仍然如此）。总之，在相同的技术条件下，秘鲁的地理条件在发展强化农业上要比中美洲具有更大的潜质。

## 形　成　期

（前 1500～公元前后）

就如中美洲，秘鲁的形成期以一段很长时期的农业技术、多种植物栽培、定居和社群规模的缓慢发展为特点。两个地区大约在公元前 1500 年确立了基于玉米种植的完全定居的“村落农
187/188 业”。大约公元前 800 年，在中美洲，与“奥尔梅克”艺术风格相伴的巨大仪式中心拉文塔（塔巴斯科）建成。大致与此同时，与“查文”艺术风格一起，秘鲁出现了许多仪式土墩。两者风格的形式特征迥异，两个文明中心之间的区域则不见任何一种风格，反驳了“风格层面上的一种紧密而连续的奥尔梅克—查文的联系”（Willey 1962，4－5）。不过，中美洲与秘鲁两地大约同时突然出现这种“精致艺术”，是非常有趣的。

看来有可能的是，这些风格的突然出现在功能上与这两个地区发生的某些情况有关。这很可能只是手工业专门化的兴起，而它本身有赖于能够资助及酬劳（即专业化）全职工匠的集中行政中心和相关的再分配网络。

秘鲁形成期的考古记录中，有许多神权酋邦突然兴起的间接证据：高规格的墓葬、仪式中心，以及可能由于区域专门化和灌溉网建设而引起的农作物的日益多样化。这种断裂的证据是如此突然，以至于福特在他对美洲形成期各文化的里程碑式比较中，把形成期分成两部分(Ford 1969)。他把早期称为殖民形成期，将晚期称为神权形成期。我们可以接受这种分类，但是为了与其他章节保持一致，福特的神权形成期被称为组织上的酋邦形式，而这样的叫法可以与结构上的标准完全保持一致。

福特说，促成美洲核心区(中美洲和秘鲁)形成期的真正原动力发生在公元前1500～前1000年间，立足于两种不同文化形态的传播。一是从墨西哥高地起源地的玉米农业的向外扩散。加上业已确立的其他栽培作物，这种农业使得人口的增加能够与形成期的文化繁荣相伴。另一形态是意识形态，尤其涉及一些宗教概念(Ford 1969，180)：

> ……一套宗教—政治理念的突然出现催生了纪念性土墩建筑、大型石雕、用以个人装饰的宝石工业，以及令研究前哥伦布时期艺术学者叹为观止的独特艺术风格。188/189 第一波有组织宗教和政治控制的高潮是奥尔梅克文化……(前1200～前400)，然后是查文文化……(前800～前400)，以及密西西比河流域的波弗蒂角—霍普韦尔文化(the Poverty Point-Hopewell cultures，前1200～公元200)。这些都是真正的文化革命，这些革命明显不是由军事力量所强加的。突然，数量巨大的劳力汇集到宗教建筑的营造之中，并从丧葬实践中可以推断社会的显著分层。

就像在他之前的威利(Willey 1962)，福特倾向于将文化变迁的因果率分为两种：物质生计（这里是玉米的传播）和“思想”与“信仰系统”。福特确实提到“巨大的劳力”和“社会分层”，这两者明显属于政治权力方面。但是这不足以充分指明我们已知的某些事情，即集中的政治组织本身可以是一种巨大的物质生产力，而它又是这种生产力的结果。酋邦的政治等级通常是一种神权等级：它发明、扩大或建立各种形式的宗教崇拜，并将其制度化来维护其权力。这样做也能控制劳力，来建造用以炫耀自己和光宗耀祖的纪念建筑。它赞助宗教艺术和其他形式的专门技术，从而提高其工作效率。也许最重要的是，它可以在区域共生的基础上刺激和控制贸易和再分配（虽然这种基础不及后来的国家那样庞大）。因为酋邦的这种潜能，而这种经济控制又是如此重要，一旦这类社群变得依赖于共生，真正的帝国中心就可能在关键路线和生态区的节点上兴起。最后，酋邦在社区间扩大灌溉网络的能力，不仅成为维持或者扩大其权力的因素，而且也是促成更多和更集中人口的因素。

要记住，奥尔梅克和查文的艺术风格在细节方面并无相似之处，而仅是它们那些看似“文明”而非“原始”的一些特点，令我们能将它们看作是发达程度相当的酋邦产物。确是传播的东西，最明显的是大量农作物和技术、宝石与陶器制作方法（不是特定的形
189/190 制），以及用以适应或开拓自然的一般技术。另一方面，社会政治方式看来与人口规模、经济手段、战争、边界等组织问题密切相关。于是，让我们眼下先撇开基于“思想”和“风格”传播的解释，以便仔细考量一下各种情况。思想、风格、迷幻药、工具、装饰品等事实上确有传播，但仍无助于解释美洲这些再分配中心零星而分得很散的起源，因为这类中心不只是“风格”或“思想”，而是许多功能的复杂结构。

查文艺术风格在秘鲁的传播要比奥尔梅克在墨西哥的传播距

离更远，不过两者的过程非常相似。奥尔梅克的扩散显然是以一种和平的方式，通过贸易或估计通过模仿的借鉴，而查文风格的扩散也是如此。根据福特所言(Ford 1969，190)：

> 陶器和其他特征改变的幅度很小，表明这是以一种显然新的、较优越的文化特征被整体接受的；明显不存在能与之比肩的竞争者。几乎没有发现军事建设的证据，表明这种采纳是自愿的。这与之后以战争为特点的泛秘鲁文化期如瓦里(Huari)或蒂亚瓦纳科以及印加，形成鲜明的反差。

威利在最近的一次概述中也表示同意(Willey 1971，130)。

从某种意义上来说，查文文化是秘鲁后续发展的基础。不管它始于何地(虽然其名称来自查文·德万塔[Chavin de Huantar]这个典型遗址，但它未必是其起源地)。它无疑是一个神权酋邦，通过专业工匠的创造，很快美化了其独特的宗教艺术和建筑。相邻的社群可能受到影响，不仅模仿它的艺术和建筑，也效仿了其新的政治形式。当然，这种模仿不应被说成，该酋邦组织形式是从墨西哥传到秘鲁的。

## 国　　家

在这个关键点上，当我们从“神权形成”期或酋邦时代转向考虑国家兴起时，我们必须再次检视何种考古证据可以用来推断一 190/191
个国家的出现。这个概念性问题在秘鲁的案例中尤为重要，因为一位权威，即已故的朱利安·斯图尔特特别关心这个问题，而他的观点也已占据了主导地位。他对秘鲁各发展阶段的“功能”分类，强调社会政治和经济的发展，并且强调他自己对它们如何发生的特定进化论阐释。其他学者也日益坚称，他们的分类是“功能”的，而非只关注陶器的“分期形制”（Willey 1948），然而他们中没有像斯图尔特那样密切关注国家与帝国起源的比较研究[①]。（这可能与斯图尔特是位民族学家而其他人是考古学家有关。）

在斯图尔特的著作中，我们必须判断两个不同但相关的理论问题：（1）国家起源的因果理论；（2）与“酋邦”和“国家”定义相关的将考古材料根据不同阶段的分类。看来有可能的是，因果理论对定义有影响，我们必须仔细考虑这个问题，因为这种分类会强烈影响我们对具体材料的阐释。

这个理论非常简单[②]。用于某特定环境潜能的技术，使得生产剩余粮食成为可能。如果不能的话，该社群就会保持未分化（不分层）的“平等”社会。但是，有了足够的剩余产品，全职专业工匠以及军事、宗教和政治的阶级就会出现。不过也有一种说法，认为这种结果并非必然（Steward and Faron 1959，63），但生计中剩余产品的力量或被形容为国家演进中一种强有力的因素。它并不叫“原因”，而只是一个必要条件，它一旦出现，就会使得社会从逻辑或可能上，在下层粮食生产者和上层非生产者之间分化。读者会有一个强烈的印象，即这种社会分层或多或少看似十分自然。但
191/192 其普遍缺失，如在热带森林环境所见，被解释为是由于这些部落无力生产所需的剩余产品（Steward and Faron 1959，62）。

在斯图尔特和法龙看来，秘鲁国家只是与一种“阶层结构社会”同义。这个概念类似摩尔根—恩格斯的构想，意指国家是一种建立来保护统治阶层不受被统治者侵犯的压迫性机器。但是此概念并未斗胆声称镇压就是**原因**。

---

① 关于该“多线进化”的几篇独立论文，被收录在斯图尔特 1955 年的著作中。斯图尔特最近的系统陈述（与路易斯·法龙合著）是 1959 年的《南美的原住民人群》。

② 在该章节中它被最简洁地概括为“剩余产品生产和社会类型”（Steward and Faron 1959，60 - 64）。

这些学者指出，在秘鲁，那些小型平等农业村落在形成期发展成为国家。据斯图尔特和法龙的看法，该过程没有中间阶段。

> 形成期以引起本地国家诞生的许多因素为标志。采取灌溉而种植大量新的农作物，维持了日益增长的人口，他们生活在围绕庙宇和土墩散布的小社区里。这些庙宇是祭司阶级控制下的神权国家中心，该祭司阶级通过农业祭祀协调多社群的力量，也可能指导合作性灌溉。(Steward and Faron 1959, 70)

这个描述(以及很多其他内容)听起来很像我们在其他章节提到的酋邦。矛盾的是，斯图尔特和法龙确实把厄瓜多尔、哥伦比亚、委内瑞拉以及大安的列斯群岛的环加勒比地区相似的印第安等级社会归入酋邦。尚不清楚的是，在讨论这些酋邦时，有何种结构差异让人觉得它们非常相似(Steward and Faron 1959, 200)。显然，在秘鲁发现的等级社会是“国家”，而在环加勒比地区发现的等级社会是“酋邦”。

在另一处，斯图尔特和法龙在定义国家和帝国的区别时(Steward and Faron 1959, 100－110)，将国家形容为具有两个功能。第一，它是一个集中协调诸如灌渠等活动的机构，为人民的需求服务；第二，它具有剥削性质，这是说它需要物品和服务来维持人群的特殊非生产阶级，如武士和祭司。在“繁荣”期，他们解释说，当经济因新技术和新资源得以扩张，这种对生产的需求可以毫无困难地扩大。但是当技术没有进步，新资源不可求，国家会跨出它的正常范围，从其他社会攫取财富。因此，有些国家最终会征服或威胁其他国家，使它们成为其附庸，或被融入一个多国家的帝国之中。建立帝国的目的是赤裸裸的经济剥削。 192/193

根据这些作者的说法，国家在经济停滞期背负的对物品和服务的新的需求以及对其臣民控制的需要，造成了一种更强的政治和法律系统。这些控制的集中化导致人口的聚集，并出现城市。最终，帝国经历了所有三个阶段并迎来其巅峰。斯图尔特和法龙是如此描述的(Steward and Faron 1959，103)：

> 帝国代表了一种较高水平的社会文化整合，并从本质上有别于国家的层次，正如国家有别于社群的层次……这种平等社群的形式有别于最低或基本的层次。他们维持着基本的功能，为自己的需求生产物品，生育和抚养后代，日复一日生活在当地的社会与宗教背景中……多社群的神权国家代表了第二个层次。国家发展出全新的宗教、政治和经济组织形式，还有军事黩武……帝国是诸多国家的融合，构成了第三层次。它就像是叠加在前两个层次之上的文化附加层。

现在看来明显的是，斯图尔特和法龙所谈的秘鲁“国家”，是指我们的酋邦范畴；而当他们所说的“帝国”，是我们的“国家”范畴(就剥削和压迫的军事手段而言)。就目前而言，如果我们同意这种说法，不难分辨他们所说的各阶段，因为这只是语义问题。

从考古记录中，秘鲁的“帝国”(或国家)阶段在约公元400～500年的“区域繁荣”(Regional Florescence)期末变得非常明显。大部分地区的灌溉系统已趋完善，各种基本技术确立，人口已接近极限。武装冲突非常明显，其作用不仅是提供献祭的牺牲，也是一种“帝国主义的工具”(Steward and Faron 1959，104)。其最重要
193/194 也是最引人注目的发展是莫奇卡，当时它已经取得了对秘鲁北部沿海五个或更多的主要河谷的霸权(Collier 1955，21；Bennett and Bird 1949，182)。莫奇卡的发展值得我们在下节中做更仔细的集中讨论。

## 北部沿海的古典期

(公元前后~800)

在一篇与斯图尔特和法龙相似的系统陈述中,唐纳德·科利尔(Collier 1961)将莫奇卡(以及大致时间相当的加伊纳索、马兰加和纳斯卡)放在一个他称为古典期的时段,年代为公元前后至公元800年。他觉得这个时代见证了国家在秘鲁海岸地区的兴起。他的研究显示,这个时期有各种农产品,存在跨河谷的灌溉系统,并还可能使用肥料。人口自形成期晚期有进一步的增长;以维鲁河谷(Viru Valley)为例,人口翻了五倍以上。

> 有充分的证据显示,在单一河谷中和河谷群中有阶级社会的发展以及国家的控制。到这个时期末,国家霸权的扩张伴随着战争的加剧……(Collier 1961,106)

自从上述著作发表以来,更多讨论灌溉系统的著作发表,尤以保罗·科索克(Kosok 1965)为代表,在人口统计方面尤以理查德·谢德尔(Schaedel 1966a、b,1969,1971,以及一篇待刊论文)为代表。特别是谢德尔,他直接关注从考古学材料中区分酋邦和国家的功能与操作标准(正像前面一章已经讨论过的桑德斯和普莱斯[1968]所做的);而上面论及的科利尔对"国家"概念的讨论与斯图尔特和法龙相仿,也即"国家性(stateness)"是某分层社会的正常特征。谢德尔相信,能从聚落形态推断的人口规模和分布是极为重要的;而最重要的是,一个城市中心集宗教、军事、政治、经济功能于一身,应该是一个真正国家的特点。要注意,虽然科利尔和谢德尔与柴尔德的观点并无什么不同,但就柴尔德的标准而言更为重要：压迫力量源自阶级分层或城市化。

194/195 在秘鲁的北部沿海，谢德尔发现八个相邻河谷，它们看来曾是“莫奇卡政体”的一部分，规模与“超级”酋邦一样大。这种政治单元当时已涵盖多个河谷，而且人口得到了增长。几个河谷的人口达到20 000到87 000之多(后者为最大河谷的人口，其灌溉和耕种的土地面积要比其他河谷大两倍以上[Schaedel 1971，22])。莫奇卡政体的总人口估计超过250 000。这些数据是根据每人约4千平方米(1英亩)的人口密度估算的。

从墓葬与图像学(莫奇卡艺术以其写实主义著称)的文化证据表明，存在一个战士—祭司贵族阶层、一批艺术工匠的“中间”阶级，以及一个工人—农民的下等阶层。谢德尔说(Schaedel 1971，23)：

> 这些首都看来反映的社会与琼罗特加(Chorotegan)和尼加罗(Nicarao)[在中美洲]历史记录中描述的酋邦没有什么不同；其中最考究的首都与最高酋长的所在地(最大人口10 000)相对应，那里举行宗教仪式，也对法律权利进行调解；小的村落中心(人口1 000)与下属酋长的所在地相对应。莫奇卡政体的主要首都只不过体量较大而已，虽然它明显享有对其他七个河谷的霸权，但与各河谷里的仪式中心并无什么不同。

换言之，如果该首都确实如此，即没有大得或分化成特别在经济方面(从手工业和官僚的专门化而言)足以表明莫切已发展成多功能的城市中心的话，那它还不是一个真正的文明。还不如用“扩张的酋邦”概念更合适。但是，当把莫奇卡作为一个北部沿海的典型案例，与后来其他地方的发展做比较，我们才能更好地考虑这个问题。

## 高地与低地发展的关系

秘鲁低地和高地最重要的地理反差，在于低地基于强化灌溉农业的集中和城市化发展，而高地并非如此——至少在主要的发展阶段不是。高地发展出几个权力中心；他们是基于前面章节中 195/196 提及的"区域共生"经济协调的大型再分配中心，这在特奥蒂瓦坎繁荣期是一个关键因素。另一方面，秘鲁北部沿海的那些低地河谷彼此几乎相同。当然在墨西哥，特奥蒂瓦坎既是一个区域共生的协调再分配中心，又是一个复杂灌溉系统的协调中心。在秘鲁，因为环境差异巨大，区域共生的可能性可能大于墨西哥，但是任何此类共生必须涉及高地，因为环境差异基本上是由于巨大的海拔落差。

**灌溉的作用**　秘鲁广布而悠久的灌渠形成了一个真正的系统，是真正意义上的强化农业。看来这些因素并非一个真正国家形成的标志，也非国家发展的结果。当兰宁（Lanning 1967，181）声称"目前的证据表明，灌溉系统是直到必需的权威形态确立之后才修建的"，他清楚地表明，所论及的权威形态是我们所说的酋邦。在北部沿岸河谷，灌渠大约从公元前1400年一直沿用到公元前后的莫奇卡时期开始，只见于较小的酋邦中。甚至后续八百年以莫奇卡人为代表的社会也显然没有达到国家组织的水平；或者即使他们达到了，他们肯定不是高度城市化或政治上的复合体。然而，强化农业的发展和灌渠系统早在莫奇卡（古典）期巅峰阶段出现之前就已经有了，远早于（超过1 500年）蒂亚瓦纳科出现最早的真正城市和完全成熟的帝国。

正如伍德伯里（Woodbury，1961）所言，水渠灌溉显然无须在一个复杂国家的城市中心，而在一大片区域里扩展、系统化并加以

控制。但当农作物产量提高、对生产的控制更完善时，通常（或在
196/197 其他条件相同的情况下不可避免地）会使人口密度增加。但一个区域内人口密度的增加与一个城市的发展并不是一回事。诚然，一个城市可能需要对生产进行较大和较多的控制才能存在，但城市显然不是生产力或人口增长的必然结果。同样，纪念性建筑的建造、庞大军队的组织及一个不从事生产的专职祭司和工匠阶级的形成，需要足够粮食的持续供应，也需要控制和分配它的手段，但这些都不是简单增加粮食供应的结果（就如斯图尔特和法龙提出的观点）。

**高地形态的主导**　位于高地的中心，可能率先用贸易及对贸易路线和再分配中心进行永久性军事保护，将类似酋邦的神权中心合并到一起；瓦里（Huari，有时写作 Wari）和蒂亚瓦纳科很可能是其中最早的两个。换言之，当沿海发达酋邦的文化前哨，需要维持对越来越专门化的地区常规的控制时，它们就会进一步融入共生的网络。不管怎样，看来明显的是，一种更加“全面的”尚武主义在高地的形成，与远程贸易以及具有更多功能的更大城市化有关（Parsons 1968a）。

处于有很大环境差异的地区的某复杂社会，有可能要较同质性区域的人群更倾向于用军事手段来主导相邻区域。例如，沿海的莫奇卡显示了对相邻河谷各种程度的文化影响，也许只涉及宗教祭拜。但是由于这些河谷在经济上并不相互依赖，而是相互间自给自足的相对重复，他们的经济保障并不取决于像莫切对其他群体一样的某中心有形的军事支配——而且也没有明确的迹象表明存在这种支配。

看来也有可能的是，某些地区出现一种城市复合体，可能通过
197/198 贸易和掠夺货物来控制物品，即使该城市自身未必生产很多物品。

这类城市通过对生存必需品的专业化和贸易逐渐进行政治控制，以维持继续增长的需要，自己可能最终成为一种生产力。秘鲁高地与沿海地区的区别主要就在这个方面。秘鲁沿海河谷与高地发展的最重要区别，很可能在于瓦里和蒂亚瓦纳科的战略性位置，而非它们强化自身生产的能力，从而变成了世俗化的行政权力中心。桑德斯和普莱斯所讨论的“区域共生”影响，以及谢德尔提出的城市“多功能集中”，可能在这点上非常重要。

在这片高地，由瓦里和蒂亚瓦纳科所表现的向世俗组织的转变趋势扩展到秘鲁大部，包括北部沿海河谷。诸如陶器等物品被大量生产，城址以网格状规划，青铜的冶炼开始。一种看似最初源于蒂亚瓦纳科的艺术风格，在公元 800 年左右扩散到了安第斯山脉和沿海，但没有人知道这意味着什么。这种风格的移动很可能是由政治影响所造成的，或甚至可能受到一个完全成型的巨大帝国的支配。我们知道，后来印加文明前的奇穆艺术风格之所以得到广泛传播，是因为它作为一个真正帝国的支配地位（事实上它为印加提供了榜样），因此蒂亚瓦纳科很有可能也是如此。但是，不管蒂亚瓦纳科艺术风格的分布有何政治意义（其影响很短暂），看起来明显的是，它至少取得了多河谷的支配地位，包括高地和沿海的相互关系，很可能既有政治又有经济的互动。

谢德尔（Schaedel 1971, 25）认为，聚落形态的证据揭示了一种复杂的城市中心，在沿海它是征服的结果。但他所谓的“真正的国家与真正的城市生活”是于公元 750 至 1200 年在各地发展起来的。他认为多河谷国家的人口（据每 4 千平方米[1 英亩]一人的平均密度）在 75 000 到 160 000 之间（Schaedel 1971, 11）。谢德尔觉得，这些“城镇星系”代表了瓦里或依附于瓦里的贵族。至于城市因素，较大的城镇平均约 10 000 人，而最小的约 2 000 人（Schaedel 1971, 12）。

## 后古典期

(800～1500)

198
199
这些城市中心为蒂亚瓦纳科影响崩溃后的更大的城邦—国家指明了方向,或起码提供了榜样。位于莫切河谷的奇穆文化首都昌昌古城(Chan Chan),在公元1200年已经是一个有50 000人口的稠密城市了,城市内有仔细用墙隔开的分区,每区都有自己的水库、园圃、墓地及仪式中心。在其他地方,也有相似但不及它壮观的趋势在持续;这些城镇也有防御性围墙。

就如我们所见,这些较老的形态是酋邦的聚集——分散而较小的镇和村落围绕着贵族的仪式中心,在一些战略要地还有山头城堡的保护。显然,战争或劫掠日益频繁的原因,使得它们有朝着较大防御性集结发展的趋势;但也许比之过去,有了财富和商店之类更多需要保护的东西。当然,引导经济的过程很可能是复杂的,为了要养活如此多的人口,同时又要引导他们开展各种专门化和各方面的活动。

同时,这些高地社会在奇穆帝国这样规模的政体和瓦解成松散的酋邦之间持续轮回。根据谢德尔的说法(Schaedel 1971, 28),显然这种帝国不能维持其支配地位,因为继瓦里之后没有一个山地社会发展成为真正的城市中心,能分别提供一个有活力的成熟政治国家所需的各种宗教、政治、军事,及经济等所有功能。如我们所见,谢德尔要比大多数考古学家,更多地把柴尔德系统陈述中的"城市"特征视为其原动力。

后古典期(斯图尔特的"帝国"阶段)显然是一个多政体扩张和竞争的时期,始于高地,但最终沿海地区也卷入进来。真正城市的形成带有巨大的城墙和堡垒,所以城市化趋势的一个重要方面显然是出于对付围攻的防御需要。该时期战争的数量和强度增加到如此程度，以至于斯图尔特在最初构建分期时将其称为“循环征服时代”（见上面第 1 章表 1）。199/200

## 秘鲁文明的决定性因素

可以这样说，因为城市化的因素在秘鲁的案例中做了剖析，或至少与强化灌溉农业剥离开来，我们能比较容易地看到，它在这里的重要性远不及墨西哥河谷，后者的强化农业、水源控制，还有特别是内陆的再分配交换系统都与城市化紧密相伴。秘鲁沿海地区特别缺乏这种广泛的“区域共生”。这不是说沿海地区完全没有区域再分配的交换。相反，从我们对其所知的细节来看，一个集中的再分配系统很可能就是兴盛如此之久的沿海神权政体起源和发展的最核心部分。正是这种高度发达的专门化艺术、手工业和纪念性建筑的存在，证明了再分配的存在。但这只是本地专门化和再分配所为；换言之，一个酋邦具有将这种系统大大扩张的结构，但它只在需要开拓更远地区的生态多样性时，才会将这种扩张发挥到重要程度。当然，它越是扩展这个系统，并且交换变得越必需，这个系统就会越来越发达，该系统的附属品也会更发达，比如存储中心、运输、堡垒，以及最重要的用来保障、维持和扩展系统的军事力量。像瓦里和蒂亚瓦纳科这样疆域辽阔的军国主义帝国就是这样崛起的。出于与远距离生态相关的特殊需要，这些社会发展出发达的大型城市。

可以这样说，帝国的战争不是只对人口压力所致竞争的一种简单反应，虽然这种压力会起作用。但可能的是，那些依赖于对区域间贸易网的物产进行控制的政府，会在它们内部发展时倾向于对外扩张它们的网络；同时加强对它们控制下社群的剥削。也可

200/201 以这样合理推定，一个具有经济、政治和军事功能的官僚机构会倾向于自我提升，这通常是通过扩大其功能。但是，当它扩张的时候，它会倾向于重整其辖下的社区：不仅建立诸如次级再分配中心和仓储等显见的机构，而且也会经常招募士兵，训练和建立地方军事机构，而其相较于之前的社会也许更有效。正如我们在现代所看到的巨变，某帝国会在其殖民地里种下“自我毁灭的种子”。我们会看到，原始帝国的本质可能会导致它们很容易扩张，这是因为缺乏有组织的有效抵抗；然后它们会发现自己扩张得过了头，因为其臣民得到了更有效的组织，有了更好的策略，也许甚至得到了是从原先征服者那里获得的原型发展而来的新式武器。

虽然竞争帝国的兴衰在此不是我们的主要问题，但会发现，当考虑卡内罗有关资源受限或“限制”理论时，它还是有用的（见第2章）。当秘鲁沿海河谷的人口开始增长时，灌溉系统扩展并强化，最后达到一种平衡。当所有河谷的人口在古典期前达到顶点，神权政体对其臣民的统治就变得更加容易，因为异见群体无路可走，因为在河谷之外除了沙漠什么也没有。有可能的是，在古典期或稍早，沿海人群要向高地河谷定居就已经有点困难。当附近的高地河谷都被占据之后，他们也会发现几乎没有立锥的沃土。总之，无论是秘鲁的沿海还是山区，都为易于统治的当地人口的形成提供了可能的必要环境因素。世俗化暴力的最终出现就是军队，而其背景是不同地区之间的竞争，而非政府对其子民的压迫。

但是，需要指出的重要一点是高地帝国与古典期低地之间的反差：高地巨大的生态多样性很可能突显了高地范围内以及高地
201/202 和低地之间共生和再分配的重要性。可以想见，后古典期昌昌的大型城市—国家就是由高地—低地的共生所造成的，但是沿海河谷迎接古典期到来的较早的酋邦发展，在缺乏足够重要区域共生的情况下显然很不寻常，而这或许可以说明那里相对缺乏城市化

的原因。

就像中美洲的案例,我们在此有一个有趣的变量来质疑柴尔德对文明系统陈述中最重要的一些含义。在秘鲁,许多变量的某种共生与中美洲的情况明显不同。简言之,我们发现两个地区都有相同的现象,即低地从分节社会向等级酋邦("神权形成"期)的漫长演化过程,最终到达"古典"阶段,在知识、技术和经济方面所表现出来所有特化的卓越性,完全是文明的特点。但是在古典期低地的两个案例中,都缺乏柴尔德两个最重要的因素:城市中心和国家压迫性暴力管理的证据。而在比较中,又有一个重要的颠倒现象和一个重要的平行现象。颠倒的是,中美洲低地(奥尔梅克与玛雅佩滕)的古典期是基于粗放的降雨农业,而在秘鲁北部沿海,向古典期(莫奇卡)的演进是基于非常强化的、全面的灌溉农业。两地的城市中心都是后古典期的发展,首先在高地兴起。这种城市化看来与区域共生、广泛贸易和再分配,也许还有防御相伴。这些证据表明,暴力看来是对外外交事务的军事行动,而非像柴尔德所说的内部国家管理。

# 12

# 美索不达米亚的文明起源

202/203 美索不达米亚和埃及与中美洲和秘鲁相比，最大和最明显的差别在于，后面两个区域在地理上具有更大的多样性。美索不达米亚和埃及基本上都位于巨大的干旱河谷，基本没有新大陆地区那样的生态多样性。正如我们所见，存在这种多样性是山区巨大海拔高差造成的寒带、温带和热带的区别，导致降雨量和当地动植物群的巨大差异。但是中美洲和秘鲁能够用于灌溉系统的流域很小，与尼罗河及底格里斯—幼发拉底河流域的巨大规模不可同日而语。对这几条河流的重要性，戈登 · 柴尔德在他1942年的著作(Childe 1942, 106)中提出了一个重要的观点，即它们不仅对大规模灌溉意义非凡，而且也是促成城市化商贸和交流的动脉。

旧大陆有兼可用作食物和畜力的大型可驯化动物，是另一个
203/204 显著差异。中美洲人没有役畜，秘鲁人只有羊驼，这种动物可以在高地运输和在驼毛上派点用场。相比之下，美索不达米亚有驴和牛作为役畜(马的利用较晚，也不常用)，母牛和小牛对提供奶和肉显然很重要，而山羊、猪和绵羊很多(Kramer 1963, 109 - 110)。至于植物食品，旧大陆有几种极为重要的可储藏谷物，而新大陆有玉米、豆类和各种南瓜，也可储存。当然，两个地区的栽培方式也不相同，不过这方面很难看出太大的意义，因为两地的精耕细作程度都很高。

# 形　成　期

（约前 5000～前 3500）

底格里斯河和幼发拉底河低地（和尼罗河流域一样）没有充足的降雨以维持无灌溉的农业，虽然种在一年一度的洪泛区的某种农作物也可能在土壤完全干涸之前成熟（Butzer 1971, 215）。但是，更有可能的是，动植物驯化最早是在降雨较多的高地区域发生的。

美索不达米亚低地与库尔德斯坦和卢里斯坦（Luristan）的扎格罗斯山脉之间的山麓地带，总体来说是最适合“新石器时代”（形成期早期）农业社群全面发展的最佳环境。这片土地的大部分在今伊拉克境内，被称为亚述平原。其中间地带对于旱地农业在冬天有足够的降雨，而在旱季或降雨不足的地区则有大河可供灌溉，所以一步步或从局部开始向灌溉农业过渡是可能的。亚当斯（Adams 1962, 112）认为灌溉农业很可能就发源于此。

一般认为，美索不达米亚高地早期的半农社群大约在 1000 年后，终于在公元前 6000 年左右，发展出一种以农牧为基础的混合经济（Hole *et al*. 1971, 279 - 288）。基本的物产有二粒小麦、大麦、绵羊和山羊。开始人口稀少，社群也很小，但是在公元前 5500～前 5000 年间，一些地区引入了小规模灌溉，这使得较多的低地能被利用（Hole *et al*. 1971, 308）。大约公元前 4000 年，形成期的美索不达米亚—库尔德斯坦时期的基本经济已经十分明显。当时，“埃兰本身（Susiana proper）”（以著名的苏萨典型遗址命名 204/205
的腹地）的人口就可能已达 15 000 人（Hole *et al*. 1971, 303）。

虽然就其特点而言，定居的农耕村落是在山地和高地发展起来的，但当人口逐渐移向底格里斯—幼发拉底河流域的冲积平原，它们也得到了进一步的发展。显然，直到低地全面采纳了灌溉农业，定居群体才开始能在低地广泛居住，这些村落才摆脱了对狩猎和采集野生食物的部分依赖。此外，运输和某种交换渠道也必须建立起来，以便从遥远的高地获得原料，比如硬木（用于造船）和石料。但是，一旦人口规模和技术发展到一定程度，这些低地便有了进一步向真正城市社会演进的潜力。

如上所述，对灌溉的依赖显然促进了精耕细作农业的进一步发展，而没有石块的土地也大大便于耕作。河流系统自然能提供大量的鱼类、贝类和水禽，同样明显的是，为大规模运输提供了便利。需要记住，便捷有效的运输有两个层面，它不但方便货物和人口的往来，总体上也促进了发明、发现和思想的广泛传播。正如威廉·麦克尼尔（McNeill 1963，31）所说：

> 当地沙漠河岸的特性可以充分解释公元前 4000 年后早期农耕社群进入底格里斯—幼发拉底河下游的社会演进方向。这片栖息地较大的地理背景也激发了人类的聪明才智，以引进较大规模的远程运输和交流，并使之成为必须。这意味着，早期定居者的眼界从来不乏与陌生人接触带来的刺激。船只和木筏可以轻松沿该地区的河流、潟湖和河口来往，还可以沿波斯湾（甚至更远）的海岸航行，除了大风和海浪这样的自然因素之外没有任何其他困难。陆地亦然，没有地理障碍能够妨碍驮畜商队穿越山脉，这些山脉在东、西和北面环绕着美索不达米亚平原。事实上，美索不达米亚的冲积平原缺乏石头、木材和金属，为长途运输提供了巨大的动力。随着河谷居民对
> 205/206 这些物品的需求，他们必须要么组织远征队去寻找、加工并运回他们需要的东西，要么说服他们的邻居，用平原地区的剩余产品来换取当地丰富的石头、木材或金属。随着河谷人群社会结构专门化的进步，山地与平原之间这

> 种贸易的规模和重要性日增;而河流沿岸兴起的城市成为整个周边地区的交流中心和刺激因素。

美索不达米亚与中美洲和秘鲁的一个重要区别是旧大陆地区畜牧业所具有的极其重要性(还有上面提及的利用耕牛)。美索不达米亚山地的“混合经济”,利用野生食物来补充家畜和旱地农业。随着进一步的发展和对贫瘠环境的利用,畜牧业在难以实施农业的草原地区日益专门化。于是,随着时间的推移,两种不同的文化慢慢分道扬镳。这两种文化部分独立又部分互补的相伴性质,因贸易而情况各异,有时以共生关系为特点,而有时则以劫掠为特点。再次需要牢记的是,这两种社会共生关系的两面性:双方都因专门化有各自的经济优势,因此它们相互依赖;但畜牧业是流动性很大的生活方式,因此导致其具有某种军事优势,如我们在安科拉王国的案例(第 6 章)所见,战争具有攻击、掠夺和弱肉强食的性质。“亚述人下山就像狼入羊群”,这在破坏农业社群的生活方面是非常显著的因素。

公元前 3500 年左右,远在南方的苏美尔冲积平原上孕育出一支发展迅速的文化。苏美尔人似乎是第一个以破竹之势达到城市化的。到大约公元前 3000 年,他们已有发达的文字,这当然对我们具有重要的意义,因为在这一点上我们能将考古学(史前史)与成文史结合到一起。

一个叫欧贝德(Al Ubaid)的形成期晚期类型遗址,为我们提供了大型城市即将出现之前普遍的苏美尔文化。农人住的是用芦
苇和泥土搭建的房子,一起挤在相对自给自足和政治自治的村落 206/207
里。不见有防御工事的证据,显然到处是和平的来往和贸易。枣椰树和鱼类是谷物和山羊、绵羊群之外的重要补充;显然牛群作为宫殿—庙宇的财产被集中管理(Adams 1955, 9 - 10)。

形成期的技术进步显示了工艺专门化的高度发展。正如麦克

尼尔描述的那样：

> ……技术的快速进步，以当时技术生产所需投入的大量时间，相同的高超工艺，日趋复杂、严格和资本化的运作，有力说明了大多数（工匠）能够全职从事他们的专业工作。（参见 Adams 1955, 11）

正如我们在民族学章节中所看到的，这种专业化需要酋邦和原始国家特有的集中再分配系统。

其他地方的酋邦都是神权制的，苏美尔的情况显然如此（Adams 1966, 121）。即使在欧贝德这样的早期阶段（约前 3500），庙宇也是最壮观的建筑（或一批建筑），它们不仅是一座“祭拜的房屋”，而且还是圣所、宫殿、仓储和再分配中心。

> 这些庙宇的体量可以非常巨大，它们的营建和频繁的重建显示欧贝德人已经可以说创造了美索不达米亚早期文明的典型式样，即这些圣城的经济、社会、宗教生活都集中在庙宇及其祭司手中。（Clark 1969, 103）

## 繁盛和原始文字时期

（前 3500～前 3000）

随着新石器时代的灌溉农人散布到南部冲积平原全境，少数特定地点在规模和复杂性上迅速发展起来。其中最令人惊叹的一处，也就是如今考古学上著名的乌鲁克（苏美尔语叫 Uruk，阿拉伯语叫 Warka，闪米特语叫 Erech）[①]。乌鲁克是繁盛期早期（前

① 原文所有提到乌鲁克遗址时用的词是沃尔卡（Warka，阿拉伯语），是现在伊拉克的地名，也是遗址所在，但是根据上下文，作者在这里表达的应该是苏美尔人生活时期的一个重要据点，因此用现代遗址地名略有不妥，故全文使用“乌鲁克（Uruk）”这一苏美尔语音译。——译注。

3500～前 3000）的典型遗址，正如欧贝德是形成期晚期的典型遗址。

当然，要从纪念性建筑的大小来估算该遗址的人口很难（或者 207/208
很危险），但是纪念性建筑规模的剧增肯定有助于推测。亚当斯（Adams 1966，126）估计，单是乌鲁克庙宇和土墩的建造就要7 500人一年的工作日。美索不达米亚大部分的考古工作都集中在这些庙宇上，我们不妨以一个简单的描述开始，重点介绍乌鲁克。

一座典型的庙宇是一座有阶梯的高台（或称 ziggurat），其上矗立着一尊庙塔（巴比伦塔就是一例）。庙宇、城市及其所在地属于一位特定守护神的财产（乌鲁克的守护神是伊安娜[安努]）①。庙宇附近的居住区筑有围墙，表明居住在庙宇里的神职人员已经逐渐脱离当地社群的世俗生活（Adam 1966，126）。正如我们在之前章节中所提到的，神权制的发展有一种“权力分离”的趋势，这里祭司群体虽然保持着重要和最终的决策权，但是他们和民众之间的社会距离渐渐拉开，并日渐远离世俗的军事和经济事务。

乌鲁克的人工土墩本身有约 12.2 米（40 英尺）高，占地约3.9 万平方米（42 万平方英尺），俯视其下方圆数英里的平原。建筑、围墙，以及土墩的边墙都刷有灰泥，灰泥之下是晒干泥砖砌成的建筑，而此建筑本身又被烧制的数以万计锥状土砖所覆盖，这些砖按复杂的设计样式垒在上面。提及这种复杂性是因为，这进一步证明了该纪念性建筑除了体量巨大外，还需巨大的劳力安排。

---

① 英文原文为“（Eanna [Anu] in the case of Warka）”。乌鲁克当时确实有两座庙宇设施——膜拜爱神伊南娜（Inanna）的“伊安娜神庙（Eanna Ziggurat）”和膜拜天空之神安（An，苏美尔语）/安努（Anu，闪米特语）的安努神庙（Anu Ziggurat），著名的白庙建在后者的高台上；参见 John Curtis etc.，An Assessment of Archaeological Sites in June 2008：An Iraqi-British Project. *Iraq*，Vol.70（2008），pp.215－237。作者文中描述的庙宇应该是后者——安努神庙。虽然 Eanna 的意思是“House of An”或“House of Heaven”，但作者此处想表达的是神的名号，大概是作者混淆了神名与建筑物名所致。——译注。

庙宇在繁盛期继续发挥着宗教、经济和政治生活的中心和组织者的作用。手工业，包括陶器、木工以及冶金业，随着城市的发展而繁荣。来自远方的木材和金属的存在，表明了庙宇管理者在采集和分配食物、对外交往、物产运输及最重要的储藏和再分配产
208/209 品和原料日增的能力。神权酋邦的这种复杂功能必然具有巨大的政治意义，因为它会使个人和想要分裂的派系清楚意识到政权分配的实际利益——这种实际利益也是该政权所代表的神的“恩赐”。亚当斯(Adams 1955, 12)评估了诸如庙宇这样的纪念性建筑的本质，并总结道：

> 一个非常复杂的社会（如非完全城市化）的经济控制，要比政治控制更重要和更正式，并主要是神权性质的舞台，那么这个舞台肯定是独立的。

大多数重要的技术和经济发展在原始文字时期之前（约前3000）就已经完全确立了。文字以简单的象形文字形式出现，迅速为书吏和账房所用，从而得到进一步的发展，相关的数字符号也是如此。改进的犁、轮车、木筏和船只，使用青铜工具和武器，都是在原始文字时期初确立的，并成为后来美索不达米亚文明的基础。

原始文字时期有可能存在一个在某种程度上脱离了纯神权的短命政治机构。雅各布森根据对早期文献的研究提出(Jacobsen 1943)，有些城市会举行一种男性公民参与的“集会”，由长者组成的元老会领导。原始文字时期的文本很难解读，也没有详细到能够让我们进一步了解上述的解释。不管怎么说，早王朝时期较完整的文献也并没有显示这种“集会”的重要孑遗或者类似的寡头集团的存在(Frankfort n. d., 78)。在此提及并非想做评述，只是想提醒，吉尔林从民族史资料介绍过切罗基人的一种同样美好的机构（见第8章）。

## 王朝时期

（约前 2900～前 2500）

学术权威们同意，早在公元前第三千纪，美索不达米亚南部一些城市的政治有日益向世俗化发展的趋势，并发展成世袭的军事王国。这也是为什么称其为“王朝时期”的原因。大家也同意这种政治趋势伴随着日增的黩武主义和战争[①]。 209/210

有 15 到 20 个独立的苏美尔城市变得日益“城市化”，可能是集中防御的结果。基什（Kish）和乌鲁克可能有多达两三万的居民（Adams 1955，14）。亚当斯觉得，王权的起源与人口条件密切相关（Adams 1955）：

> 因为实际上整个时期都有战争的迹象，这可能表明，人口的增长已经接近前期之末赋予土地的极限，接下来的是人口和资源之间长期失衡。在这些情况下，王权的兴起很大程度上可能是一种自发的过程。

正像其他许多人在其他情况下所为，亚当斯在此将战争归因于人口压力和独立城市之间的竞争，并意味着这是对城市之间可耕地的竞争。他举例子说明：

> ……拉伽什（Lagash）[②]和乌玛（Umma）在边境地带无休止地厮杀……在这种长期紧张状态下，战争首领既无时间也无意向放弃自己的权力。（Adams 1955）

---

① 亚当斯（Adams 1955，13；1966，133）；柴尔德（Childe 1936，125）；克拉克（Clark 1969，106）；法兰克福（Frankfort n. d.，p. 87）；麦克尼尔（McNeil 1963，41 - 46）。这些权威人士都是人类学家或擅长人类学方法的历史学家（法兰克福和麦克尼尔）。

② 原文是 Lafash，但应该是 Lagash 的误拼，此处按照 Lagash 音译。

麦克尼尔同意，随着人口增长，沼泽和沙漠被开拓，城市与城市之间的缓冲地带不复存在，使得两者的疆土彼此连接，导致“常年的摩擦和长期的战争”(McNeill 1963, 41－42)。常备军以及军事统治的常态化也被认为与游牧民的侵袭有关。

> 当战争成为常态，那么王权也成为必要。政治权力集中在一个人手中的现象似乎在公元前3000年之前就出现在苏美尔的很多城市中了。(McNeill 1963, 43)

但问题依然存在，即怎样的环境以及通过什么途径能使军事酋长的统治转变为超越个人统治、能够保证永固的政治“王权”
210/211 呢？无处不在的军事威胁，军事官僚机构和权力永固的想法看来合乎情理，但是就如我们在其他章节(特别是沙卡·祖鲁的案例)所见，单凭这点仍难实现一个真正的法治国家。照这个思路，我们进一步认为，或许第一批王朝时期的城市还不是成熟的国家。至少这个问题要稍后才能考虑。

**分层与国家** 就如我们上面所见，亚当斯等人提出的观点是，长期战争导致了世俗的军事统治，并认为这是苏美尔城市国家出现的原因。但是亚当斯几年后提出了另一种理论，我们认为它已经取代，或者至少补充了之前的理论(尽管他自己没有这么说)。柴尔德的国家起源理论是对摩尔根—马克思—恩格斯(以及后来的列宁主义)国家起源与国家性质理论的修正，而亚当斯的这个理论则是对柴尔德的理论的一种重要修正。因为我们在之前的第2章已经详细讨论了前者，在此我们再简单地提及一下。

亚当斯理论的关键要素是“分层(stratification)”的加剧。而摩尔根曾援引恩格斯关于私有财产的增长是国家形成的原因(据恩格斯，然后国家又保护有产阶级免受无业者的侵害)，而亚当斯

(Adams 1966, 80)强调了“分层社会关系的系统,其财产权只有一种表现形式”。亚当斯觉得:“大多数人可能也会倾向于质疑摩尔根含蓄的设想,即地域界定的社群取代族群界定的社群对于私有制的发展是必要而充分的原因。”他同意摩尔根有关“人群从按居住地归属向政治组织单位归属的普遍转变”的说法。但亚当斯觉得“阶级分层是政治社会的动力和‘基础’”。

“分层”意味着什么?而它的证据何在?显然,亚当斯看来将分层视为“阶级(class)”的同义词。当然他没有这么说,但只是互换着使用这两个词。虽然亚当斯没有正式定义分层,但是将阶级定义为“在未见流动性明显降低、阶级意识,或公开阶级斗争的情况下,获取社会生产资料的客观差异程度”(Adams 1966, 79)。在 211/212
这个意义上,他说:“早期国家是典型的阶级社会。”

亚当斯引用间接证据,认为美索不达米亚城市的普通居民已经按“锥形氏族(conical clans)组织起来”(Adams 1966, 94)。这种说法在我们目前的背景中较易被接受,因为我们对已知国家和酋邦所做的比较研究,显示可能有普遍的、功能有效的我们称之为血缘关系“树权(ramage)”状形式的存在,它包括世袭不平等的制度化。但也需要指出,树权状(锥形氏族)以政治或者官僚的分化为典型特征,伴有地位高低的象征,但是他们之间并没有重要的或实际意义的“获取社会生产资料的客观差异程度”。也就是说,十分典型的是,酋邦的祭司或酋长(以及他们的直系亲属)不生产食品,但接受或索取“礼物”、赋税或供奉,用于再分配(提取一部分)。但这并非马克思和恩格斯所说的获取生产资料的不同关系。相对于一无所有者(奴隶、农奴或劳工),他们考虑的是土地或机器的拥有者。酋邦中,一个祭司—酋长—再分配管理者与农民的关系,最好被视为是一种政治权力关系,而不是源自市场经济中不平等获取财富的经济关系。无论如何,我们无须假定一种阶级关系必须建立在经济所有权之上。我们研究的是权力关系本身，且到目前为止，它看来肇始于进行再分配交换的不平等权力之中(接近神灵而非财物的不平等权利)。

不过还是让我们来看看亚当斯发现了什么证据，来证明阶级分层的发展(Adams 1966，95－110)。在欧贝德晚期，随葬品的差异性很小，很难被用来证明存在明显的地位差别。较大的差异在乌鲁克和原始文字时期开始出现。原始文字期晚期乌尔(Ur)遗址的发掘，显示出这种差别在进一步发展。但是这些都不足以证明存在非常完整的阶层分化。较完整的证据出现在王朝时期初，此
212/213 时墓葬中有明显的基于财富差异的地位差别。王朝时期早期的文字记录证实了这种考古学设想。

这个社会的底层是奴隶阶级，数量不多，但通常从事重要的半工业化工作，比如织布。这些奴隶似乎是战争俘虏，有时被称为“外来者”。人口主体是各种农民，对他们所耕作的土地有不同的控制程度。他们有些部分仍以一种原始血缘单元组织起来。当然，专业工匠技能各有千秋，从事重要性不同的工作，因此若按照经济基础来对他们进行分类并不是很合理——最好是将他们视为一种剩余类别(residual category)。社会顶层是统治者和贵族家族，或称祭司家族。亚当斯认为，这些家族掌控大小不一的“庄园地产(manorial estates)”。我们不太确定这些地产是否真的是庄园——这意味着它们为私利而由私人拥有和经营。由于庄园带有对一小批人的政治管辖，无论区域多大，它们看上去可以十分相似，因而不能说明其市场意义上的所有权。

我们无法否认的结论是，在王朝时期甚至更早出现了某种社会分化。但所有与地位差异有关的证据好像都关乎政治或官僚体制的区别，而非经济方面。我不认为“获取生产资料的差异”这个定义有多大意义。最初我认为，马克思主义者接受这个定义是因

为这样的设想，即经济不平等导致了阶级“斗争”。（需要注意的是，亚当斯对此似乎并不十分肯定，甚至不是非常明确——在引用摩尔根的陈述时，他想用“阶级分层”代替“财产”作为政治社会的“动力”和“基础”。但也许他对阶级的第一个定义并不意味着“获取差异”非得要和“财产”挂钩。）

柴尔德强烈倡导美索不达米亚地区国家起源的阶级压迫理论，这在他 1936 年出版的广为传阅且颇具影响力的《人类创造了自身》（*Man Makes Himself*）一书中特别明显。亨利·法兰克福（Henri Frankfort）对此进行了直接的反驳（Frankfort n.d., 69－70）。

> 要说“剩余”食物一定是为了维持官员以及商人和工 213/214
> 匠而生产的，并意味着官员很可能是一个凌驾于农民以上的寄生阶级，而完全不考虑其他情况，比如最重要的是该国家的气候。不管哪里存在权力，滥用权力就不可避免。但像美索不达米亚的肥沃土壤，只要好好灌溉，不必过度或持续辛劳，就能够产生足够的粮食。从事农耕的劳力大多是季节性的。在播种和收获时节，每一个身体健全的人无疑都在田里，就像在中世纪的英格兰那样。但是农民不是一个可以单独分出来的阶级或种姓。每个公民，不管是祭司、商人还是工匠，事实上都是在自己份额土地上耕作以养活自己和家属的农民。一旦播完种、收割了庄稼，他都有大量的时间发展、授受和开拓专门的技能。

虽然很难确定法兰克福是怎么知道每个人都在田里耕作的，但他的观点很明确，即生产“剩余产品”的压迫、约束或剥削并不符合这些证据，也不符合农业生产的性质。我们也很难理解，他是怎么知道手工业和家庭生产是不分的。但我们从简单农业社会民族志的了解判断，他的说法是有道理的。但是，因为我们确实不知道，所以不如暂且不谈——这意味着，我们不必像柴尔德那样将其看作为理所当然而接受，把“剩余”农产品与一个阶级对另一个阶级利益的“剥削”画等号，进而意味着国家起源于一个阶级对另一个阶级的压迫。当然，一旦国家形成，自然就会有很多新功能，尤其是自我保护，这本身是一种正常的维护现状的手段，但也会以对抗竞争社会的军事保护形式出现。

**竞争与战争**　有大量的证据表明，美索不达米亚社会从最早的定居村庄向伟大的巴比伦帝国演化的过程，伴随着数量和程度上都逐渐升级的战争。也许不必重复的是，战争分为两种，一种是邻居之间的相互竞争，一种是定居城市与劫掠成性的游牧者之间的战争。这就涉及截然不同的策略和组织。

214/215 一旦美索不达米亚南部在苏美尔王朝时期差不多被“填满”，相互对抗的城市就开始发动战争和维持和平，这只是对外政治策略的两个方面。一个城市被另一个城市击败，会成为向其进贡的附庸，但很可能于心不甘，显然也是短暂的，因为当时还缺乏永久性巩固或联合不同地区的方法。也有可能直到萨尔贡(Sargon)时代，也没有一个城市能够在军事上大大凌驾于所有其他城市之上。相邻几个城市可能会结盟，以抵抗竞争对手的联盟，但因为这些只是军事策略，而不是经济上的共生，所以这些联盟往往是短暂的。

将王朝时期的美索不达米亚和与其相当的繁盛期晚段秘鲁北部沿海河谷进行比较，可能会提供重要的启示，这两个地区都不太容易成功地统一成较大政体的原因，是因为这些城市和那些沿海河谷在经济上都与其邻居相似。像蒂亚瓦纳科和阿卡德(Akkad)(以及墨西哥的特奥蒂瓦坎)这样较大的“帝国”，都覆盖了一片地理环境迥异的区域，所以这些帝国的官僚机构可以建立一种经济共生，通过重要物产的有计划交换足以获取政治利益。

另一种战争，即为防御劫掠的游牧者的战争，由于劫掠者的巨大机动性当然很难进行。要跟他们缔结和平也是几乎不可能的，除非有时“收买他们”，而这通常是一种靠不住的短期解决办法。

游荡的劫掠者给农人带来的困扰在美索不达米亚长期存在。这种持续了几千年的对抗无疑产生了巨大的影响，即本来可能具有经济生产力的地方成了无人区和缓冲区。这枚硬币的另一面尤其重要：随着游牧者对居住在中间地带的人们施加越来越大的压力，这些人不得不做出选择，要么自己也成为游牧者，要么融入较大的定居政体，于是游牧者和城市的人口都增加了。这里有可能的是，美索不达米亚南部是一片最早完全定居的区域，真正的城市群的空前崛起，是由于高地草原无法完全适应所造成的（北部的这 215/216
些中间地区实际上发展得较晚）。值得再次强调的一个简单事实是：军事考虑不仅影响人口的总体规模，也影响到人口的颠沛流离和迁徙，最终导致一种很有特色的人口分布。

正如亚当斯指出（Adams 1972，61－62），从欧贝德时期直到第四千年初的几个世纪里，定居人口显著增加。村庄和乡镇密集分布在河流附近。但是这些人口是自然增长的还是外来移民仍不得而知。

> 不管怎么说，苏美尔文明特有的城市机构最大的发展始于这段人口增长之后，在第四千年的最后几个世纪……至少在一些像乌鲁克这样的中心，增长过程不仅是爆炸性的迅猛，而且还伴有深层的结构变化，还有巨大的防御工事和宫殿，政治等级的重心已经偏离庙宇以及与之相伴的神职人员。但重要的一点是，这一城市化涉及人口的再安置，而非进一步增加。换言之，只有通过放弃大片农村，以及或多或少强制搬迁以前村庄和乡镇的居民，才能形成空前的城市群。

## 帝 国 时 期

（约前 2500～前 1500）

令游牧者垂涎的美索不达米亚独特的地理条件，也引发了这些城市之间的相互残杀和征服企图。正如柴尔德所言（Childe 1936，125），它们都依赖底格里斯和幼发拉底这两条河流生存，也依赖这两条河流“从相同的来源进口舶来品”。于是，

> ……几个自治城市之间很容易发生土地和水源的争端。正因为大家都依赖同样的外贸给他们带来工业所需的相同必需品，各主权国家之间的商业竞争是不可避免的；本应一体的经济制度与政治分离主义之间的矛盾，表现为无休止的王朝战争。实际上，我们最早的文献与寺庙记录相符，记录了相邻城市之间的战争和暂时停战的条约。任何城市的统治者都抱有对其邻邦实施霸权的野心。

216/217 **阿卡德帝国** 大约在公元前 2500 年，成为帝国的尝试开始有了一些普遍成效，但是它们都是短命的。约公元前 2370 年，阿卡德的萨尔贡显然是第一个建立起延续好几代（大约一个世纪）帝国王朝的人。这个王朝统治了美索不达米亚的所有地区，并且显然也使高地野蛮人表示臣服，或受其震慑。

据说，萨尔贡是作为基什国王的侍酒者开始他的政治生涯的，基什是苏美尔北部边陲的一个城市（苏美尔在下美索不达米亚的南部）。最终，他成为一个成功的军事领袖，在打败了几个相邻城市后，他建立了自己的城市阿卡德（或称阿加德[Agade]）。从阿卡德出发，他一路南征，直到苏美尔全部向他朝贡。这样的征服对于苏美尔人来说并不新鲜，但是之前所有入侵，就像他们自己的相互

残杀一样，结果相当短暂。

阿卡德在野蛮人的草原和南部的文明区之间建立了一个战略性军事区。很可能是因为这个原因，萨尔贡会如此成功。他能够“用文明技术统一野蛮人的彪悍”，形成一个超越两者的联合体（McNeill 1963，46）。苏美尔文化不用征服就影响了美索不达米亚中部和上部地区，因此萨尔贡在阿卡德建立的新城市具有重要的苏美尔基础，但并没有老苏美尔城市那种刻板的祭司—庙宇结构。阿卡德仍有祭司和庙宇社区，但由于该城市是由军队所建，因此该社会的世俗和军事部分占据支配地位，并以这种方式维持。

阿卡德帝国崛起的另一个可能的重要特点，在于北部闪米特人和南部苏美尔人原始文化的差异。苏美尔人数百年来一直是定居的灌溉农人。河流上游和草原地区许多讲闪米特语的人群都是游牧者，即使在采纳了灌溉农业之后（约前 2500），他们仍然与相邻的牧民有一种重要的共生关系。于是，统一的美索不达米亚持有两个亚文化：一是苏美尔贵族和复杂神权制的老式城市，一是北方边陲强大而较为世俗的新式堡垒。麦克尼尔觉得，闪米特人的 217/218
游牧传统在促成向灌溉农业过渡而采取一种新形式上是一个有利因素（McNeill 1963，46－47）：

> 无疑，灌溉的明显回报会诱发这样的变迁；但它发生在已经形成适合畜牧需要的社会系统的框架之内。最重要的是，这意味着这是一个由部落酋长领导的社会，其职能是指导保护羊群所需的合作力量，并将羊群从一个牧场迁移到另一个牧场。随着灌溉农业在阿卡德扎根，这种传统的权威得以扩展并转型：酋长开始动员和监督修建和维护灌溉工程的工作群体。

我们已经提到，一套较老的文化形式和制度在移植到新地方并被新的人群采纳时，会获得新的生命。有两个原因看来与此相关：(1) 采纳方在一批选项中仅挑选明显最好的，比如灌溉技术；(2) 借鉴的要素可能发现自己要适应不熟悉的用途和方法，这可能会(或可能不会)产生具有更大进化潜力的新组合。这两个原因似乎都说明了阿卡德的优势，特别是农业的适应与世俗而非与宗教的管理相关。这个游牧军事遗产不仅创造了一个较强大的城市，而且还创造了一个更为纯粹的世俗国家，而非一个复杂酋邦或神权国家。麦克尼尔总结了这一发展(McNeill 1963, 50)：

> 苏美尔的进步文化在上游阿卡德人中的成功移植，标志了文明扩张的一个重要阶段。迄今，由祭司组织和领导、制约文明生活的社会障碍被首次超越。

阿卡德人军事、经济和灌溉系统的世俗统治，能够较为容易地扩展到上游腹地。萨尔贡为自己发明的一个新角色可能具有重大意义：他能让人们对协议发誓时，将他的名字与众神一起援
218/219 引。乍看起来，这似乎是自我神化的尝试，目的是创立一种重要的、新的神权特点——也许确实如此。但是其实际意义在于，如果这种发过誓的协议被打破或损害，统治者依照承诺会维护受害方的权利。这等于是萨尔贡将自己变成一个独立于所有城市、适用于整个领土的上诉法庭。这是建立真正法律条款的重要一步，法律来源于政治而非宗教(Frankfort n.d., 86)。

萨尔贡帝国延续了四代，直到被古提人(Gutian)的入侵所推翻，后者以一个松散的帝国统治了近一个世纪，直到被内乱推翻。乌尔的第三王朝又统治了苏美尔和阿卡德一个世纪之久，之后美索不达米亚遭受了一连串复杂的动乱和战争的困扰，直到约公元前 1700 年汉穆拉比实现了国家统一，包括他自己的城市巴比伦到比阿卡德更北的地方。但是，汉穆拉比王朝像前面的其他王朝一

样，仅延续了大约一个世纪的生命周期，后又沦于新一波的蛮族入侵。这种周而复始的兴衰有助于概括第2章提到的许多国家轮回理论。

**帝国的结构** 尽管存在无序状态——在某些方面也正因为这些无序——美索不达米亚文明经历了某些结构和制度的发展，这些发展为整个近东、中东（甚至更远）的多个远早于基督教时代的帝国和城市奠定了基础。首先，从阿卡德时代开始，政治趋势朝着越来越大的领土发展，并显然（或者甚至是必然）经历了政治、官僚制度和军事控制手段的缓慢发展。文字和数学继续与治国方略相辅发展，而经济、法律、宗教和意识形态也随着新的政治要求不断作出调整。与所有这些相关的是经济范围的扩大，尤其是在物品和原料的流通方面。

要让更大的政治统治取得成功，必定涉及某种政治忠诚度的改变，至少是某些官僚，从当地城市到较大的政体。鼓励此举的一种明显做法，就是用忠于皇帝的外人取代本地的高官。纳拉姆· 219/220
辛（Naram Sin，萨尔贡的孙子）用自己的亲戚取代了地方统治者和祭司；最终，随着皇家官员数量激增，我们可以认为官僚们变得越来越专业化——越来越忠于自己的组织及意志，这当然主要也是帝国的意志。

该官僚机构——世俗、祭司、军事的——很可能直接得益于文字交流和数字记录。在苏美尔，简单的象形文字和数字被用于记录庙宇的账本和经济合同。随着帝国的成长，迎来了对文字和算术的极大需求，因此它们也得到了很大发展。在政治上，法律条款的书写很可能意义巨大。在整个疆域建立统一的王室司法制度，使得王室法庭的代表与地方个人和团体的事务进行直接接触，并最终使该官僚机构在其法律方面变得更加有用和必要。这种方式可能会削弱过去只管理地方习俗而非土地法的当地官员的权力(参见 McNeill 1963, 54 和 n.38)。(就像麦克尼尔所说,我们可以推测,在著名的汉穆拉比法典之前就应该有王室法典了。)

如前所述,文字的政治意义还延伸到意识形态。仅由口耳相传的宗教神话会无意识和不经意地改变,但一旦用文字表述,就成经典和“正式”。出于政治原因,神话可以被改动——降低某地方神祇的地位或抬高另一神祇的地位(就像在著名的《创世史诗[*Epic of Creation*]》中,巴比伦神祇马杜克[Marduk]被提升到至高无上的地位)。

如何解释帝国时代经济活动的增长是一个问题。有些学者认为任何物产流动都是“商业”的证据,并由此推论,私人承包商似乎已经成为一种“商人阶级”。著名的经济史学家卡尔·波兰尼(见 Polanyi *et al*. 1957)强烈质疑这种简单的民族中心论解释。货物承运者、帝国官僚代表,甚至是像大使那样的人,可能都会被授权谈判物产交换,并决定其价格和质量,但并没有在他们腰包里留下
220/221 不劳而获的增值差价。一位指定的承运人兼代表可能受委托办理此事,并收取一定薪金,但不管怎样,“价格”是由政治决定的,并由官僚谈判而定,而非一种自由市场供求关系波动的产物。只有在后一种情况下才可能出现“商人阶级”,通过牟利而致富,并获得很高的政治地位,于是影响到马克思所谓的政治国家的本质。

这并不是说没有另一个意义上的“市场”。农村里的“市场”是一个绝佳的交易场所,而非一种像股票市场这样的价格决定机构。这种地方对人们聚集在一起来交换自己家里的经济盈余品很有用。没有一个城市或乡村的官僚机构能够轻易规范这种复杂但微不足道的事情,甚至可能不屑一顾——虽然他们可能试图对其进行监管、抽税、解决争端等等。但是即使价格主要由讨价还价、供求关系或不合理的意识形态决定——如果价格不受官僚制度管

制——也不会产生强大到成为政治上举足轻重的“阶级”的“商人”。无疑，这些物物交换因微不足道而使其不受监管。

但是，在汉穆拉比时代并不能证明财富商人的有无。我本人对这个阶级的存在持怀疑态度，但就我们目前的讨论来说这是无关紧要的：我们关注的是更早的时代，即苏美尔的王朝时期和阿卡德时期初，意在判断“阶级”或“分层”的意义，并发现其本质，而明显的是，在那个时代它的起源与中间商无关。

亚当斯(Adams 1966，155)说，苏美尔早王朝时期的“大部分城市间贸易要么是出于王室的需求，要么直接受王室的控制”。负责交换的代理是官员，不是自由中间商，而且他们由一个等级制度组织起来。这并不意味着这些人自己不能从事一些私人贸易，只是无论他们有什么权力，该权力都来自他们的官僚地位，而非通过贸易获得的私人财富。在军事投入较大的阿卡德时代，“……贸易 221/222
形式可能仍然与不断扩大的阿卡德控制区域的战利品索取和纳贡紧密交织在一起”(Adams 1966，156)。

看来明显的是，虽然有强力证据显示与官僚机构相关的物产交换的重要性，但这种交换并未产生任何政治意义的商人阶级。或者我们可以更方便地认为，政府的发展使得长途物产交换成为可能，而不是相反，而且这种交换反过来又加强了从事贸易的这种官僚机构。但需强调的是，这里谈的是**长途**和**重要**物产交换的政治意义，而很可能只有这些物产才由官方计划和管理——由私人家庭需求而从事的小规模交换不在此列。但是，即使一个城市所有人口在赶集日那天都表现得像“一分钱资本家(penny capitalists)”(索尔·塔克斯[Sol Tax]对危地马拉印第安村民的形容)那样，这也不会在古代美索不达米亚形成一个作为压迫性国家基础的富有商人**阶级**，这比现代危地马拉的村庄强不了多少。

## 第一个城市文明

正如中美洲和秘鲁那样，美索不达米亚经历了一个长期的神权统治发展阶段，最终进入了一个“古典”时期，接踵而来的是战争的加剧和许多军事帝国的接连兴衰。而且，就像先前的情况，该发展过程与城市规模和数量上的增加相伴，但看来没有像新大陆地区那种至关重要的“区域共生”关系。在美索不达米亚低地，更多的是技术上而非生态上的专门化。

美索不达米亚个别城市的规模在统治方式的发展过程中，造成了因果关系问题。因为它们的规模而需要受到控制，还是军队存在对保卫城市的需要促进了它们的发展？肯定的是，两者是相辅相成的，但看来两个特别的军事问题很可能是促进这些城市发展的主要因素，即防御游牧者和与敌对城市抗争。当然，我们也必
222/223 须承认，强化的动植物驯化也伴随着城市中心的发展。

但是，就像我们在前几章（特别是关于特奥蒂瓦坎的那一章）所指出的，不但军事压力会促使城市人口的增长，而且也会阻碍政治异见者的离开。于是，任何大型政体中的正常离心倾向，会因其成员所获得的好处——特别是受到政体保护这一点——而被这种好处带来的向心力所克服。

这又是卡内罗（Carneiro 1970）的限制理论需要改善的地方。我相信，当存在地理限制的时候，确实会存在卡内罗所说的政治效果，但我认为它是得益于多种管理因素的另一例。这个普遍因素，就我现在所见，普遍存在于所有维持权力关系的结构之中。一般来说，再分配和经济福利、通过祭司获得神祇的排解和保护等等，当其与叛离（或像现代政治中那样推翻政府）相比具有明显的好处时，都会有助于政治的统一。卡内罗只强调了这些因素之一——

生态上高度适应且高产社会在地理上的隔离。但是，我们想补充的一点是，另一种生态因素是游牧者和精耕细作定居农人的军事适应。他们的竞争形成了一种极端趋势，一方面某些社会的流动性和侵略性变得越来越强，另一方面农业越发强化的农人采取了定居防御策略。而这会部分导致地理隔绝现象的出现；但是这主要是由军事专门化造成的，而相对空旷的中间无人地带看来似乎比实际的生产力要低。

另一种城市之间的战争形式最终导致在对外事务中形成了各种治国方略（由武力威胁或统治），这在萨尔贡帝国及其之后几个继承者中达到顶峰。但美索不达米亚**文明**早于这些发展，正如中美洲和秘鲁文明早于那里的军事帝国一样。看来十分明显的是，223/224
长治久安的成功征服不仅取决于军事力量，还取决于能够承担新任务的政府官僚机构的预先发展。

# 13
# 埃及的文明起源

224/225 在前面章节中，我们强调了从美索不达米亚开始，受航行工具特别是筏、趸船和真正船舶推动而形成的运输网有多么广泛。无疑，从美索不达米亚到尼罗河整个所谓的新月沃地受到了来自美索不达米亚传播和仿效的极大影响。因此，埃及文明的兴起很可能在某些方面与苏美尔文明有关，它们几乎是同时的。记住这点，但仍有必要将埃及区别对待，因为它们存在许多很有意思的区别，特别在地理和社会政治结构的发展方面。

可以肯定苏美尔与下埃及存在早期接触的证据，还有一些苏美尔的发明比如陶轮、砖、柱形印章、少数艺术母题和特有的风格，对埃及有明显刺激，虽然文字和数字并未被模仿。但是，研究这些问题的亨利·法兰克福(Frankfort n.d.，97)并不认为这种接触影响到了
225/226 “社会和政治领域”。他发现：“埃及发展的本土特点不容置疑。”而且他说：“埃及社会基本结构的兴起与美索不达米亚的情况截然相反。”

就像底格里斯—幼发拉底河的冲积平原一样，埃及尼罗河流域明显也与强化灌溉农业和大规模河流运输相关。但是它们之间有明显的反差。与苏美尔不同，尼罗河流域是一片农业极其高产的地区，两边与非常贫瘠的地区为界(或受其保护)。流域的两侧是沙漠，西边是利比亚沙漠，东边是阿拉伯沙漠。当然，北面巨大的三角洲有面临来自海洋征服的危险，但很可能不太容易，因为它没有天然的港口。其南面是努比亚沙漠和尼罗河大瀑布。于是，埃及能极其幸运地免遭游牧者或像苏美尔人和闪米特人那些外来敌对族群的入侵。

尼罗河流域地理上的这种孤立的一个重要结果，就是长期的政治稳定。对付通常存在的内部离心倾向的问题被简化了，因为它的疆域被沙漠包围，这些沙漠无法耕耘（特别是根据埃及人的标准），以至于异见人士无处可去，罗伯特·卡内罗把这种地理限制看作是所有原始国家起源的一种非常大的环境因素。埃及是这种地理限制的一个极佳例子，看来它可能对任何政治异见具有强大抵抗力。卡内罗的看法在本例中得到了充分的支持，虽然其他人（对其）提出了一个重要的修正（第 12 章），即特别在美索不达米亚的案例中，对劫掠者的恐惧导致了防御性大城市及纯粹游牧业之间的两极分化，于是出现了一片像是地理孤岛的无人区，但它实际上是由军事战术所造成的。第三千纪，埃及的显著发展而没有城市化，肯定与缺乏对抗入侵游牧者的军事防御直接相关。约公元前 1600 年，游牧的希克索斯人（Hyksos）最终轻易攻占埃及北部，无疑支持了这个说法。

埃及文明的机构在一些主要方面也与美索不达米亚判然有别。 226/227
它早期对含有数百个社群地区迅速实施政治控制的非凡举措引起了我们的兴趣。换言之，它并没有出现像苏美尔那样高度发展的独立城市，埃及文明起源并不是柴尔德“城市革命”的很好例子。另一个令人惊讶的特点是突然出现了一个统治者，他同时以世俗国王（或皇帝）和神发挥着作用，与其他地区朝“分权”的发展趋势相反，一般来说，祭司阶层会远离平常的世俗事务，特别是经济和军事。

## 形成期：“拜达里”与前王朝时期

（约前 4000～前 3100）

尼罗河不同寻常的特点之一（阿斯旺水坝修建之前），是这条河每年会定期发生洪水泛滥。洪水期河水涨幅缓慢，大约在 2 个月里逐渐漫过整个河谷，最后慢慢退去，留下一层肥沃的淤泥，它没有盐分并彻底更新了土壤的肥力。千万年一直发生的过程使得冲积平原变得非常平坦，于是很少或根本不会发生地表的侵蚀。发洪水的时间也非常重要。它在收获后的夏末开始，而在播种冬季作物之前的秋天及时退去。土壤保持足够的水分，使得冬季作物成熟时的根能够持续向下生长，与缓慢消退的潮湿面保持接触。在各王朝时期，春夏作物由运河灌溉，但是较早的农业社区则只能完全依赖每年泛滥的洪水(Woolley 1963, 111－112)。

大约公元前4000年，依靠洪水农耕的定居村落已经遍布整个尼罗河冲积平原。最重要的是，谷物和各种豆类及其他蔬菜都种在牛耕的土地上。早期阶段山羊很常见，但没有绵羊。狗、驴、猪、
227/228 鹅、鸭也很早就被驯化了，但尼罗河流域并没有利用马和骆驼。我们对埃及的早期食物生产细节所知甚少。因为尼罗河很厚的淤泥层和连续的栖居，致使很难发现较多的早期村落遗址。但看来明显的是，在公元前4000到前3000年间，就像美索不达米亚一样，埃及出现了人口的增长以及手工业的日益专门化——至少在技术方面的技能有较大的提升。一些墓葬中像珍贵饰品等奢侈品的增多，可能表明社会政治地位分化的发展。

河流运输是用芦苇捆扎而成的船只靠桨和帆推进的。陆路运输是靠牛和驴，直到很晚才用轮车。与苏美尔相比，埃及是一个较为独立的经济体，就货物和原料的流动而言，尼罗河很早并很容易将整个河谷整合在一起。这为建立一种政治统一提供了天然的基础。

也许，后来发生的统一埃及的容易程度与缺乏可以对抗合并的城市权力中心有关。被称为“省”的各个地区后来成了行政区，但是在前王朝时代，它们很可能是自治的。“但是，与苏美尔统治者的权威相比，史前埃及各地的祭司、酋长或祭司—国王实施的权

力很可能欠完善而且单薄。”(McNeill 1963, 71)各行省的中心很可能都有一个拥有寺庙地产的神庙,但是宗教并不培养当地人民的忠诚度,本地酋长并不是当地神祇的代表。这可能是埃及容易走向集权道路的另一特点。王朝时期的埃及法老被人们尊为整个大地之神,而非像苏美尔那样,只是彼此争霸的各城市众神中的一个代表。

显然,前王朝时期的埃及村落小而分散,通常没有围墙(Woolley 1963, 129)。前王朝时期明显类似其他地方形成时期的晚段,即基本的经济和技术基础都是在一种纯粹神权酋邦的政治 228/229
秩序下发展起来的,既没有战争,也没有其他世俗事务,这些是如此重要,足以使祭司和世俗权力分开。很明显,需要授权的专业运输人员、官僚策划者、其他世俗官员或“商人”的重要的长途贸易尚未出现(Woolley 1963, 323)。

## 古王国时期

(前3100～前2200)

埃及文明和实际上应该叫作早期王朝社会的起源,与南方人(上埃及)征服“北方的土地”(下埃及)有关。后来的神话文献将这次征服归功于美尼斯(Menes),上埃及阿拜多斯(Abydos)附近的一位西斯(This)酋长。一些考古证据表明,这种统一是用军事手段完成的,而神话故事可能将其简化了,法兰克福(Frankfort 1948, ch.2)认为,这种归功于一个人的伟业很可能要花两代人以上的时间才能做到。我们对前三个王朝(前3100～前2650)知道不多,但是古王国时期也即第四、第五王朝(前2650～前2350)达到了它的高峰,下面的讨论大体针对这个阶段(第六王朝大约在公元前2200年瓦解成一种无序的封建社会)。

在某些方面，新统一埃及的统治，像是在小而分散的行省之上简单地添加了一种类似苏美尔神庙的酋邦。甚至可以这样说，法老的政府庙宇只不过是一个优化的酋邦，由于特别的地方原因，它能够掌控整个腹地，这块土地对于一个酋邦来说实在巨大。

麦克尼尔（McNeill 1963, 72）认为这一时期的埃及“像是一个扩大版的单一神庙社区，统一埃及的第一任国王好像照搬了苏美尔社会制度，并以扩大领土基础加以改善，以囊括下尼罗河的整个航行区，从而自动解决了原来土地上相邻国家之间冲突而产生的政治问题”。

229/230 神庙的神权政治等级制来源是王族本身。但更重要的是，法老进行统治，他从精神—智力和世俗两个方面象征社会，以至于“对于埃及人而言，其文明生活是围绕着神圣国王而运转的”（Frankfort n.d., 99）。

法老是法律的依据，靠来自灵感的决策进行管理。政府的官僚制度有父权制的特点，法老的儿子和男性近亲是主要的成员，而远亲则担任较次的职位。于是，这种家族贵族神权制是我们讨论过的所有酋邦最典型的特点，它位于社会的顶端——需要重申的是，他们有别于他人的地方与其说是在内容，不如说是在该领域之规模。神权与行政权并不分开，直到第四王朝开始设立了一位大臣作为首席法官和首相。

该大臣下面有几个行政部门。财政部是重要的部门之一，它是所有进口及关税的中枢，其分支机构及仓储遍布全国。派往国外为王室进行贸易的远征军和船只也由财政部管理。第二个重要部门的首领是“农业部长”，专司农业；另一个部门则是“福利部”（master of largesse），主要负责家畜。所有这些部门雇佣的人可在岗位之间或向上移动，与地方无关。这种管理体制始于法老的后裔和亲戚，变得非常之大，并成为一种纯粹中央官僚体制，与宫廷的关系和利益休戚与共(Frankfort n.d., 101)。

该官僚体制的集中在对贸易的控制上表现特别明显。伦纳德·伍利爵士断言:“直到公元前第二千年末,埃及文献里根本没有提到过商人。”(Woolley 1963, 322)

> 正如某些权威学者认为,没有记载并不意味着不存在私人的商贾,即便他们存在并可能变得十分富有,但是无法享受这样的社会地位——使他们能为自己营造富墓,从而留下一种纪念足以保存至今。我们不知道埃及管理贸易的法律,而这也倾向于表明,私人贸易在当地经 230/231
> 济中所起的作用并不重要。事实是,所有的商业都在法老手中,神圣法老本身就是法律。(Woolley 1963, 322)

舶来的原料包括来自西奈半岛的铜,来自努比亚的黄金,来自阿拉伯和索马里的乌木、香水和香料,以及来自亚洲神奇的树胶——它们都由国家远征队获得(Childe 1942, 115)。

根据法兰克福(Frankfort, n.d., 117)的研究,贸易是国内经济的附属部分。个人会用家庭产品购买或交换这些货物。普通农人有义务服兵役,并为公共劳役,比如为维修灌渠、采石和建造寺庙和陵墓的人提供粮食。一些农人也为寺庙和王室的地产服务。村寨和村庄在一个头人的管理下合作耕种土地,这个头人负责将规定的数额上交给国家。工匠由一个工头组织成各类团体,工头负责收取和分发工匠家庭的定量食物、衣服和原料,并处置工匠的制成品。

这种再分配官僚体制的复杂性和规模很可能十分巨大。

> 一直有这样的说法,在埃及,法老是唯一的批发商,外贸是被王室垄断的。但是这未必意味着盈利和剥削。

> 这只是由于与埃及的民众的意愿相一致，他们把自己的社群组成一个集中君主制，这个君主为他们提供舶来品，而他们所需要的这种舶来品是由王室通过远征的手段获得的。法老统治实际功效的有趣证据是，绝对的君主制确实为民众提供了基本日用品，不管是进口的还是国内生产的，总体上能保证足够的数量；这种分配采取“自上而下”的形式，国王将礼品赠与或分配给他的官员，这些官员转而将这些物品分配给他们的侍从，以此根据社会级别向下进行。而在第一中间期，当时王权一度黯然失色，文献记载当时的抱怨，说连制作棺材的木料也没有。(Frankfort n.d.，119)

如果没有官僚体制对重要贸易的管埋和再分配，我们又怎么谈论阶级结构(或分层)？柴尔德在其他地方谈了很多阶级分化的
231/232 经济基础，并指出，“在古王国时期埃及的极权主义统治下，商人无立锥之地”(Childe 1946，125)。但是可以肯定，不同社会等级的人依然存在，并可能分布很广。这难道是建立一个压迫性国家以保护这种差异的动力吗？抑或这是官僚制度发展的产物？在埃及，官僚体制显然因为它自身结构的发展而不断扩充自身的利益，而它本身很可能就是等级差异的根源。因此，如果有社会分层，我们必须对如何定义它，并赋予它什么样的政治后果保持谨慎。

伍利发现，埃及早王朝的“阶级划分”有两个阶级，即“政府和被统治者”(Woolley 1963，171)。

> 法老作为神，与众不同并凌驾于所有人之上，但是作为统治者，法老必须与他的官员相处，信任他的官员并发挥统治作用。国家的统一始终受到战争的影响，因此，北部行省的旧省督被法老任命的官员所取代，他们成为法

> 老在各行省的代表，他们有自己独立的宫廷，并在最高统治者的安排下拥有自己的武装侍从。这些“藩王”与王室高官、王室成员（因为法老的儿子参与重要事务），也许还有被称为“陛下随从”的王室卫队成员等，构成了古王国的贵族阶层。甚至晚至中王国时期，祭司仅是俗人担当的次要官职；低级官员、少数艺术家、技艺高超的工匠及商人，相较艺人或农夫等，可能有较高的地位，但是实际上他们都是法老的奴隶。

如果这样的等级或地位分化不管如何自信地被称为“阶级或阶级分化”，那么通常的阶级是“对生产资料的不同关系”的马克思主义定义，我们又如何理解呢？看来这里体现的分化已十分明显，但是这首先是官方对百姓的管理，以及政权或当局引导他们活动的问题——简言之，这纯粹是一种官僚问题。这不是通常资本主义意识形态中的“所有权”或商人的获利（它可以致富，反过来获得权力）。这只是产生神权官僚的朴素权力。 232/233

可能由于古王国时期埃及与周边地区安全地隔离，所以当时似乎没有永久的军事官僚体制或常备军。只是海外远征才需要所谓的军队。一直到很晚的第十八王朝，王室才有了建立一支常备军的需要（Woolley 1963, 172），但这已不在本文讨论的历史范围以内。同样，奴隶在经济上从来都不重要（Woolley 1963, 175），以至于奴隶主和奴隶本身并非阶级体制的组成部分。简言之，这种经济只是征税和再分配，其规模可能是全世界古代所见最大和最完整的了。

这种高度集中和绝对的再分配，很可能主要是为了应付巨大的内部政治稳定。该巨大的官僚体制的性质与它的意识形态，特别是宗教意识形态保持一致。法老是埃及的活神，这很可能令他能够控制臣民的思想，并与他在经济上的重要性相匹配。因为他是神，所以他是不朽的，某种程度上他能给予那些能取悦他的官员以不朽。

> 当对违抗的惩罚是如此严厉，而行为得体的奖赏又是如此丰厚，谁又会故意引起神—国王的愤怒？这显然是埃及古王国的秘密。（McNeill 1963，74）

对不朽的关注自然会引起对保存遗体及丧葬的关注，这在埃及导致建造了许多宏伟的金字塔。在此，我们再次看到了官僚体制对劳力、财富和宗教信仰调动的整合——将其所有集中到一个宏大的事业上，其顶点就是王室的神权统治。第三王朝时（前2700）全部用石头建成的第一座真正的阶梯金字塔及围绕着它的神庙，是在塞加拉（Saqqara）的佐塞国王的陵墓。此后约一个半世纪内，最人的金字塔（基奥普斯）建成，那时埃及人已经充分展示了
233/234 他们在建筑和石砌方面的非凡技能。正如伍利所言（Woolley 1963，248）：

> ……这实在可以毫不夸张地说，金字塔建造者的工艺从未被任何国家超越。

但也要强调的是，这些纪念性建筑体现了强大的组织能力。

几乎与此同时（约前2700～前2550），古典埃及文化的其他方面也同步发展，成果斐然。雕刻和绘画，金、银、铜等装饰冶金术，石瓶的雕刻，木工，造船，编织（亚麻）等，质量都非常高，而且当时都已完全专业化。显然，手工业行会组织起来的工匠和手工艺人完全是世袭的（Woolley 1963，298）。

看来，可以将这样的技术、经济和宗教组织起来的一个官僚体制，不可能没有一种由专业书吏进行交流和登记的文字系统。象形文字在王朝时期开始之前就出现了，它很可能受到了美索不达米亚楔形文字的刺激。因此，与其说这是一项伟大的智慧成就，不

如说是官僚体制对专业记录系统需求的一种反应,这种需求是随官僚体制本身日益复杂而发展的。

## 中王国时期和之后

(前 2050～前 1800)

埃及古王国时期以其惊人的政治延续性闻名。它的 6 个朝代延续时间超过 8 个世纪(前 3100～前 2270),没有经历任何明显的动乱,或对异见派别或地区的严厉镇压,也没有外来重大威胁的证据。不过,第 6 王朝开始出现了某种形式的解体(前 2350～前 2200),并在所谓的第一中间期达到了失控的顶点(前 2200～前 2050)。在这个时期,没有王室可以长期统治整个埃及,虽然各种艺术品和手工艺品仍继续生产,但质量下降了。

中王国的建立是由于上埃及底比斯的一位本地领主击败了所有的对手,将整个国家纳入其新的朝代(第 12 王朝)。也许可以看 234/235
出,这次统一有点类似美尼斯的最初统一,他来自南方,一片比较落后的地区。这种统一,与萨尔贡征服美索不达米亚平原的例子一起,说明了边陲地区一位藩王在小国权力斗争中的优势(McNeill 1963, 81, n.22)。如果我们举帝国取胜的相似例子,如秘鲁高地的蒂亚瓦纳科、图鲁和墨西哥中部的阿兹特克,也许我们见证了一种在文化政治方面的进化潜力的过程(Service 1971, ch.3)。其次,适应较差和较不特化的内陆社会在采纳较为可行的另类决策上,要比古代风格的古典社会具有更大的灵活性。

无论如何,古王国时期的经典质朴,特别是王权集中的程度没有再现。本地文官和祭司集团权力很大且相对独立,甚至艺术风格都比以往表现出更大的地区性差异,而中央的权威也不甚崇高和不那么绝对。

大约公元前 1688 年[①]，王国再度瓦解，这也是埃及第一次发现，自己无力抵抗在以前由于它相对受到保护的地理位置而较易对付的外来入侵。一群叫作希克索斯的人群穿越西奈沙漠，征服了埃及北部地区，并自立为王。很自然地，自负的埃及人憎恨被粗鲁的野蛮人统治，最终大约在公元前 1570 年，在一个新国王（也来自南方的边陲地带）的统治下重新统一。

但是，当时的近东和中东出现了新的躁动不安，各种野蛮部落四处移动，并出现了新的帝国以及新的商业和权力中心。虽然埃及人成功驱逐了入侵者，但他们不再像以前那样感到安全，而是时刻准备与这个世界抗争。特别是“埃及统治者参与国际事务，直接与中东大河流域文明——美索不达米亚接触与竞争”（McNeill 1963, 82）。

## 超级官僚体制的演变

235/236 迄今为止，所有提及埃及的学者都同意，虽然很显然美索不达米亚抵达文明的门槛比埃及略早，并表明它们之间存在贸易及某种传播的证据，但是埃及的社会政治结构与美索不达米亚实际上是如此不同，以至于它应当被作为一种原始的本土发展来看待。特别令人感兴趣的是，与美索不达米亚相伴的城市不见于埃及。

在我们所见的所有例子中，形成期神权体制向文明的转变与整体人口的增长相伴。人口增长到一定程度，可能需要某种非个人的、越来越多的权威控制。当然，一个成功的政体可能需要较多的人口，通过自然增长，或通过征服邻居来做到。尼罗河流域可能同时采用了两种方式而实现统一。但是很显然，这种统一发生在

---

① 原书为“1088 B. C.”，查上下文，可能为“1688 B. C.”笔误。——译注。

任何大城市出现之前，而在统一之后第三千年的大部分时间里也不需要它们，至少在古王国时期是如此。

就如我们所见，柴尔德觉得“城市革命”是对于伴随文明兴起的世俗化的政治和经济进程的一个很好的叫法。在此，就中美洲、秘鲁及美索不达米亚而言，这肯定是一种误导，因为伴随文明的城市化只见于某些案例，著名的有特奥蒂瓦坎、昌昌和苏美尔。所有这些大城市都有围墙或要塞，都出现在战争和动荡时期。这可能表明，这些经典的城市代表了一种防御的生活方式。但是，一旦有了一个城市，可以承担许多功能或有许多特点，这很可能与它的起源无关：它可能会进而垄断商业并进行再分配，成为神学、教育、艺术和手工业的中心等等，它会因这些原因及军事防御战术而不断发展。在埃及，真正的城市一直要到公元前第二千年晚期经历了长时间的入侵以及自相残杀的战争，才发展起来。最初统一之后的古王国，以长期的和平时代闻名，因此它没有必要进行防 236/237
御——特别是防御像骚扰美索不达米亚一样（骚扰古王国）的那些劫掠的游牧者。

所谓的“垂直经济”是指微生态多样性的共生，这可能是城市化的一种重要功能，这大体也从未在埃及出现。除了手工业专门化以外，沿尼罗河聚集的村镇大体是同质性的互相复制。然而，埃及迅速向最彻底的官僚化发展，于是形成历史上仅知的最彻底的再分配经济。显然，地区共生和再分配的关系并非一种必需的关系，也非城市化发展的需要。

埃及通向经济再分配之路，显然是按个人而非按地区上的劳动分工。劳动分工在所有重要节点上都得到了补助和指导，这是一种放大的寺庙经济。美索不达米亚的城镇明显以同样方式开始了它们的再分配经济，其寺庙经济基本上是属于受补助的劳动分工。但是一旦启动，一种寺庙经济就能发展成一种较大、较有效的再分配系统，它能构建遥远区域间的一种十分有效的共生，而起初这种共生是做不到的。看来明显的是，这种系统存在一种自我扩张的有利趋势，因为其增大的规模和有效性实际上是其本身存活的保证。埃及官僚体制引导的一种经济较为强化，而且纯粹针对手工业专门化和密集劳力项目；美索不达米亚的经济最终融合了各种专门技术和不同的地区；而安第斯高原蒂亚瓦纳科的经济则完全基于地区的专门化。

# 14

# 印度河流域的文明起源

大约始于公元前 2500 年，有一经典文明在印度河及其支流盛 237/238
行了约一千年。这个文明拥有文字（虽然还未被破译）和十进位制的数学符号、专门化的娴熟手工艺（包括青铜冶炼）、两座大小和苏美尔城市相当的有规划城市、灌溉和防洪设施、纪念性建筑，以及广泛的运输系统。所有这些都和苏美尔相当，至少毫不逊色。约公元前 1500 年，这一流域被野蛮的游牧者（有些人认为是“雅利安人”）入侵并征服，从此再也没有恢复独立。

## 形　成　期

就像埃及的情况，我们面对的是印度河流域的一种“早熟”发展，对其早先阶段还不甚了解。马利克认为，最近的考古证据表明
印度河流域的发展很可能是原生的（Malik 1968，11－112）。但就 238/239
像埃及的情况一样，有证据表明此地与苏美尔有贸易往来，于是我们又一次面临如何评估印度河文明的独立程度问题。有可能它像埃及文明那样崛起很快，因为苏美尔文明提供了适用于印度河流域条件的样本。不过它的基本特征还是比较独特的。

## 双　城　记

（约前 2500～前 1500）

印度河文明占据的地域比埃及或苏美尔都要大。两个大城市，哈拉帕（Harappa）和摩亨佐达罗（Mohenjo-daro）相隔约

563.3千米(350英里)，与最远的较小遗址也有约1 609.3千米(1 000英里)之遥。该流域与美索不达米亚相似，降雨量少，需要灌溉，但又不像埃及，冲积平原的洪水没有规律。因此，若无人工灌溉，是不可能成功在这片土地居住的。单就这点理由就可以推断，在平原地区被占据之前，很可能在别处已经有一个形成阶段的发展，它的灌溉系统几趋成熟。印度河居民很可能不仅需要这样一个系统来灌溉庄稼，而且也要用它控制无常的洪水。

更多间接证据也有力支持这个理论，即有一个成熟的文化被引入印度河流域。在从上游到下游(超过1 609.3千米[1 000英里])和上溯五条支流上，这片居住区具有统一的文化，甚至在细小的形制特征上也都一样(Allchin 1968, 136)。而且，两大城市明显都按几何形规划，然后按照设计营建，而不像美索不达米亚的城市那样随机扩张。就如麦克尼尔(McNeill 1963, 85, n.31)所指出的，这种差异可以在今天的华盛顿特区、堪培拉和巴西利亚的规整布局与伦敦、巴黎、里斯本无序布局的反差中见到。不管怎样，我们不必对灌溉农业发展的进化潜力感到惊讶，当它传播到一个新地区时会比在原生地发展得更快更大。中美洲基本就是这样，美索不达米亚显然也是如此(尽管埃及的情况不明)。印度河发展的
239/240 非同寻常之处仅在于它的出现十分突然。

我们还记得，苏美尔本身的快速发展也是先在别处发展出文明必需的大部分要素，很有可能是在东部高地。这些相同来源很可能也催生了印度河文明的要素。也就是说，不是将其文明的启迪归因于苏美尔的影响，而是想象它们两者有一个非常一般的共同起源更为恰当。这可能有助于解释为何尽管苏美尔和印度河流域有共同的特征，如文字和数学、纪念建筑、砖砌技术、铜和青铜冶炼等等，但是随着时间的推移两个文明分化出属于它们自己的特

点来——苏美尔特色和印度特色(Woolley 1963, 88)[1]。

这两大城市(摩亨佐达罗至少占地 2.6 平方千米[1 平方英里])几乎完全是由窑烧砖块建成的。砖窑很可能消耗大量的木材作为燃料,木材的运输和城市建设很可能花费了大量的劳力(Childe 1946, 118)。印度河冲积平原朝海的坡度要比幼发拉底河三角洲陡得多,并几乎是尼罗河三角洲的两倍(Woolley 1963, 151)。这使得运河系统的工程更加简单,水可以流得更远,因而能形成一个广泛的系统。用来灌溉有如此广袤耕地的区域的运河系统,很可能需要巨大规模的集权。洪水发生在 5 月到 8 月,因此(像苏美尔一样)需要为全年灌溉建造水渠,不能依赖自然洪水。

整个地区建筑和装饰风格上的强烈共性,意味着存在与埃及相似的政治统一。伍利也认为(Woolley 1963, 152): 240/241

> ……如果哈拉帕和摩亨佐达罗在规划上的惊人相似,是我们将这两座城市看作是同一统治权力下的双子首都的证明,那么它们的存在就能从单一行政中心难以控制像印度河流域这样广袤的区域来解释了。[2]

但是我们不能肯定,这里的灌溉系统也有如此大的规模。马利克(Malik 1968, 97 – 98)认为,比较可能的情况是集中管理的是无数小的灌渠系统,而非单一系统。没有这种大型系统存在的考古证据,并在所知的整个历史,甚至直到今天,小型的村落系统十分有效。事实是,像摩亨佐达罗这样的城市就位于一片较小聚落

---

① 最近在古波斯的考古调查表明,始于埃兰(Elam)(苏萨[Susa]和锡亚尔克[Sialk])的美索不达米亚早期发展于公元前 4000 年在往西约 804.7 千米(500 英里)远的雅亚土丘(Tepe Yahya)达到鼎盛。雅亚土丘的位置大约在美索不达米亚城市群与印度河流域的中间。该遗址的发掘者认为它是印度河文明在公元前 3000 年兴起的直接激发者(Lamberg-Karlovsky 1971)。

② 雷克斯(Raikes 1964)相信,在印度河下游一场灾难性水灾之后,哈拉帕实际上取代摩亨佐达罗成了首都。

的中心，进一步说明灌溉系统可能是小型和地方性的。

这两个城市没有围墙和其他防御设施，除了它们各自在城郊有一座高耸的城堡或卫城，它很可能是“权贵”的住所（Malik 1698，82）。除此之外，基本没有战争或防御袭击的证据。

> 因此，它们的政治形态，可能不是像萨尔贡那样的军事帝国（阿卡德王国），而是像埃及古王国那样的僧侣国家。（McNeill 1963，86）[①]

小村落和小乡镇在郊外分布的形态表明是一种和平而非战争状态，甚至没有任何战争的预期。如果存在内战的话，那么农村人口肯定会以一种防御的方式聚集起来。对游牧者劫掠的恐惧很可能也会造成相似的聚集，并出现游牧与定居的两极分化，这样在交界处会有一片无人区，也许偶尔会有些边民的堡垒。如果存在此类现象，则应该会有一些醒目的证据。

再分配很可能是非常广泛和高度有组织的。该城址中有巨大241/242 的谷仓，表明存在高度有组织的收集和滞后分配。海上及内河贸易非常繁忙，这可以从贸易品和诸如玉（只发现在迈索尔[Mysore]）、铜锡、金银等稀有矿石得到证明。这些证据加上最近对带有典型“哈拉帕”特征的遗址发掘表明，印度河文明向东一直延续到苏拉特（Surat），离孟买以北仅 281.6 千米（175 英里）（Malik 1968，82－83）。这些迹象表明，集中权威不仅组织灌渠系统，而且掌控了十分广泛的再分配系统。

虽然存在文字，但它明显仅用于经济贸易和记账，而非文学、意识形态或教育。再者，文字和数字看来在起源上密切相伴，而其起源可能只是在一个复杂系统里出于记账需要的助记手段。

---

①　费尔瑟维斯（Fairservis 1961，18）坚信，这些城市主要是仪式中心。惠特利（Wheatley 1971）说，所有早期文明的城市都是这样。

柴尔德(Childe 1942，119－120)指出了仓储及各种高度纯熟的手工艺，并且断言印度是一个“阶级”社会，由富商及劳工和工匠组成。但这是一种没有根据的推断。具有健全规范管理再分配系统的酋邦和原始国家很可能具有高度分化的社会地位以及针对贵族限制消费的规则，但这些贵族的根基是政治而非经济。基于同样的证据，伍利认为印度河文明很可能是一个征服型国家(Woolley 1963，157)。但是，所有人同意，这两个城市复杂的几何形规划，需要一个真正有效而集中的权威系统的存在。

马利克(Malik 1968，99－110)声称，印度河系统是酋邦而非国家。这一说法的大体根据缺乏强制性国家存在的证据，因此不能看作定论。但是，马利克观点中值得赞同但他没有提及的一点是，整个文化在长时间里具有一致性，没有(或几乎没有)战争或其他干扰的证据，令人想起埃及和秘鲁沿海的河谷文化。在这两个例子中，我们已经指出他们与苏美尔和蒂亚瓦纳科之间的区别，也提出了它们是酋邦而非国家的可能性。

在这种背景里，马利克提出了一种可能性的有趣论题，即印度河流域广泛的酋邦系统为后来印度社会特有的种姓制度创造了基础①。酋邦具有许多明显类似种姓的特点：如果一个酋邦足够大， 242/243
并延续足够长的时间，使其族内婚和区域及手工业劳动进一步专门化的趋势最终成型，它定能称得上是个“种姓社会”。用这种观点解释种姓制度的起源，从功能—历史(或进化)观出发，要比普遍流行的观点更有道理；后者认为种姓制度源于种族征服以及为防止种族或族群混血而强制的族内婚(虽然可以肯定的是，一个正常运转的种姓制度，如果广泛传播，就会有这种附加功能)。

就如我们所见，与酋邦相伴的世袭不平等起源，从家族意义上

① 柴尔德在早些时候(Childe 1953，121)也提出，印度河文明而非“雅利安入侵者”为现代印度文化奠定了基础。

最初来自部落社会血缘观念。然后不平等变得无处不在，但也伴随着广泛的地位阶级分化，通常由意识形态、祭祀以及各种限制规则予以巩固。当可能始于上层阶级的族内婚倾向变得完全世袭，不平等就会通过时间而固化——这是印度种姓制度的一个显著特征。

酋邦的起源及随后发展与技能和区域的专门化紧密相伴，它们也会倾向于长期习以为常而变成世袭。我们通常专注于酋邦这个方面，是因为专门化与再分配相伴，进而增强了集中的权威系统。（需要指出的是，专门化部分一旦结构完善，它们就会介入到自身的互惠服务与交换中来，这是另一个经常提及的小村落种姓制度特点。）

酋邦的第三个常见特征是权威系统的神权性质。宗教观念当然是传统印度种姓制度强有力的支撑。这种观念和祭祀还有与其相伴的神话，不仅提供了该制度的基本原理，还有助于在广大区域里构建一种共同的信仰体系。

似乎可以想象，一旦官僚体制能够在一片广阔地区建立秩序
243/244 并进行指导，一旦该体制的各部分达到充分的有机依存，并与一种世袭社会地位和职业形态相伴，那么大部分时间就不太需要强制武力和消极制裁了。这样的系统一旦世代相袭，就能够通过自身带来的好处——也即积极的强化——而变得如此内化，以至于个人和地方团体不再想反叛。这样的社会会非常稳定，甚至可能心满意足。拉尔夫·林顿（Ralph Linton）在他的名篇（Linton 1936，130－131）中这样写道：

> 美国人一直被训练得注重个人自主和成就的崇高价值，以至于他们往往看不起组织死板的社会，并可怜生在其中的人们。[但是]……对于一个正统的印度人而言，他可能从来不会觉得自己因无法改变种姓而要被怜悯……其宗教为他提供了整个系统的合理解释，并说明他在自己种姓中的存在是他灵魂进化地位的结果……作

为某组织严格的社会一员，个人可能会被剥夺一些能够激发他特殊天赋的机会，但也给予他一种我们所无法理解的情感安全。

## 消　亡

《梨俱吠陀》是现存最古老的梵文文献(根据雅利安人的观点)，描述了浅肤色操雅利安语的入侵者对深肤色本地人的征服。但是考古证据表明，在公元前 1500 年前有一种衰退，使得一些人主张诸如气候变化等“自然”原因导致了这种衰退——但除了摩亨佐达罗的洪水外，并没有这类原因的具体证据。无论如何，这样的气候变化(洪水或干旱，不管什么原因)，不至于会对这么一大片地区产生相同的后果。

马利克表明，不管是气候变化还是入侵[①]，这些有关印度河文明“终结”原因的假设，都不是基于充分的材料或对社会行为的真实看法而提出的(Malik 1968, 118－121)。哈拉帕和摩亨佐达罗公共中心的“衰落”迹象——建筑更替缺乏连贯性、粗制滥造的房屋、使用旧砖等等——仅支持了中央权威控制不佳，发生了某种政治解体的见解，但并不能支持一群人被消灭或遣散的说法，即便这两个城市最终被废弃。(这个问题让人联想起有关玛雅佩滕“古帝国”消亡的推测。) 244/245

## 印度河流域的城市、国家与文明

本章的主要问题是，由于缺乏确凿的材料，我们只能根据前面章节的推断来进行解释。如果这些解释再被当作该现象的进一步

① 还有些人认为是地震(Raikes 1964)。

实例来使用的话，就会犯循环论证的错误。另一方面，一种广泛比较方法的优点之一，就如我现在的努力，就是论证比较充分的案例知识有助于论证欠佳的案例。因此，我们的任务就是要推进对印度河文化的尝试性解释，并需注意不要做出过头的解释。

哈拉帕和摩亨佐达罗这两座双子城的显著特点，是它们经过精心规划，其人口也明显是迁至其中的，直到它们发展到大约2.6平方千米（1平方英里）的规模。这和柴尔德及其支持者的说法直接相左，即城市化的成长或发展是孕育文明许多特点的基础（如果在某些方面是间接原因），比如文学、艺术与手工业的专门化、纪念性建筑、科学等等。看来明显的是，印度河文明的潜质是在城市人口之前确立的，因此达到的这种文明是城市出现的原因，而非相反。一种合理的猜测是，这两个城市开始时只是公共仪式中心。当它们的政治重要性日增，其官僚机构也发展起来，并开始对本身及其周围如仆人、管理者、工匠、经济分配者等家庭的迅速增长进行规划。就像在埃及，没有使用世俗武力的证据。

基于印度河城市中心非凡的特点，皮戈特认为，该文明完全是神权性质的（Piggott 1950，150－151）：

> 245/246 该城市遗址在几个世纪里连续栖居的考古证据，至少从摩亨佐达罗自始至终保存的最初街道规划来看，特别是没有蚕食面向主要街道或巷子的房屋建筑排列，显示了很长时间里在某种程度上得到保证的政府管理的延续性，以及无论朝代和当权者如何变化，该传统的延续毫发无损，并始终有效。尽管从这些证据提出任何肯定的推论都是危险的，不过我们可以认为，这种长达几代的延续性可能是由宗教约束的强制使然。还有从它非同寻常的保守性，以及长达几个世纪仔细保留甚至是日常生活的细节不变来看，哈拉帕文明的结构具有一种强烈神权

> 色彩。这肯定意味着这样一种社会系统，其中寺庙不变的传统要比统治者个人野心或世俗宫廷的稳定性更有效，而且在这个社会里土地所有制的形式是由僧侣等级制所决定的。

总而言之，就我们对印度河流域文化的了解，指向了与苏美尔文明不同的一种埃及风格。这是一个地域辽阔、相对安全（因此不是好战的）、高度官僚化（有出众的城市规划为证）的稳定社会。我们没有明确的证据表明它像埃及那样高度神权化，但是马利克的判断看来确实是对的，即印度的祖先种姓社会及神话信仰和宗教仪式而非强制武力，是其支柱。但是，这里显然没有像埃及流行的那种巨大的庙宇或墓葬。

印度河社会证实的主要一点是，城市化未必与发展中的文明相伴。这个案例的证据清楚表明，发展中的文明使得程度相对较小的城市化成为可能，而不是相反。

# 15 中华文明的起源

246
247
中国的青铜文明始于华北的黄河流域中游，该地区通常被称为河套①。总的来说，学者们看来都同意，中华文明发展的整体模式具有强烈的本土特点，而且中国作为原始文明之一值得单独考虑。文字、艺术风格、服饰风格、宗教、仪式，似乎从最早的时候就已经具有“中国”特色。显然，黄河流域人群的文明模式在其邻居中不见能与其比肩者。

黄河中游地区的生境以一种独特的黄土为特点，这种黄土用原始的手工工具就能轻易耕作。这种巨厚的风积土中没有石头，也没有大片的林地。黄土的孔隙使得它无须冲刷和侵蚀就能迅速吸收水分，而这些水分会自然回到表面滋润植物。那里的降雨一般足够充沛，但不规则。该区域可能采用一种简单和小型的初始
247
248
灌溉，因为土壤如此松软，所以无需专业技能和工具就能挖出沟渠。但是正如欧文·拉铁摩尔(Lattimore 1940, 33)所言：

> 只有当人群达到一定数量才会对水进行较为仔细的综合控制，他们互相帮助以挖掘较大的沟渠，也可修筑堤坝来保护地势较低的土地免受洪灾。

博德(Bodde 1956)声称，防洪比灌溉更重要。在两种情况下，正是对水的控制，才有可能发展出较大规模的强化农业——就像我们之前所见。

---

① 这里所指的“河套”与习指的不同，应指黄河中游一段。——译注。

## 形 成 期

中国传统提到的夏代先后历经 17 或 18 个国王,据说从公元前 2205 年到公元前 1766 年统治着中国北方,后来被商朝的建立者汤所推翻(商自己于公元前 1122 年被周推翻)。基于中国最早文献的研究,学者们认为,可能这是一种类似神话传说的文化,而它就是中华最早文明声名显赫的领袖和始祖。

对公元前 2000 年左右的新石器文化已经有了长足的考古学研究,现在基本认为龙山文化是一种本土发展的文化,并认为它是后来商朝的祖先。龙山文化的村落立足于强化的园圃农业和众多的人口,但同时也因其明显的平等社会结构与不发达的手工业专门化,是颇为典型的新石器文化。

形成期的龙山文化向商的转变看起来像是从一种较为平等、不太复杂的社会向等级社会的逐渐形成过程。从本书采用的术语,我们可以推测,商"朝"始于一种贵族的酋邦,持续发展到后来的周朝。这看来是朝一种更好战的"封建"社会,也许更复杂、更庞大也更强大社会的发展过程。但是,我们不要把这样的推测当作结论。特雷斯特曼(Treistman 1972, ch.5)认为,国家的形成始于商周交替之际。但是,一位研究中国的杰出专家认为商是中国最早的文明(Chang 1963, ch.6)。这里的问题令人想起,新大陆的查 248/249
文和奥尔梅克是否也具有资格被视为文明。我们将分别对待商和周的发展,并尽可能地加以介绍,以便我们可以更清楚地看清哪些是它们的共同点,哪些又是它们的不同之处。

本章将要介绍的是欧文·拉铁摩尔(Lattimore 1940, ch.4; 1962)的理论,他的解释是从功能—进化—生态学角度出发的,关注强化和广泛适应模式彼此关联的兴起,这种模式最终变成共生的、但越来越明显的两极特化。但是，这个理论从推测意义上而言“理论”性并不那么明显，因为它是针对华北早期历史的一种极为精到的阐释。让我们简要考虑此解释的基本要点，然后再介绍商周的发展。

华北经济差异的范围大致与地理梯度相吻合，它从黄河流域的黄土地到越来越干旱的地区，并止于蒙古的干旱无树草原。在河谷地区，对水的控制有可能形成集中和定居的人口以及最强化的农业形式；这些地区最终全部或大多失去对牧群的依赖。另一方面，游牧业是最广泛的经济形式，这种社会广泛分布于草原地区。中间形式的“混合经济”部分依赖自然降雨的农业，部分依赖家畜。就像在美索不达米亚高地，这种混合经济可能是最早的。但是，这种新石器时期广布的早期农业并未占据上风，反被蒙古草原的游牧业盖过了风头，华北黄河流域的农业日趋强化，与混合经济的减少相伴。

随着此梯度两端两极分化的加剧，较早的混合经济变得越来越边缘化，在某种意义上还不及游牧和定居农业社会。游牧者的优势主要是军事上的，因为（就如我们在现代非洲部落所见）游牧是在日趋流动的情况下发展起来的，并与掠夺性袭击相伴。最终，
249/250 游牧者成为骑马人，一旦装备复合弓弩，便成为真正和极其有效的骑兵。在这种情况下，拥有混合经济的分散村落很容易成为游牧劫掠者袭击的目标，并被他们所统治。于是，越来越多的村民要么融入一种完全游牧的生活方式，要么转移到河谷地带，从发展中的城市寻求保护，这些城市的防御设施变得日益有效。最后看来这两种截然不同的社会结合到一起，但它们的生活方式却水火不容。

经济的两极分化——对土地极其强化的利用相对于极其广泛的利用——于是以一种军事模式上的反差而与两种社会形影相伴：农业社区主要以防御设施为主，而游牧者则集中在攻击性的

劫掠上。这些差异也刺激了人口和社会政治的分化。防御方式促进人口密集城市的增长，而进攻则使得人群极度延伸。也需要强调的一个纯政治观点是：在这种情况下，城市居民更容易被统治，与其他选项相比，离心的倾向可以因受城市保护的好处而被克服。

但这种经济的两极分化既有竞争的一面，也许亦有共生的一面。区域共生和与之相关的再分配的最极端的例子是，分散的游牧者和强化农民之间有必要的经济互动。游牧者的产品，绵羊和山羊的肉类、羊毛、皮革，总是受到没有饲养这些动物的农民的欢迎。最重要的是，游牧者需要工匠的特殊产品，特别是青铜兵器和工具，还有永远受欢迎的谷物（蔬菜消耗也很快，但较易运输和存放的谷物更受欢迎）。这种两极分化和特化主要是在周代发生的。

有时农民和游牧者之间发生战争，事实上并不意味着没有重要的贸易，因为战争是零星的，而贸易则是持续不断的。设墙的城市是这种贸易的安全场所，它们同时也是粮仓和为贸易生产的手工艺品的所在地。与游牧者保持共生关系的城市居民相对自给自足，这是 250/251
因为商周所在疆域的景观十分一致，各城市彼此间也高度相似。除此之外，与游牧者也有短程的交换和再分配。农村是农业生产的单位，其剩余产品集中在城市的粮仓里。少数产品如丝绸、盐、铁和茶等局地物产，会作为“进贡贸易”物品进行长途贸易；但是，这种“贸易”形式也是由政治而非商人控制的（Lattimore 1962，482－483）。

## 商　代

（前 1766～前 1122）

夏是商祖先的传说似乎长期以来一直颇受争议。1928～1936 年发掘了传说中的商都安阳，显示出当地从所知的新石器时代遗址向商文化的过渡似乎有点过于突然。精致的艺术品（尤其是青铜器)、空前巨大而复杂的规划城市和皇家陵墓等,都提示了一批外来文明的人群对该地区的入侵。

但是,大约自1950年以来,龙山时期的考古学文化被发现分布很广,该新石器文化很可能与传说中的夏相关。安阳以外的其他商文化遗址目前都已有所了解,它们从早期龙山类型,经各发展阶段走向安阳遗址所见的完全成熟的表现。这点已毫无疑问,即商文化是华北地区发展起来的一个本土文化,而非一种外来文化①。

龙山和更早时期的许多特点,在最近发现的商代遗址中仍然保存着。事实上,商文化的新特征大部分体现在社会经济方面,而非文化的传统器物方面。简言之,最重要的是一种较为"成熟的城市",阶级分化(贵族、农民和工匠之间的明显分化),基于征服、朝贡和再分配、广泛贸易的新经济形态,战争的加剧,以及较高的手
251/252 工业专门化(特别表现在青铜冶炼、文字、石刻和陶器的超群发展上)。

商代生活的一个主要的新特点是各村庄已经组成了经济、行政和宗教方面的村际网络。像郑州商城这样的重要遗址,具有筑墙的政治仪式中心,那里是王室和贵族居住的地方,围绕该核心发现的邻居和村寨是工匠及他们家人生活的区域,然后是附近的农村。行政—祭祀中心也是再分配的中心。这些商城并没有像乌尔、摩亨佐达罗或特奥蒂瓦坎那么大,但他们确实与这些较为城市化的文明具有相同功能,而它们注定会变得更大,但首先,专门化社群之间的相互依赖是其最显著的特点。

从考古工作、铭刻和历史记载中有大量的证据表明,郑州和安阳是华北强大集权政府的所在地,控制着大量较为分散的村落。位于社会顶端的是一个世袭大家族,他们是政治、经济和礼仪结构

① 以下有关商文化的简单讨论,除了特别指出外,均参照张光直(Chang 1963)。

的中心——简言之，商完全是一个世袭的神权社会。那些管理各地聚落的领主是统治者、行政高官和偏远地区当地首领的亲戚，他们要向中央政府进贡。

高等级地位由父系氏族长子继承制所承袭，当然，它产生的亲缘分支谱系广见于民族学所知的酋邦。该分支谱系的神权支柱到处都是祖先崇拜，中国很可能在商代就已形成了这种悠久的文化特征，甚至在今天仍然存在。

伍利(Woolley 1963, 313)认为，高度发达的艺术和手工艺品，特别是青铜冶炼在中国制作最为精美，证明了这是一种高度组织化的补贴项目。就如我们在其他例子中所见，这肯定意味着，集中的规划和再分配有一种高度官僚化的秩序。中国的书法也是高度专业化的，显然与其他的艺术门类一样是一种专业化的活动，可以 252/253
说文学和绘画也是如此。

## 周　代

(前1000～前256)

周常被说成是“蛮族”，也许与中亚接触有关。拉铁摩尔(Lattimore 1940, 307－308)对此表示异议，他觉得将周视为黄河流域文化发展的相邻参与者更为合理，也许它始于一个较低的层次，也许有点地方性，但最后强大到足以控制该区域。顾立雅(Creel 1954, 51)同意，虽然周人可能提出“夏的神话”(商文化的前身)，以便宣称征服该地区的合法性，但他们可能并不是一个来自中国以外的蛮族。(后来在中国历史上，由游牧蛮族征服的帝国几乎是家常便饭，但在没有任何证据的情况下，没有理由认为周的兴起也是如此。)无论如何，周代是中国文明发展的古典时期，中国人生活的基本特点就是在那时明确成形的(McNeill 1963, 223)。

周的统治分为两个截然不同的阶段。起先有两个多世纪，周的都城在中国西部，并在军事上，可能还在政治上，对华北大部分地区占有优势。但是在公元前771年，该都城被毁(不知何故)[1]。后来，周在较远的东部重整旗鼓，又统治到公元前256年。但东周的统治相对无能，权力都分散在贵族或王子家族手中。在公元前第5到第3世纪，战争日益加剧，风雨飘摇的周最终被新兴的强秦所取代。与周一起发展起来的秦就像周一样，曾是商文化的参与者，而最后又将其推翻(Lattimore 1940, 356－357)。

前面章节已对新群体取代旧群体的现象有所提及，这使我们联想到麦克尼尔曾经表示过这是由于“边境国家”的军事力量日益强
253/254 大，也就是说，边境地区的社会受中原传统文化的辐射，但同时迫于压力会在军事上变得强大并加强戒备。我们可以将其补充为边境国家较晚建立，因而能够接受最新的和最行之有效的文化(尤其是军事上的)发展，反之原有的传统文化中心在某种程度上会因自身过去的历史而相对负重不堪。并且事实上这样的古典社会变得越来越过于专门化且越来越不能适应不断变化的环境。

对于这种背景，我们必须再次留意拉铁摩尔对这一非常流行观点的反驳，即中国这些王朝的兴衰只是由于“蛮族的压力”所致。这种解释没有考虑到中国许多独立的新兴文明社会在数量和力量上的增长。这些社会可能因日益精于强化的专项农业，而从老旧的松散混合型农业脱颖而出。与此同时，其他的模式如游牧业则变得更加流动。于是，“蛮族”所占据地域的变动，就意味着农业生产者所占地域的变动，这与通常蛮族攻击“浪潮”的图像十分不同，这种攻击意在渗入和征服中国人井然有序的疆土(Lattimore 1962, 361－362)。

这并不是说没有来自蛮族的危险和攻击，而是说它是一个双

---

① 西周灭亡的深入研究可参见李峰：《西周的灭亡》，上海古籍出版社，2007年。——译注。

向的过程。而且，增长的文明社会不但对蛮族施加压力，而且也彼此对抗。虽然麦克尼尔(McNeill 1963, 223)从蛮族的入侵来介绍公元前771年西周灭亡："……蛮族攻占了首都，杀死了在位的幽王并推翻了中央政权。"拉铁摩尔说："公元前771年周的东迁可能更多的是由于中国新兴国家的崛起而非'蛮族的压力'。"(Lattimore 1962, 363)我们若回想一下美索不达米亚与干旱草原及边疆新兴国家游牧骑马人之间关联崛起的惊人相似性，与拉铁摩尔的分析有异曲同工之妙。

回到周的兴起，麦克尼尔确实同意拉铁摩尔(和其他人)的观点，即周的篡位者本身并非蛮族。 254/255

> 当武王克商时，他们是彪悍和训练有素的武士，在与中国外围世界蛮族对抗的一种边疆艰苦实战学校中得到了训练。确实，周利用蛮族部落作为其征服中国的盟友。然而，就像许多其他边疆人群一样，周在征服商代的疆域之前就已受到商文化的熏陶，并在其统治之下，中华文明不断地向前发展。(McNeill 1963, 224)

被平原隔离的分散河谷这一现实，使得强化土地利用和聚集的小政体主要局限在河谷，但只是松散地，也许仅只是间断性地，与较大的政体或帝国相连。正是这个原因，使得大多数学者认为周代是一种"封建君主制"①。拉铁摩尔强调，各小诸侯国的地理位

---

① 欧洲封建制常常被作为全世界封建制的典型案例，但其定义是如此变化多端，以至于我们必须在其使用上十分谨慎。我认为它是一种松散的联盟，并与当地在经济和政治上自给自足的很多人群结合到一起，这里也是这种情况。但是，"封建制"还经常指一种特定的农民对土地、农民对领主的关系，特别是领主对领主的一种唯意志论的等级关系——这是一种特殊的权利与义务的体制。对于这点，欧洲的封建制过于独特而难以想见中国的情况会完全相同。但顾立雅(Creel 1970, 420－421)将对个人关系的普遍重视赋予周代，称之为封建。我们在此可以保留这个含义，但要记住它的松散性。惠特利(Wheatley 1971, 124－125)把周代经济比作一种封建庄园类型，以领主—农奴关系为特点。

置和不均衡发展是它们难以变得更大的原因，虽然它们是相同文化的一员。

> 显而易见，周王朝很可能无法统治居住在不同地区由诸多社群构成的一个集中帝国，而且这些社群的发展层次也不尽相同。该“帝国”很可能是一个封建国家，其君主起先握有大权，但后来却变得可悲而又微不足道，而各大封建诸侯的后裔逐渐发展成为独立国家的君主。(Lattimore 1940, 368)

于是在周的关系中，最初出现的封建君主制只是因为获胜的
255/256 统治者没有很好的手段来统一整个地区。很可能被征服的人群仍然像以往那样种地并依旧给他们村首领进贡。就像封建制的欧洲，那时没有地域分明的“民族—国家”，仅有一系列独立的、或多或少属于封建领主的势力范围。国王是文化而非政府的中心，也就是说，他并不通过干预地方行政来统治一个整合的社会。税收、审判、公共劳力和兵役都由各地自治。

> 周统治者也有他们私人的采邑，对于这些采邑他们不是作为一个国王，而是作为一个大封建主来进行管理的。因此，作为国王，周代统治者严格来说仅拥有长老(*primus inter pares*)般的封建地位。(Lattimore 1940, 391)

顾立雅最近依据新发现的青铜器铭文，对周局地自给自足的观点做了某些修正。西周显然已有常备军，而政府的集中程度也足以被称为“王室”，而且还有某种中央司法系统。但是这种控制的性质基本上仍然是个人的，甚至初始的官僚制是一种个人主义和官僚主义(officialism)的混合(Creel 1970, 420－424)。

与其他的古典文明相比，中国的贸易显然并不重要。那里的景观相对同一，作物也相似，只有一些物品如盐、铁、茶叶和丝绸被

广泛交易，因为他们只是有限地区的产品。此外，地方诸侯也如此相似且比较自给自足，以至于拉铁摩尔（Lattimore 1940，395）称之为“像细胞一样”。各诸侯都有一座筑墙的中心城市，拥有自己的驻军、仓储、工匠、文书、祭司和行政人员；外围乡村则提供基本的农产品。有人可能推测，再分配机制和城市的其他好处，会使它变得集中并易于管理。另一方面，因为相对缺乏重要的贸易、再分配及其他整体优势，整个国家只是松散地连接在一起。

也许是缺乏物质方面的集中手段，转而强调政治和宗教意识形态，特别是宣扬这样的信念，即神授的君权是一种普世权威。作 256/257
为“天子”，所有中国人包括蛮族，都应服从他的统治。

> 这种思想极有助于巩固朝代相继的帝国，并使国家保持长久统一，这是仅靠军事力量所无法做到的。(McNeill 1963，226)

这个思想的政治方面是复杂宇宙观的一部分。人间被认为是上天的反映，人们的祖先居于上天，那里是祖先的居所，秩序井然。作为天子的君王是沟通天地的纽带。这些信仰是当地巫术和祭祀古老宗教的表现而非一种取代。但是它们对于贵族阶层非常重要，他们是作为天上同样强大的祖先神灵的各级代表与皇帝联系在一起的。每个贵族就像君王本身，不仅是他自己政治领土的主人，同时也是战争首领、世俗首领和大祭司。

某种封建制所特有的一些松散性，被一种贵族教育制度所克服，这在各早期文明中是独一无二的。在此实践中，重要贵族的长子被送到首都，经历长达十年的训练。王储也进这个学校，在那里很可能建立起友谊，于是王储与其主要诸侯的继承人成为朋友，以及确立某种意义上的贵族团结。主要贵族的次子及中小贵族的长子会进入各地方的学校。所有人都接受一套固定课程，以训练武艺、宗教和礼仪、算术和书写。所能感受到的贵族与道德教育(其特别强调文学)的相伴关系是如此强烈,甚至今天仍是中国文化的特点,虽然最初的阶级制度已经完全消失。

但是,到了公元前 771 年,尽管君王作为天子仍然被人相信,但实际的政治权力却落到了十几个分散的诸侯家族手里。那些变得强大和独立的统治者体现出了发展的潜力,这种潜力来自其占据边疆的位置,因为他们都位于中国的周边地带。正如麦克尼尔所指出的那样(McNeill 1963, 228),边陲地带的领主征服了他们
257/258 周围的蛮族,并把中国文化传给了他们。这些边陲国家变得如此之强大,并精通战术,以至于他们使得中心地带附近那些较为文明、但较为古老的政体黯然失色。

公元前第 6 世纪,战争变得日益频繁且更加惨烈。但是,这一失序导致中国文化向外的地理扩张。落败者或敌对分子、投机者及各种游民都被邻近的蛮族所征服或同化。如同中国较为北部和西部的边陲,山东半岛和东北沿海平原也成为中国文化圈的组成部分。后来历史上最重要的一次扩张是向南,到达长江流域及三角洲平原,那里中国的文化和社会开始按照黄河流域地区方式组织起来。

同时边陲地区开始繁盛,而相对地原来黄河中游地区的文明社会的影响开始衰落。那些有良好教育的阶级越来越怀念他们王权辉煌的昔日时光,这种情结在伟大孔子(前 551～前 479)的思想里是一个重要的组成部分。

显然,周代权力和威望的丧失与整体上道德、伦理和仁政的解体相伴,君权神授已经失效。孔子的作用正是试图用意识形态的手段来整合国家,主要是说服民众,无论自己出身卑微还是高贵,都应高尚文雅,举止得体。根据这种意识形态,成功帝国的黄金时代就是仁政与个人道德相匹配的时代。以后,如果所有人,包括贵

族、政客和百姓，都举止得体和高尚，那么也许能再造成功的政府。为了对这点加以说教，孔子必须以一种重要方式与过去切割。他必须告诉人们，贵族身份是后天获得的，而非天生的。但是，首先他的教诲是，一个有良好修养的有德之士的最大回报就是治理国家。

同时孔子还背离那些较陈旧的贵族信条，弱化武德，并强化仁政即礼的思想，以及当它需要符合礼制的传统规则时，应该优雅地 258/259
以礼为先。他认为，另一种强制武力的治理国家的方式会引起暴力反抗、阴谋和内乱——这在他所处的那个社会非常明显。

孔子试图让当时统治者接受他这些原则的尝试，并没有成功。但是，他的思想成为后世功绩的沃土。他的意义在于这样的事实，即他是封建制最佳统治理念的集大成者和规划者，而同时又是可以不断更替的一种新秩序的倡导者（Lattimore 1940，397）。基本上，他认识到政府应当集权，一批贤能的专业官僚应该取代桀骜不驯的世袭封建武士—贵族，而像历史上的其他救世主一样，他的目的是想让他的仁政和克己复礼的哲学具有普世性。而事实上他确实产生了非常广泛和深远的影响，在远东可以与西方的耶稣比肩。

## 第一个中华帝国

（前 223～前 206）

公元前第 6 和第 5 世纪是动荡不安的时期，最终见证了秦作为主要强国的崛起。秦来自西北的黄土地带，又是边陲国家强权崛起的一例。秦被说成是帝国时代的肇始，这是因为他们开创了许多军事和政治政策，把中国从封建制变成了更加集中和强大的国家。

首先是战争性质的变化。较早的封建贵族进行的是一种“文雅”的礼仪性战争，从未导致落败者的永久性征服。落败的统治者会承认自己的失败并同意支付赎金或定期进贡，这些都取自他的臣民。他仍然是自己领土的统治者，只是作为一个臣服的属国依附于胜利者。不过这可能只是暂时的，因为他可能会反叛，与敌国结盟。正是因为战争并非决定性的，因此通过联盟而发生的权力转移，造成一种几近不得安宁的动荡状态。

259/260 而新的战争形式旨在消灭被征服者的全部政治结构。秦不仅屠杀统治家族，并设法通过悬赏敌军人头来消灭败兵。幸存的人口被纳入胜利者的社会，并在秦的直接管辖之下。这个政策使敌国闻风丧胆，并很可能使他们更愿意加入或与秦国结盟。

公元前第 4 世纪封建制的另一变化，是一批谋士新阶级的兴起，他们为政治管理和战争出谋献策，这些人来自较小的封建贵族，但不再效忠于自己的原主，反而为中央政府服务（孔子就是这种专业行政人员的一个早期例子）。

有效的管理，使得秦国社会能够促进和改善灌溉系统，并能调动区域劳力到能修建惊人的长城的程度。也许更困难的是要建立一个税收体制，将每个家庭的户主作为税收单位。在此之前，领主和他们下层贵族负责税收，这只是一种收取贡物的低效方法。灌溉系统的公共劳役及兵役也由国家直接管理，而像税收制度往往需要有效的登记和人口普查。所有这些都有效地摧毁了封建制的护身和特权[1]。

建立一个真正帝国的过程不可能没有抵抗。因秦朝在巩固黄河流域之际，另一个位于南方长江流域的楚国开始形成。这两个国家打了几十年，但秦最终在公元前 223 年完成了统一大业。至此，秦国统治了草原边陲、黄土地区、黄河流域及长江流域，最为重

---

① 这部分是根据拉铁摩尔的解释（Lattimore 1940，399 - 406）。

要的是幅员辽阔的长江三角洲，那里有利于舟楫和灌溉的复杂和高效的运河系统。秦始皇成为一个新中国的首位皇帝。

我们不能忽视秦能够打败看似同样强大的本土政体楚的力量 260/261
来源。最大的区别在于秦最初是一个与“蛮族”接触的“边陲国家”，而楚源于遥远的南方，没有来自游牧者的持续威胁。当秦扩张的时候，它不仅征服了南方和东方的文明国家，而且还征服了蛮族。后者之举导致秦国迅速补充了一批新的蛮族臣民，他们成为秦军特别是骑兵的重要组成部分。（秦国社会里的蛮族因素是中国悠久历史传统的基础，秦国并不把蛮族看作是封建保守的“高贵”文化的毁灭者）。

虽然秦朝在短短 16 年后就灭亡了，但是后继的汉朝（一直统治到公元 220 年）似乎才是中国真正成功和富有创造力的第一个帝国，而秦国是首先统一中国的国家，并留下了这样的遗产：

> ……国家统一的概念，不是得到了什么东西，而是要恢复和重整一些东西。(Lattimore 1940, 424)

秦所建立的强大军队不像封建军队那样很快解散回家务农。它是一个专业军队，一旦平定六合，它就无事可干了。公元前 209 年，其中开始了暴动和一系列可怕的战争。这可以被看作是军事过度发展的结果，这种发展是较经济和行政方面相对不足而言的。不管如何，秦的灭亡没有导致中国回到原先诸侯小国的封建自治。汉重新统一了前面的帝国，并开始建立起能够维持它的一种行政体制。这是一个成功，而且汉帝国迅速发展成为一种跨地域的伟大文化，其影响力堪比罗马帝国。

在秦始皇的统治下，秦统一所面临的最大威胁可能是过度扩张。更具体地说，秦国从黄河中下游地区扩展到长江流域（楚国），意味着容纳了一个极为复杂而强大的政体和经济。于是，秦帝国

261/262 有两个大的权力中心，它们本来分治要比合并更好。毕竟，首都远在北方的秦帝国无疑难以对前楚国进行管理和统治。

这表明，秦解体之后所有逐鹿中原的竞争者，在那些杰出的贵族首领——特别是项羽精疲力竭之后，刘邦脱颖而出成了最后的胜利者。他祖籍在黄河和长江之间的淮河流域，因此兼受南北文化的影响。从某种意义上，正好处于力量的平衡点，而刘邦最终能够利用这个优势。他也以另一种方式平衡了政治权力。他并非贵族出身，也基本不是军人，而只是一个小吏。而他因为他所在区域的多重影响，令他能有独到的眼光解决难题，并在军事、世袭贵族和专业行政人员之间建立起一种平衡。

正是刘邦善于用人使他取得了成功。起初，新的官僚体制由他原来的旧部组成，但他也灵活地任人唯贤。后来，这些官僚形成了一批具有文化素养、受儒家熏陶的贵族阶层。汉的统治能够如此安定，几乎是“泰然”，有可能是因为秦代的动乱和暴政在汉代百姓中仍记忆犹新。

在外部事务上也发生了一些变化。在比较动乱的时期，过去的游牧者多次入侵黄河附近的边境地区，但受阻于秦所筑的长城。(长城实际上是由那些小诸侯国修筑的各段城墙连接而成的。)当秦全力征服南方时，一个由以匈奴为首的游牧者联盟在北方形成。凭借自身强大的力量，这些游牧者最终越过长城，占领了那些他们过去无法企及的地域。这种成功联盟由一个被称为“汗”的战争首领所领导，后来对中国各个王朝产生了持续的影响，就像中国这个新王朝也对游牧者产生了影响一样。

262/263 在北方，汉朝恢复了以长城为界的有效统治。这条疆界不仅是草原和农业社会的分界，而且也是一条泾渭分明的政治和文化边界。无疑，它确实从某种持续威胁的意义上为增强民族，特别是华北人民的团结作出了贡献。

据拉铁摩尔的看法(Lattimore 1940，472)，汉向南方的扩张采取了一种十分不同的方式，那里的瘴疠之地逐渐变成一种典型的中国景观，没有像北方农耕者那样，面对强大的“蛮族”而存在文化上的相互纠缠和对立。

中华帝国大部分后继较为迅速的扩张都是在南方地区。但是这片“边陲”易于中国人的定居，就像美国的西部地区。肯定会有一些斗争，但南部边陲的政治影响与长城一带十分不同。可能正是这个原因，汉并没有在其家乡的淮河区域定都，而仍然建都北方。

但是，中国强权的一些扩张纯粹凭借军事实力。在武帝统治期间(前 140～前 87)，他的军队征服了中亚，并开辟了连接西亚东部的伟大丝绸之路。在此期间，中国人进入了朝鲜，而日本间接受到了中国文化的影响。到了公元前第 1 世纪，中国已经成为这样一个稳定和有效的国家，以至于它的直接文化影响几乎已经到达了后来的传统边界和地区。

## 中国的城市、国家和文明

除了我们案例中城市化[①]在种类和程度上的明显不同外，华北
通向文明之路与中美洲、秘鲁、早期分节美索不达米亚和埃及这些 263/264
重要而闻名的案例有着明显的共性。看来可以明确肯定的是，一

---

① 惠特利(Wheatley，1971)对中国古代城市的大量和明确的研究认为，通常将城市化看作是社会演进的一个层次或阶段是缺乏根据的，并有民族中心论之嫌。他将中国与其他早期文明做了比较后说(480 页)：“我无法将紧凑城市的出现与任何政治地位的变化联系起来，比如从城市国家到地域帝国，也无法将其与政府结构的任何转变联系起来，比如从宗教寡头到血缘关系。它似乎也不总是与任何战争的特定方式直接或明确相关，有点令人意外的是，也不与运输技术的进步有关。在某些情况下它可能反映了一种新经济交流模式的出现，但目前这个问题仍不明确，还需对其进行研究。”

平等的新石器时代社会是在传说中的夏代开始发生转变的，那时开始出现了酋邦的特点。殷商时期见证了一场成就了所有文化发展的伟大运动，而这曾被归因于其他地方的古文明。后继的西周仍然保持了这种发展。虽然很难说周有什么新的重要发展，但是留下了较多的文献及考古记录。汉应当被看作是在一片广袤区域内首先巩固了这一文明。

我们应当对这种倾向保持谨慎，即只因历史赋予商周不同名称，就认为它们是两种不同的文化类型、时期或阶段。它们之间肯定有一种基本的文化连续性，可能也有某些进一步的发展，但可以说它们是一脉相承的文化。首先，没有理由认为，周用军事手段取代商就认为周是压迫性世俗国家的肇始。看来最好还是保持拉铁摩尔惯用的说法，将商周看作单一的文化实体，这两个朝代共同形成了中国早期文明发展的古典时期。

最后，就像其他的经典例子，新兴文明向外扩张它们的势力。它们成为帝国，并开启了一个与古典文明迥异的好战的竞争时代，就像斯图尔特恰如其分地将该时期称为"循环征服时代"。这一时段从本质上是如此有趣，虽然它在本书中从时间上关注得晚了些，但是我将在结尾中用较长的篇幅进行讨论。

# 第四编
# 结　论

# 16

# 结论Ⅰ（否定）

许多非常有影响力的古今思想家对国家和文明的起源和性 264/266
质，提出了很多不足的想法，以至于本章我们应该首先对他们最重要的说法进行批评，然后才能继续较为愉快地工作，即在最后一章中介绍肯定的结果。

然而，这些否定的批判性结论不会完全纠正明确的错误，因为强调的内容会变，并注意到情况的复杂性。事实上，大多数批评在于过分简单的因果理论。认为正式政府的兴起与政府外的某些其他特征有明显的关联，并认为这些特征是导致政府兴起的原因，是最麻烦的过分简单化。还有，这些因果理论似乎基于这样一个概念，即由于官僚机构与某种“结构”相像，因此是被动的，它是被造就而非主动创造的。这些都易被批评为过于简单，其中一些观点搞错了各种原因相伴的依附关系和促成因素，但不能说完全或明显错了。

第2章对政府、国家和文明起源以及性质的各种主要理论进
行了时间排序。为了给目前这一批评章节建立一个平台，我们可 266/267
以简要回顾一下这些经典的理论，但主要集中在政治思想演进的具体阶段方面，并会在一定程度上与该时间序列相对应。

## 简要回顾

正如我们在第2章中指出的那样，许多将政治问题偏向从哲学思考的学者将国家等同于社会本身，将国家看作是建立社会秩序

的工具，它们之前都处于无政府状态。以理性方式行事的一些个人走到一起，创造了法律和政府。作为现代人类学家，我们知道这是无稽之谈。因为有序的社会远早于这种正式机构。我们必须关注人类群体的活动——社会阶级、经济制度、原始部落或这样或那样的社会，而不是关注不相干的个人活动。因此，许多古希腊古罗马哲学家如柏拉图和亚里士多德的观点可以被摒弃。

欧洲启蒙运动的社会契约论者也认为，个人会通过理性选择来创造他们自己的社会。当然，他们之间存在重大差异，以霍布斯和卢梭有关人性的相反设想而两极分化。霍布斯认为，最初的强制性国家是由于个人厌烦冲突而制定法令所造就的。而卢梭认为，人类较为和平的天性有助于建立一种反映民意的理想政府。但这些都只是关于人性和个人欲望的假设。

卢梭部分是对的，他认为一个社会可以（而且应该）教育民众并使其受益，压迫性制裁可能并非必要。我们已经回顾了许多例子，证明这种积极强制对政权认可的效用。但在此主要的问题是，这些强制或压迫都不考虑外部政治的主要问题，即向其他社会发动战争或维持和平。

霍布斯部分是对的，他声称一个社会承受着来自个人争斗和自私自利等巨大压力。

267/268 而且，正如我们所见，所有社会都必须采用某种压迫及消极制裁来支撑他们的积极强制性措施。这些在政治复合状态中的相对比例各异，它取决于内部压力——特别是与社会规模相关——因此我们不应断言，说卢梭比霍布斯更正确，反之亦然，但是作为永恒的人性，应以特定方式被解放或约束，这有赖于个人自然习性之外的各种因素。

14 世纪的伊本·赫勒敦很可能是第一个强调整个社会对立关系，以及来自社会外部其他因素主要是地理影响的人。具体来说,他讨论了气候和土地在引发游牧和定居社会之间竞争的作用。这是最早的冲突论(或比征服论要好),聚焦于这样一种状况,即获胜的游牧者在定居村落中以霸主姿态永久定居下来。稍晚在欧洲,让·博丹独立提出了类似的观点。特别像我们在中国案例中看到的情况,他们有关竞争的观点没有考虑到胜利者和(至少部分)被征服者之间合作的情况,也没有考虑到定居农业社会官僚机构内部的因素。

后来启蒙运动家孟德斯鸠的科学气质似乎最为现代,特别是与大家熟悉的卢梭相比更是如此。后者在法国的影响巨大,但是他开出的以道德训练为基础的社会处方基本上是空想和不切实际的。另一方面,孟德斯鸠在国外非常具有影响力,特别是在苏格兰哲学家当中。亚当·弗格森有力地继承了孟德斯鸠的工作,他将比较归纳法的观点延伸至文明国家以外。他还借鉴了传教士及探险家对原始人群的描述——“自然状态下的人”——设法描述一般意义上的人性。弗格森在两个重要方面作出了贡献,有力地支持了我们的研究:(1) 冲突和竞争在帮助国家组织起来的过程中具有积极的作用,因为外来的冲突、危险和敌意增强了集体内部的服从。(2) 一个社会劳动分工的增强会促进其繁荣、其规模和复杂 268/269
性(有时还有它的各种问题)。因此,弗格森(就像他的朋友亚当·斯密那样)从逻辑上延伸了孟德斯鸠关注的范围,将重点放在社会和经济因素而非意识形态、“头脑”和道德,作为法律和政府结构的决定因素。这很可能是“唯物主义”理论对流行的“唯心主义”观点发起的第一个真正的现代挑战。伊本·赫勒敦、博丹及孟德斯鸠通过观察社会外部以及比较不同地理环境下的整个社会,帮助了该理论的形成。弗格森和斯密通过将一种精致的经济理论包括在内而将这个观点完善至它的现代形式。

唯物主义对经济的强调随工业化的到来达到了它的极点,它对马克思和恩格斯思想的影响达到了令他们将技术和经济（“生产方式”和“交换方式”）看作文化演进的主动力的程度。与强调唯物主义相伴，他们还结合了无神论、决定论和反乌托邦主义。当马克思和恩格斯将他们自己基于欧洲史的理论与路易斯·摩尔根对原始社会的研究成果相结合时，他们建立了一个成熟的、非常明确的理论，即国家作为一个基于武力的压迫性机构实际上是如何起源的（Engels 1891）。

实际上，马克思主义的因果链遵循如下顺序：(1) 技术进步在一些原始共产主义社会中改善了生产，以至于有剩余产品来提供贸易；(2) 贸易增加导致日用品的生产，这种生产并非自用；(3) 商品生产导致商人、富有的牟利者和贫穷的工人阶级的形成；(4) 国家作为一种强制武力结构而产生，以便从众多穷人中保护富人利益——也就是说，国家是“阶级斗争”的产物。正如我们所见，马克思主义的这些方面只有最后一项今天仍然流行。作为冲突理论的一种特殊形式，它对以下章节将要讨论的所有现代理论都有一种影响。

## 战争与征服

269/270 武装冲突频率和强度的增加，以及更有效地发动战争，看上去显然与政府的演进密切相关。但是这两者的关联或相伴关系并不存在因与果、一方是另一方先决条件的情况。而且，在历史记录中显见的是，形式迥异的冲突在因与果上差异极大。我们应该考虑这些不同，但首先让我们重新考虑最一般和最常见的冲突理论。

冲突理论应该被拆分开来，以便能分别考虑几种含义。一种是巴杰特—斯宾塞（Bagehot-Spencer）的达尔文主义形式，认为治理最佳的社会才会在战争的竞争中生存下来，从而积极选择仁政。

另一种由斯宾塞提出的显著看法，是认为战争的成功会导致社会成员的合作，并学会“服从专横的驱策”，而成功和频繁的战争也会产生“永久性的首领权威”(这将在后面“增长和发展”部分中讨论)。冲突理论的第三种形式最好被称为“征服理论”。如前所述，这是伊本·赫勒敦提出的最特别的形式，他认为国家是游牧者对定居农人的永久性征服所产生的。冲突学派的社会学家，如贡普洛维奇、奥本海默、斯莫尔以及沃德也认为，国家是对失败者永久性征服的结果，于是军队采用组织力量以适应和平时期。冲突理论的后一种形式在人类学中没有什么依据。

实际上，我们的材料都不支持这些特定理论。最合理的，至少部分如此，是巴杰特—斯宾塞的理论，他认为治理良好的社会要比其他社会能够更好地在战争竞争中存活下来(巴杰特的有趣说法是“最温驯即最强大”)。但这给予好的政府将发动优势战争作为首选，而非战争是导致较好政府的原因，我们会在下一章重新积极地考虑这点。至于征服理论，我们发现对战争永久臣服的仅有一 270/271
例，发生在政府已经存在之时。最好的例子是安科拉、祖鲁和努佩，它们用征服来支配其他政权，但就如我们所见，在那些屹立不倒的军事国家和帝国的历史延续中，有一些其他复杂因素应该早就存在于像祖鲁这种完全征服型强权得以巩固之前。我们必须同意弗里德(Fried 1967, 216)的说法：

> 战争和军事地位并非分层之源，而分层看来是战争的挑起者，并是军事国家的强化剂(他这里“分层”的用法与“国家”同义)。

由于其集中的权威，与平等社会中打了就跑或多少是自发的袭击群相比，一个酋邦显然可以是较为有效的战争发动者。同时，我们也必须意识到，酋邦在争取和平上也有较大的潜力。分节社会处于霍布斯所指的那种情况之中(特别是在新几内亚、亚马逊河流域和北美平原),他们一直受到部落间或村落间暴力的威胁。威胁、袭击、反威胁、反袭击——无论多么致命——看来导致的更多的是一种暴力平衡而非一种“公正的和平”。博安南(Bohannan 1963,305)将其与真正的战争做了适当对比,他说:

> 另一方面,战争是以和平为目的的争斗,霸权的平衡由此转移。

但是战争或军事组织直接影响到国家机构发展的问题仍然存在。肯定的是,除了埃及和印度河流域文明之外,战争的增加通常与历史上已知的原始国家及古代文明发展的后期阶段相伴。我们必须谨记,至少有三种截然不同的战争,其政治结果可能非常不同:内战,最常见的是对继承权或权力分配的争夺;人致对等社会之间的战争,他们在某区域内是竞争者;还有定居农人与游牧劫掠者之间的战争(古代文明或原始国家的例子中没有任何证据表明,存在劳工、农民或穷人及被压迫者的“起义”)。

271/272 但是,我们不能将法律及政府的概念简单地定义为使用武力,因为社会的所有层次都存在冲突和战争:在任何社会中,不管何时,当权威和习俗失效,就会使用武力来强迫服从①。即使是压迫性国家这一最具马克思主义的概念,都认为它是合法的,并通过权威而合法化。例如,沙卡·祖鲁,一位成功的武士,不能用武力维持其社会,一直到姆潘迪国王时代,祖鲁才被合理地称作被治理的国家。但是,几乎持续不断的恐怖、无政府状态和内战等条件并没有铸就祖鲁国家。外部条件已经改变,这些积极影响将在下一章讨论。

---

① 就如我们所知,甚至在家庭中,父母与孩子之间的关系——在某些阶段——肯定是最纯粹的权威主义人类机制,同时也是最压迫和最无私的机制。但肯定的是,父母的体罚不仅无法定义这种机制,而且也预示了其基本原则即权威的失败。

祖鲁的例子对第二种战争的情况也有启发。祖鲁人与其相仿的邻居战斗,并在“全面战争”中征服了他们。然后沙卡设法用利益、结盟还有恐吓来统治他们。但是,这还不是一个成功的国家,因为统治机制仅凭个人意愿,而非法律。很可能从前国家要素中建立的成功征服型国家的仅见例子,是那些游牧—农业共生的国家,如安科拉,还有如刚果、阿散蒂、达荷美等进行奴隶贸易的西非国家。但是,所有这些国家都是在欧洲人渗透的这种不寻常的历史条件下建立的,这就很难知道是什么促使它们形成的。但无论如何,这些例子中建立的国家不仅仅拥有武力,还有征服的事实。特别是文明起源和维持的关键原因,超越了简单的军事征服,虽然在某些情况下可以将好战的竞争视为一种重要的环境因素。

对于游牧者和定居农人的关系也存在类似问题。显而易见,这些关系在美索不达米亚和中国西北部的文明起源中非常重要。
但这还不是一个简单的因果关系。这可能有助于解释这些社会中 272/273
的一些“城市”特点(例如筑墙)和农业的日益精耕细作,并且必须被考虑为环境的一个特殊因素,但总是与适应的其他几个方面相伴。

## 灌溉和精耕细作

正如我们所见,除了中美洲低地刀耕火种的园圃农人,所有古代文明都有某种对水的控制系统。我们已经回顾了卡尔·魏特夫有趣的简单论证(见 *Oriental Despotism*,1957),即社会系统以及对这类系统的专制控制,只能通过建立官僚权力(中心)对供水系统进行控制(水源控制)来实现。这种官僚机构通过计划用水以及雇人进行维护,极大地控制了社会的生计方式,从而抑制了子民的任何叛乱甚至轻微的抵触。权力中心可以通过这种方式控制大批民众，并且要比其他任何政治经济系统更彻底(魏特夫显然在马克思主义阶级冲突的较大背景下提出了他的理论)。

伍德伯里(Woodbury 1961)为我们提出了一个反例。亚利桑那州索尔特—吉拉(Salt-Gila)河谷霍霍卡姆广泛的灌溉系统看来是靠个人积极性逐渐累建而成，然后由合作而延伸的。那里的村落遗迹显示，并没有社会特别分层的明证，更不用说被任何东方专制主义管辖了。

我们第一个考古学案例，中美洲，对于这点提供了一些有趣的材料。人口密集的瓦哈卡河谷也算灌溉文明的一例，但仅够格而已。因为地下水位较高，浅井就能做到，作物用“陶罐灌溉”的方式用手浇水。

秘鲁北部沿海也是一个有趣的例子。这个地区是一片真正的
273/274 沙漠，几乎完全干旱，因此除了灌溉否则无法种植任何庄稼。秘鲁河谷的灌渠形成了一个真正的系统。但这些系统至迟于公元前1400年就已开始，并被分节社会和酋邦所采用。因此，在公元前后之交的古典期之前，精耕细作农业及灌渠系统已经达到了顶峰。同时，它在第一个完全城市化帝国蒂亚瓦纳科形成之前已存在了1500年，该帝国本身可被视为主要依赖各种交换和再分配系统以及其战略性地位，而非一种灌溉系统。显然，魏特夫认为政治权力与水源控制紧密关联的看法再次与材料不合。

下美索不达米亚的洪积平原与埃及相似，每年的洪水使得该地区比较高产，同时也明显需要求助于灌渠系统来更好地控制及延展。一旦集权政府出现，它显然能规划灌渠，并将它们在一个广泛区域内连接起来。但在这种情况下，政治系统创造了灌渠系统，而非相反。当然，对灌渠的控制在官僚体制获取权力中也发挥了作用。

拉铁摩尔引证，在中国黄河流域，相对于官僚控制，家庭及邻里对灌渠的控制居于优先地位。一种政治系统可以将它们维系到

一起,但这里又是一个政府而非灌溉发挥功效的例子。马利克(Malik 1968, 97 - 98)对印度河文明也提出了类似的观点,指出小规模的局地系统是该地区当今的模式,所以为何要在没有证据的情况下,设想在较早和较简单的时代会有一种较宏伟的系统呢?

简言之,我们无法找到可靠的证据,表明大型水利系统与大规模“专制”政治系统之间有对应关系。在秘鲁,大型灌溉系统远远早于城市化帝国,而在其他例子中,大型灌溉系统是在政治发达之后才出现的[1]。换言之,若说两种大型系统之间有什么联系的话,那就是政治制度是创造的主体。再者,正如亚当斯(Adams 274/275 1960)所写的那样,生产(和劳力)的强化才是灌溉的意义。但这种强化可以同时发生在小型和大型系统之中,就如今天的印度河流域、墨西哥的恰帕斯、瓦哈卡的陶罐灌溉以及前王朝时期的尼罗河流域。小型或大型手段的精耕细作生产,未必证明任何直接的政治效果。相反,较为直接的影响是在区域人口、城市化、手工业专门化等方面——而这些影响仅仅能使这些方面发生变化;它们并不是引起变化的原因。

## 增长和发展

在赫伯特·斯宾塞看来,社会成长的演化过程的一个普遍方面是与“发展”,即社会结构各部分的分化相伴的。但是,调节该结构的系统主要是由战争造成的(Spencer 1967, 215):

> 在原始的无首领群体中,暂时的首领地位来自暂时的战争;长期的敌意产生了永久性的首领地位,从军事控制逐渐导致对民众的控制。

---

① 见亚当斯(Adams 1960)对魏特夫的反驳,他讨论了美索不达米亚、埃及、中美洲和秘鲁。

不言而喻，各种冲突和征服理论引用了过渡社会造就国家结构的军事方面的表现。有些人将从酋邦（或神权）向国家（或世俗统治）的转变形容为两种权力中心之间斗争的结果，比如武士与祭司之间的对抗，正如吉尔林对切罗基（第 8 章）的说明以及亚当斯对美索不达米亚“通向国家之路”的讨论（第 12 章）。这一理论很有道理。我们确实注意到一种趋势，向国家的历史转变是一种斯宾塞式的专门化和权力分化。祭司—国王倾向于个人隔离和高级祭司活动的专门化，将军事、经济和法律的管理委托给他人（或有时接受他们对某些权威领域的主张）。

275/276 但有另一种方式来看待这种现象。有可能军事或世俗组织与祭司集团之间的冲突并非从酋邦向国家转变的原因，而仅是一种特定背景里——外交事务——神权解体的一方面。当然，正如斯宾塞和韦伯所强调的那样，一个发展中的官僚机构确实会倾向于将其行政职能细分和专门化。当战争趋于流行（就如我们在轮回征服或帝国时代所见），成功的军事或世俗武装可能会以放弃祭祀权而获得权力。但是，把单纯依靠权威权力的神权统治视为在外交事务上的无能可能更为准确和有用，这些外交事务已经变成持久的竞争和战争。但这并不一定是政府维持内部秩序形式的特点。

在一些进化论者的著作中，人口增长与社会复杂化之间的关系问题让人想到对经济剩余产品的强调。有时会产生同样的顺序混淆，即推动因素，像充足的食物及某种规模的人口，被误认为是主要的动因。读者在此可能会回想起斯图尔特和法隆对秘鲁发展的讨论（见第 11 章）：与特定环境相关的技术进步可能会产生剩余粮食；而这种剩余产品使得军事、宗教及从政专业人员得以出现，并形成一个上层统治阶级；随着非生产阶级人口的增加，国家更具剥削性，甚至会达到为经济原因而征服邻居的地步。除了粮食增加导致人口增长的非常“正常的”功能关系之外，对(社会)复杂化，特别是国家的起源似乎没有更好的解读。正如第11章所讨论的(也见于第2章，柴尔德的讨论)：单一动因并非原因，因为如果国家实际上是由于粮食剩余而产生的，那将会产生极多的国家。

最近的人类学文献中出现了一些关于人口增长和(社会)复杂化较为深刻的讨论。杜蒙德(Dumond 1965，320)谨慎地指出：

> 人口增长似乎有利于——尽管不足以——在某种程度上导致社会的集中，进而通过增加稳定性和维持内部和平来促进人口的增长。

因此，这种关系是互惠而非单向的[①]。罗伯特·卡内罗(Carniero 276/277
1967)和迈克尔·哈纳(Harner 1970)对人口增长和(社会)复杂化之间的关联做了较具体和较复杂的讨论。让我们依次简要介绍一下。

在明确论证了(通过规模分析)人口规模与社会复杂化的相关性后，卡内罗(Carneiro 1967，240－241)指出：

> 以机构的多元化来应对社会结构的优化是对其内部所产生压力的反应。随着人口数量的增加，它们扩充现有结构的包容能力，当这种压力超过系统的“弹性极限(elastic limits)”时，就会产生新的措施和机构来应对之；简言之，即通过发展。

他用夏季狩猎野牛而大量聚集的平原印第安人来说明这一点，这

---

① 杜蒙德最近进一步修正了这一点。在比较墨西哥河谷和苏萨(美索不达米亚)时，他得出结论，考古材料“与国家形成理论不合，即在简单的人口增长过程中直接寻求原因，这一过程被认为自动伴随着对资源的争夺(例如，特别是卡内罗于1970年，桑德斯和普莱斯于1968年以及杜蒙德1965和1972年的讨论)。无法否认的结论是，特奥蒂瓦坎或苏萨的聚集并不是由简单的资源竞争所致”。

导致了协议会、最高酋长和警察团体的制度化，所有这些都是为了解决组织上的问题，而当部落在一年中的剩余时间里分裂成较小的群体时，它们将不复存在。

毫无疑问，任何社会，特别是拥有酋长、协议会或其他集中形式的社会，都可以对组织上的问题提出解决办法，新的组织问题也会随人口的增长而产生。对卡内罗观点的唯一异议是，需要特别强调事情的另一面：政治机构的出现是出于一种可见的目的（如大平原的警察团体），然后服务于更重要的整合功能，这些功能是根本始料不及的。因为我们的材料显示得如此全面，特别是关于原始再分配官僚机构后来多重功能的起源与发展，我们必须修改
277/278 卡内罗的因果链，将非常重要的可能性包括在内，即与这些事情有关的组织机构会包揽其他的功能，比如扩大灌溉系统、促进经济专门化。于是，官僚机构确实可以创造“剩余产品”和增加人口，而非仅对这些事情作出反应。但是这种说法还需要费点笔墨，我们将在下一章深入展开。

迈克尔·哈纳提出，人口的增长会导致生存资源的相对短缺，从而会加剧竞争。对资源控制的竞争会导致不对等的成功。随着竞争的加剧，不平等加剧，导致“世袭的阶级分层”和“军事政治组织的集中”（Harner 1970，69）。这个说法的优点是采用了一个较精确的术语，即“人口压力”，而不是简单的“人口增长”。但该基本设想“对生产资料的拥有或控制与社会权力结构和社会分层密切相关”（Harner 1970，70），是未经检验的，这又是马克思主义的衍生物。对这点能够重复的是，再分配的官僚机构是权力中心和上层阶级，所以哈纳的陈述并没有真正告诉我们这个官僚机构的起源。这些起源肯定不是由“生产资料的所有权”解释的，因为我们所有材料中没有任何证据能表明这一点。当然，“控制”是针对整个社会，包括对生产资料的控制，官僚机构起源的问题仍值得进一步探讨。

可以同意的是,哈纳有关人口压力导致资源短缺和冲突的概念看来比各种天真的剩余产品理论貌似更加合理和真实。但资源压力的增加必然会导致竞争、冲突或阶级斗争吗?从了解得比较清楚的原始生活特点来看,这种短缺会增加分享与合作的力度,并最终导致再分配的规划、强化和专门化[①]。

一种再分配官僚机构是一个强大的经济体,在其他领导形式 278/279
包括神权制下也可以非常强大。如它所做的那样,是它的"剥削"和"竞争",还是它使得专门化成为一种合作的形式?相对于合作,也许强调竞争是一种过分简单和误导的方式。一种再分配系统就是这样的。在一些罕见的情况下,如太平洋西北沿海夸富宴的互惠群体间,想要成为酋长的人相互竞争——但他们是出于以后对物品进行再分配的目的,在他们支持者中竞争引领合作的权力。可以假定,任何酋邦或原始国家的上层阶级人群都享有很高的地位,并可能通过竞争来提高这种地位,但是看来明显的是,下层民众必须把他们成功的酋邦视为对他们自己有利,并值得合作。

但是,当我们无法真正知道它们是什么时,这种解释不应集中在态度或意识上,特别是基于上层阶级的一种"剥削"动机。我们确实知道一种再分配系统是如何运作的。正如艾萨克(Isaac)所言(未发表文稿):

> 我们可能需要重新考虑整个问题,把它从"合作与竞争"的框架中解放出来,把它放在"适应"的较为一般的框架里。也许今天的文化人类学与上世纪(19世纪)的生物学情况相似,那时大自然的牙和爪都是红的。也许像

① 博塞洛普(Boserup 1965)中肯地指出,在造就更多的技术发明和农业强化中人口压力确实是一个重要因素(但是,为了准确起见,我想提出某些条件[见上])。吉尔茨(Geertz 1963)很好地讨论了作为"农业密集化"(agricultural involution)的类似现象。

> 生物学家一样，我们会越来越从适应的角度来说话，而不是用冲突和竞争这种陈旧和沉重的术语。有人指出，强调社会演进的合作模式“听起来不错，对我们美国人在合作和宪政上的偏好很有吸引力”（Webb 1967, 6）。也许我们在反方向也有同样强烈的倾向，即对另一种英美的偏好即竞争的诉求。

人口压力导致某种冲突，成为压迫性国家形成原因的情况看来无法成立。这种情况的设想是，政府起源于冲突，至少可以说这是一个没有根据的设想，而进而假设人口压力造成冲突，这也是没有根据的。冲突是一个相对的术语，但看来明显的是，它以各种形式和不同强度，并以各种不同解决方式，存在于整个文化进化过程
279/280 之中，所有都取决于适应状况和政治演进的阶段。人口“压力”就像“短缺”和“剩余”，也是相对的。我们也可以声称（尽管不易证明），人口增长是政治机制直接和间接能力的结果之一，它以此保持和延续和平，从而扩大了其权限。

就这点，我们可以引用并赞同罗伯特·史蒂文森探索人口密度与形成非洲国家之间关系的总结（Stevenson 1968, 232）。在陈述了人口密度增加确实伴随着政治复杂化的增强之后（反驳福特斯和伊文思—普里查德［Fortes and Evans-Pritchard 1940］的观点）——但这并不是直接的原因，他总结道：

> 更确切地说，在更多的情况下，这个过程至少包括发展贸易和贸易路线，发展政治、经济机构和较高的人口密度这三者之间彼此的联系、互惠交流并相互反馈。

人口增长有时会采取非常密集的“城市”群集的形式。在大部分进化框架里，这些城市是与总密度区别对待的，因此我们对它们进行分别讨论。

# 城 市 化

简要重复第2章里详细讨论的内容,戈登·柴尔德将摩尔根—马克思—恩格斯的阶级冲突理论优化为较复杂的人类学理论。这个观点是以文明的定义来表述的,其中包括几个看来在考古材料中一起存在的可见标准。“城市化”是柴尔德用来概括文明的基本特征。但由于他也把从新石器时代的村落向文明的发展过程称为“城市革命”,许多人采纳了这种含义:即城市化不仅是文明的一个重要标志,而且也是某种因果关系。以这种方式看待柴尔德的城市化理论是不公平的。例如,在被许多人认为是他对城市化(Childe 1950)的最权威表述中,他说道: 280/281

> 本文的目的是要从历史学或史前学角度,将城市视为“革命”的一种结果和象征,它开启了社会演化一个新的经济阶段。

根据柴尔德的说法,这种人口变化是社群“经济结构和社会组织”不断进步的一项成就。不过,“城市化”被许多人等同于“国家”和“分层”,无论谁是因果,实际上都是假设,这种相伴关系仍然需要讨论①。

首先,我们在前几章中已经看到,人口集中有几个可能的决定因素,而且它们并不总是一起出现——也就是说,不存在单一类型的城市人口。一个非常普遍的形式是小型仪式中心,基本的支持

---

① 通常认为,如果社会要凝聚到一起,就需要通过某种整合办法,就像斯宾塞的“发展”概念所指,使一定的人口密度能够得以实现。例如,桑德斯和普莱斯说,10 000人是一个“关键数量”,“其他手段(血缘关系的整合除外)也必须得到发展,结果便是文明的社会—经济—政治等级制特点”(Sanders and Price 1960, 229)。对于这点,我们认为比较合理,但是我们的材料表明,其因果链应该反过来:即政治等级制具体造就了这种“数量”。

人口有时呈很远距离的稀疏分布，只有在特殊场合才聚集到该中心。有时这类中心的居民人数较多。惠特利（Wheatley 1971，ch. 3）中肯地声称，所有古代古典城市的发展起先都是仪式中心，尽管显然这些中心经常有其他功能。它们可以作为方便的储藏和再分配中心（“中心位置交换”）；作为人们直接交换家庭生产的小产品（“便士资本主义”[1]市场）的聚集场所；并作为工匠和官员的居住地。

非常重要的是，城市有时是设防的，也许是一座堡垒。如果粮食生产因为需要防御劫掠而精耕细作，那么这个城市会变得
281/282 很大。这样一座防御性城市，在某些时候需要容纳所有人，还必须同时提供所有其他功能，这是它增长的进一步动力。特奥蒂瓦坎、昌昌、中国和下美索不达米亚的城市显然就是这种综合性城市。

但是肯定的是，有些古代城市仍然只是仪式中心，人口相对分散，就像大多数玛雅、奥尔梅克和查文的中心。有些仪式中心，就像埃及，设有分开、独立的工匠村落。还有一些将仪式和管理中心与市场、仓储等结合到一起，达到了一种巨大的规模，没有任何非常明显的防御措施，就像印度河流域的城市那样。

在古代文明中，人口聚集的规模和类型差异极大，这就有力论证了“城市化”不是文明的原因，甚至也不是文明的标志或“象征”。它是多种因素相互复杂作用的结果，其中之一当然就是政府本身为自己建造一个复杂的仪式、行政、经济和防御中心的能力（Trigger 1972）。再有，许多集所有这些功能于一体的大城市的安置都是仔细规划的，当然这意味着，这些例子中，至少是这些政治

---

① 美国经济人类学家索尔·塔克斯在其于1953年出版的名著《便士资本主义》（Penny Capitalism）中论述了危地马拉一个名为潘那契的印第安村庄的经济，他指出贫苦的小农与精于计算的资本家没有本质的区别，只不过是资本多少的差异。——译注。

系统的前期发展才使得城市成为可能,而不是相反。

罗伯特·亚当斯(Adams 1972,73)曾说:

> 真正的城市聚集有赖于作为一种政治形式的国家机构,而后者的出现则不过是分层阶级社会进而形成的一个方面。

这段陈述总结了一种观点,即我们可以将城市化概念看作原因来取得一个很好的平衡。但它也让我们回到了一个较纯正的说法,即柴尔德对马克思主义压迫性国家阶级冲突理论的改进。

## 阶级分层和压迫

摩尔根—马克思—恩格斯的国家起源理论源自他们所相信的国家基本功能,它是为了保护有产统治阶级对社会其他人的剥削性统治。由此,它是冲突理论一般类型的一个变体,但它是如此独特,并主导了社会科学的讨论如此之久,应该给予特别的对待。 282/283

简单回顾一下这个理论:马克思主义者相信,在阶级系统和国家达到顶点的社会不平等,是一种生产—交换系统的结果,它取代了较早的实用品生产经济。商人("中间商")的不劳而获、生产者的不同效益、运气和其他诸如此类的因素造成了财富差异,这进而又产生了更大的差异,因为更多财富的拥有者会有更大的好处和权力。最终,富人成为基本生产资料的拥有者,维持劳工的最低生活水平。压迫性国家的建立就是要确保这种经济划分结构的存活。

但是,早期的古代文明本身,无论是考古学还是历史学所知的酋邦和原始国家,绝对不存在重要私人交易的证据——即资本主义主导的证据。肯定的是，存在重要的物品交换，但这些都是通过原始的互惠和复杂的再分配来实现的，而不是通过承包商。官僚机构本身管理着重要的生产和交换，当然还用一部分生产来维持自己，并资助自己的宫廷—庙宇经济。

戈登·柴尔德支持马克思主义阶级剥削论的私有财产方面(的论点)，但是这在研究古代文明的人类学家中很少见，所以我们可以不去管它，不做深入讨论①。但是该理论的一个重要残余仍在：即那些古代国家，虽然也许不是资本主义的，不过多少在经济上是分层的，这表明“阶级斗争”的可能性。这个论点仍可证明这
283/284 样的说法，即国家的形成是为了压迫民众并维护贵族的权力。我们在奥伯格的观点和纳德尔的征服理论中看到了这点(见第6章和第7章)。罗伯特·亚当斯(如上面第12章“美索不达米亚”中所讨论的)也坦率地放弃了马克思主义立场的商业性方面，也保留了阶级斗争说法中的分层形式②。莫顿·弗里德以较长的篇幅以及在较为广泛的背景中对这一论点进行了讨论(见第2章)。

这种社会分层概念，无论做了怎样的修改，仍保留了马克思主义有关资本主义观点所描述的一项基本要素：即上层阶级或多或少控制了社会生计以剥夺工人阶级的劳动。弗里德的正式定义(Fried 1967, 186)是：“分层社会是指同一性别和同等年龄的人不能平等地获得维持生存的基本资源。”那些拥有直接或优先获取基本资源(权力)的家庭，能够要求别人偿付诸如个人服务、军事援助或苦力劳动，来获得这种资源。

---

① 我能想到只有一个现代人类学家追随柴尔德的想法，但只是部分，而他不是一个研究古老文明的专家。达西·里贝罗(Darcy Ribeiro)的《文明进程》(*The Civilization Process* 1968, 44)将古代国家的城市革命阶段分为两种：一种是私有化的，由土地、牲畜和劳动手段的所有者组成了上层阶级；另一种是集体主义的，基本立足于灌溉农业和土地的国有化。

② 在最近的一次个人交流(Adams 1974)中，亚当斯做了进一步的修改：“……我现在的倾向是更加强调‘非系统的’，认知、行动和愿望的刻意目标驱动形式。”

对基本资源的“不同获取”必定包括某种专有权利——虽然未必是现代意义上的所有权，但意味着处置或商业交换的权利。造成这些不同权利的条件是什么？弗里德(Fried 1967，196)列举了以下方面：人口压力、婚后居住方式的改变、基本资源的收缩或剧烈的自然变动、技术变革引起的生计形态转变，还有“作为一个社会和仪式系统成熟方面的管理角色的发展”。

毫无疑问，人口的增长、社会的日益集中和复杂化，与文化的普遍进步相伴。我们不能因弗里德强调这些因素而说他不对。但要指出的是，他所谈的人口压力——例如，当一个群体最初仅占有肥沃的低地，最后有了许多依附的村落，或也许当新来者占据了较 284/285
多的边缘地点——以至于最终有了独立的村落和多少相互依赖的村庄。如第 4 章所指出的，有可能这种不同的生态适应确实会导致社会政治的发展和不平等的制度化。但是我不同意这样的说法，即这些不平等是优势群体对弱势群体赤裸裸的剥削，并立足于有形的暴力机构来保护这种分层。事实上，酋邦缺乏这种压迫性武力。但是，将这些不同的生态位和技能纳入一种集中的再分配系统中的巨大优点，在对所有酋邦运转的解释中都是显而易见的，社会(或政治)的不平等可能导致了这种结果。

“婚后居住方式的转变”“基本资源的变化”“生计的转变”，都会产生类似人口压力的影响：它们可能会使某些人在获取一些基本资源上比别人有优势。但是，弗里德只能从民族志记录中对此举例说明(顺便说一下，这是由欧洲经济和政治扩张所导致的原始世界出现的巨大混乱和调节的一种记录)：用各种有利和不利的例子予以陈述。没有社会广泛分层的很好例子，只有“初期”分层的例子；但只有当你真正相信这些差异是导致分层的原因时，即这种分层是由各种有利条件所造成的，那么，初期分层才存在。这个说法并不可信，材料也是如此。

最后一个简单但有说服力的观点是：在所有古代文明和历史所知的酋邦和原始国家中，权威官僚制度的建立和扩大也是统治阶级或贵族的产物。因此，“分层”主要分为两类，即统治者和被统治者，即政治分层，而非所有权群体的分层。在我们讨论的案例中，我们没有发现统治阶层为维持其地位而对普通大众使用武力。至少在历史案例中没有记载，也没有在考古记录中看到。换句话说，没有明显的阶级冲突导致的武力压迫。

在本书前面回顾的历史案例中，所谓“国家起源”的这种暴力，
285/286 似乎只是一场前所未有的“全面”战争的突然爆发，这些冲突很大程度上被西方文明的新式武器、奴隶贸易、人口取代等造成的混乱而夸大。但这些暴力事件与社会间的征服有关，并非阶级之间的冲突。即使是少数几次“内战”也都是贵族阶级之间为争夺继承权而发生的战争，是“储君之战”，而非阶级之间的战争（Walter，1969，ch.14）。我们对古代文明的了解较少，但当它们确实有暴力证据的时候，那是对外战争。即使是那些都被说成是压迫性国家的例子，如特奥蒂瓦坎、西周、蒂亚瓦纳科，实际上是自许的（would-be）帝国：也就是说，暴力和压迫是军事的，是针对相邻的敌对统治阶级，而非针对他们自己民众的阶级或群体。

但是，对于分层/冲突理论仍有比较有力的反驳。这是对阶级起源的一个反驳，它与官僚机构的起源和演变有关。我们将在下一章简要介绍这种说法。

## 激进与保守

在“阶级斗争”的背景下经常提及“官僚机构的演变”，立即令社会学家想起马克斯·韦伯与马克思主义的持久对立，韦伯认为

这个理论天真、不科学，只不过是一个特定政治背景的产物[①]。而这个想法进而提醒我们在第 2 章中提出的对这样一种设想的告诫，即有关文明、或国家、或社会、或我们现代文明起源的知识，多少揭示了事物真正的本质。这种设想意味着，一种当代的政治信条或一个可能的民族中心论推论会成为事后对历史的一种曲解。

当然，历史(统治阶级的世系)的重写总是会受到革命以及保守政府的鼓励，还会受到野心家和旧贵族家族的鼓励；抱有政治动机的人们发现，能用过去来为自己辩护看来是非常自然的。即使 286/287
自觉成为一名方法论者的首位西方文明史家波利比乌斯(Polybius)也坦承，他在世界史上的最大的努力就是为了提出一种政治见解(为罗马的西庇阿斯[Scipios]统治辩护)。即使是伟大的古典思想家，如柏拉图和亚里士多德、斯多葛学派、伊壁鸠鲁派，以及文艺复兴和启蒙运动的哲学家们，都凭借国家或文明起源的科学理论来传递政治见解。这种倾向的现代社会科学观点仍然存在于极为成功的马克思主义者和他们后来追随者的著作中，并肯定也存在于反马克思主义者之中。我们今天所有人在某种程度上，也延续着马克思—韦伯的二元对立。

这并不是说这些见解总是有意识的偏见，我们无法证明任何特定个人真正持有这些偏见，除非他这样说(就像马克思和恩格斯，以及像韦伯这样的公开的反马克思主义者，或者像罗伯特·洛维这样的反摩尔根主义者)。但问题是存在这样一种趋势，因为有关国家起源的问题具有非常重要的政治性质。也许值得我们简单探讨一下政治偏见的话题，不是要指责别人，而是要审视我们自己的政治思想，这也许能令我们自己的头脑更清醒。

从权力、财富和特权分配(或“谁得到了什么，何时及如何得

---

① 参见卡尔·曼海姆(Mannheim 1936)从“知识社会学”对马克思主义的讨论。

到”)来定义政治,是蓬勃发展的资本主义工业社会的一种典型成见,而其变化之快,令大多数公民不知道政治的世袭位置,这样的社会中,社会处境和政治权力的变化主要取决于财富控制的不同。社会科学中的许多学者倾向于把我们的“系统”及这种系统的财富和(以金钱为基础的)权力的不平等分为拥护者和反对者两派。

格哈德·伦斯基(Lenski 1966, 14－23)的《权力与特权》(*Power and Privilege*)讲述了“激进”社会科学家与“保守派”的若干不同之处,特别是在处理社会不平等理论方面。基本上说,两者之间的区别在于是否认为这种不平等源自利己的夸富和个人的反社会动机,或出于社会的功能需求。它们通常被贴上激进和保守 287/288 的标签,可能是因为激进的观点较为正面,多少是反对这些贵族的,而保守的观点则关注各阶级在社会系统中的作用,而非在对坏人的一概而论。金斯利·戴维斯(Davis 1949, 367)简要总结了功能主义(保守)的观点:

> 于是,社会不平等是一种无意识的进化机制,社会用它确保最重要的位子有意识地由最称职的人遴选。

在社会学中,莱特·米尔斯是激进立场最著名的倡导者。他的著作《权力贵族》(*The Power Elite*)(Mills 1956)只是对马克思主义冲突理论的修改,包括了对“统治阶级”复杂性较精致的分析,现在该统治阶级包括了某些强大的官僚机构(军事、政府和工业)成员,以及曾是恶棍的富有股东和业主。

但对米尔斯来说,这种阶级权力不仅是社会的一种功能,而且也是一种采用黑箱阴谋操作的手段,以牺牲他人(实际上是牺牲社会本身)来满足集团需求。书中弥漫着一种强烈的愤慨,所以它听来更像是一种激励人心的民粹主义小册子,而非一种社会学分析①。

但此处问题的要点不在于激进或保守的立场在道德上是否正确,而在于科学理解能力的培养。激进派和保守派都处理现实的各种问题:人类确实有被不同动机和价值观驱动的各种能力(理想的情况是,他们在谋私的同时也对社会有益);但是作为制度结构的高官和权力、财富、权威的位置也是真实的,我们需要分析它们的演化,以及功能关系和目的。无论是激进还是保守的立场都是重要而有趣的,在我们的例子中,了解统治者的自我结构还有社会结构是很好的。麻烦在于,我们只能从制度背景中发生的事情来推断个人的动机和能力。

在此,我们可能会再次想起夏威夷突然爆发的"文化革命",以及沙卡·祖鲁在非洲的非凡功绩。国王利霍利霍和沙卡肯定渴望 288/289
权力,他们巧妙而无情地动手改变了他们的政治系统。但是,当我们分析这两个国家的演进时,我们发现,在有关利霍利霍和沙卡的非凡才能或他们的任性和自私动机的了解方面,并没有太大的深入。如果目的在于解释的话,社会政治结构的变迁最好从其本身来进行分析。对首领的潜在动机和个性来进行猜测,然后把这种猜测作为一种解释,是一种简化论(reductionistic)。这种解释也意味着重复,因为所有的社会地位和官职的兴起都可以被说成有主观的一面;也就是说,主观和客观是同时产生的,但客观和环境的方面是文化演变的变量,而主观方面则是"主体"。因为客观的变迁只是从主观推断或表述的,所以无法从主观解释客观。在这一点上,让我们停止霍布斯或卢梭对人类动机好与坏的猜测,重新考虑统治机构本身的起源和发展。最重要的是,让我们把自己对当下国家的政治感情作为不相干的事搁置一边。

① 关于对社会科学的保守主义政治态度的分析,可参看安德烈斯基于1972年的研究(Andreski 1972)。

# 17

# 结论Ⅱ（肯定）

289/290 我们肯定的结论基本上与分配系统和政治制度的关系有关。我们早已习惯了社会对财富分配的不公，其结果最终直接和间接地赋予了权力和特权的不平等。当这与特定个人的情况不合时，它看来确实适用于阶级，或至少是贵族阶层。于是，某种形式的经济不平等看来是各种政治权力结构发展的基础。我们的成果现在与这一观点相悖，而事实上，与文明起源的先后次序相反。

一个紧密相关的问题是关于文明起源理论的因果设想。“经济分配形式”这个短语意味着某种动力，或某种变迁的潜质；但“政治权力结构”，就像“国家机器”，听起来像是外部事物或外部原因的结果或后果。也许部分出于这个原因，我们还没有充分理解，政
290/291 治权力的等级制度本身已经沿着一个因果轨迹，经历了起源和进化的发展过程，而现在它看来已经有了它自己内置的陀螺仪。

## 不平等的起源

可以说很重要的一点是，所有社会中不可避免会有一种因个人技能、智慧、精力、美貌、力量、运气等差异造成的个人地位不平等。对于人类社会，这看来十分正常，而在非常原始的社会中尤为显著，因为普通人会赋予这些超人以较高的地位，甚至会夸大他们的长处（虽然在平等社会的观念中，这些超人应该保持谦逊的态度）。但这就是个人的不平等。在小型的原始社会中，较高的地位

并未授予较大的特权或财富，而这类超人所拥有的权力只是一种高度个人化的影响，仅在某些特定情况下行使。因此，在缺乏固有阶级或家族权力等级的情况下，我们把这种原始社会称为平等和分节社会(后者在涂尔干意指社会的基本组成部分，就像世系或氏族，彼此相似，并能独立存在)。

但事实是，无论分节社会的各部分如何平等，但是确实会崇尚个人。他们会追随战争首领，接受智者的建议，并相信个人在接触超自然力上的不平等。这种倾向为较为固定的权力差异奠定了基础。任何一个社会，不论它有多小，都有政治“工作”要做，因为总是有很多的问题和巨大的恐惧。于是一个首领就会产生，带着能力和运气，从看似不堪设想的后果中肩负起拯救社会的责任。他甚至可以将战争领导权与一般智慧相结合，以获得这样一种综合声望，以至于他成为在和平时期进行调定和管理的领袖。因此，他的成功能使他的地位在其追随者心中有巨大的提升。

上述不只是推测，因为我们在民族志文献中见有许多这样的例子。特别有意思的是所谓“头人系统”(见第 4 章)的描述，留意 291/292
潜在首领之间的权力斗争，以及他们通过再分配宴飨手段来获取地位并使之合法化的方式。

由某集中机构调节的再分配交换数量，就像互惠交换的数量，以及像贸易本身，因各种适应的条件，在原始社会里是极其多样和零散的。但很有可能的是，所有社会都在某些时候会以再分配交换补充互惠的礼品交换，有些社会经常这么做。有利于再分配的情况是那些形成了大量专门化的情况，要么与当地多样化的生态位有关，要么是与集体合作的劳动分工有关(如驱赶兽群，或在捕捞产卵鲑鱼各不相同的特殊活动中，或某些其他的手工活动)。为了充分开发不同地点或技能上日趋专门化的潜力，某社会必须对再分配者的公平、判断力及管理技能有信心——因此，该再分配者通常是在其他方面也最具影响力的首领。再分配过程的成功，是对官僚制的巨大支持，并导致了专门化的进一步发展——一种滚雪球效应——因为该系统的效益越来越明显。

我们注意到，一些整合度最高的再分配系统始于自然物产极为多样的地区，如墨西哥中部不同的生态位，这种情况趋向于造成区域共生。但很明显的是，这些系统一旦开始运转，维持和增加再分配者的领导权，就可以导致有技能的职业进一步专门化——甚至出现在资源相对同一的新生境里，如下美索不达米亚。

有用物品或原料的长途交换，当它们可以由一个首领进行安排和管理时，更可能成功进行。正如我们在很多案例中看到的那样，这种交换，通常是在有相互交换关系的社会的首领之间直接进行的互惠，最终成为真正意义上的再分配：该首领从他子民那里收取用作交换的物品，然后将他与外部社会交换所得的物品分配
292/293 给他们。同样，一个再分配首领也可以获得一定的权力来奖励或惩罚个人，因为他可以分发或克扣数量不等的物品。正面因素更加明显，即首领的地位因他出色和公正的工作而得到加强。在建立一个再分配结构的早期阶段，该首领对他的追随者（也就是下属群体的那些首领）会非常“负责”，如果他是一个好的首领，那么他的追随者所获得的好处是非常明显且易于理解的。

到目前为止，我们所讨论的一种情况是，一个潜在的首领能够因某种经济环境而增强其政治地位。但要注意的是，这并非来自对财富拥有或牢牢控制的经济权力，相反，它是原始社会中一种依赖形式的结果，源自慷慨赠予和施恩。从重要意义而言，一个首领是由他的追随者所造就的，不是因为他们对他的恐惧，而是因为他们对他模范人格的膜拜。

正如马林诺夫斯基所言，“头人”的上述活动是一种“权力资本”的积累。有了这种个人影响力，他可以左右政治、仪式和军事

的各种事务——促进他的社会利益，并将这种组织扩展到本地的和分节的血缘群之外。

然而即使该首领是一个非常好的人，拥有一批忠实的追随者，但这种系统内在是不稳定的。他的成功可能会终止，他可能会生病或死亡。从根本上说，这是一个官僚制的问题，即如何从魅力型领导权的等级制转变为制度化的、永久性的地位——官职。最重要的情况显然涉及将个人权力从持有人转移到他的继任者身上。除非能够成功交接，否则就会产生无政府状态。但也有这样的情况，如果该首领是成功者，权力有时会成功转手，那么让大家都感到宽慰；而最常见的，就是长子继承制的权力过渡，这是父系社会中最自然的(或在罕见的母系酋邦中，传给姐姐的长子)。

这样的权力过渡一旦成功完成，就成为真正酋邦的特点，长子继承制历经数代成功贯彻，便成为一种具有约束力的习俗。(或许更恰当地说，我们可以称之为法律?)无论如何，“头人”系统有时确 293/294
实会变成世袭的酋邦，毫无疑问，那些非常成功的酋邦因为集中的永久领导权被广泛效仿，有可能它们通过主导或吸纳而改造了其他酋邦。

我们也需同意巴杰特所强调的，和平世袭成功继位的军事意义，是真正的“最驯服者最强大”。当然，反例同样重要，被内乱或反对势力所支配的社会是最虚弱的。

因此，权力制度化成为世袭权威的一种形式，而且它也成了不平等的一种制度化形式。随着这样一个社会的发展，酋长的家族及其官僚机构和功能通过有利的联姻和内部增长，整个统治集团成为一个按地位和特权排列的等级制贵族阶层，凌驾于普通民众之上。在这个过程中，再分配系统获得了新的功能：它策划进行诸如对外战争和贸易之类的冒险，并熟练利用超自然力来操控被统治者的意愿。其中有些做法对民众来说非常明显，其他则可能是难以直接或有意察觉的积极制裁或奖励。后者可能主要存在于超自然和仪式的领域里，不过这些“祈祷”可能给予社会及其统治政权以很大的支持。

我们一般通过它们相对和平的神权统治模式来分辨酋邦，并将其与国家区分开来；相反，我们认为国家有较显著的世俗制裁能力，并以武力或威慑为后盾。如上所述，如果酋邦看来相对不那么强制，它通过各司其职的官僚制的成功运转而使这种社会得到很好的整合——通过官僚制的各种好处——那么我们可以推测，使用强制武力在某种意义上可能是酋邦体制的弱点或失败的标志。这点将在后面几页回顾。

集中权威的酋邦结构提供了多种方式来保护自己。最明显的
294/295 就是“犯上罪”(*lèse majesté*)类型的规则，以禁止威胁统治者个人或权威的行为。在酋邦中，由于统治者通常是神或最高祭司，所以惩罚就是超自然作用的威胁。另一种则是统治者(或其代表)努力通过调解亲属间的纷争来避免不和。

以上两种做法可能是类似法律(“law-stuff”)的肇始，或以波斯皮西尔的定义是真正的法律(见第4章)。和文明的其他许多特征一起，我们注意到法律，至少以一种初期或不成熟的形式，出现在酋邦的层次。这个事实明显与集中权威系统的存在有关：该权威系统需要社会控制的规则来保障自己在管理社会时能有效运转，人们自己也需要帮助来解决自己社会生活中最紧迫的问题和亲属团体之间的争端。

看来很有可能的是，“犯上罪”是由集中权威机构以明确的消极制裁而制定的第一项公共法律(它很可能是超自然的，而非世俗的和有形的)。得出这个结论的理由有两个：民族志材料和政治逻辑。之前所回顾的所有酋邦和原始国家至少拥有一项不成熟的法律，以保护拥有权威的个人或这种权威的象征(如礼仪禁忌，对

王室大鼓和凳子的祭拜等)。从逻辑而言,岂不周全?另一方面,在酋邦和原始国家的民族志中,私法通常只是各种自助的法律。即使当某种形式的令社会免于纷争的调解被明确要求,但出面仲裁的调解者仍常常是冲突双方的一位亲属,所以调解是"内部的"或"家族的",而非一种真正的"法律判决"(真正的法律是"非内部的",这是我们在第 4 章提出的对波斯皮希尔法律标准的修订)。这样做应该有其政治逻辑的根据。因为集中权威干预血缘群之间的家族纷争和世仇会给政权带来危险,争吵的一方(如果不是双方的话)可能会被冒犯。这个逻辑基于这样的设想,即新兴的或简单的政府不想随意或轻率地承担那些可能危及他们权力的任务。但 295/296 比这设想更重要的是,民族志中集中权威采取的公共法律行为,要比私法调停数量更多(因此在所有社会中,家族纷争和世仇很可能最好在法庭外解决)。

但是,以一个政权通过消极制裁来作为保护自己的一种手段来谈论法律,特别是公共法律,对这种权力的用法可能会提供一种误导的概念。我们常常指出,酋邦看来相对和平,缺乏有形的压迫。但这并不意味着没有任何强制性。所有的酋邦都是神权体制,而官僚制的一个重要方面是其作为祭司的职能。祭司知道如何唬人;祭司有超自然的知识,并被认为可以对其施加一些控制,从而能控制普通人的命运。大多数社会也有巫觋,他们也会用超自然惩罚来威胁政治犯,为权威机构服务[①]。祭司也有积极的一面。某祭司—酋长可以是一个令人敬畏的人物,他拥有的超自然力量会被他祖先之力放大,这些祖先现在已是等级森严的众神殿

① 这里最好重申一下,这与我们对波斯皮希尔对法律定义的另一修正正好一致。他想将法律制裁限制在一种世俗背景中(就像现代社会常见的这样),但我强烈认为,必须把宗教—超自然背景包括在内。事实上,在诸如玛雅、美索不达米亚和埃及等这类社会中,权威的任何做法实际上没有任何其他背景——而我想推测,所有其他古代文明也是如此。

里的神祇——于是，这肯定使人从心里感到害怕。但这也作为一种永远的权力而使他令人敬畏。他可以通过仪式呼风唤雨并带来丰收，用他的诅咒来打击敌人，并在神谕的指引下进行公正和明智的管辖。

必须强调，在祭司—酋长的所有活动中，超自然力以及他与这种超自然力的紧密关系无处不在。在后来的复杂文明中，我们发现，官僚制在世俗与祭司的职能之间出现分化。在较小的酋邦中看来未必如此，而这可能是其统治看似不那么强制的原因之一。也有可能的是，类似于通常被认为是政府强制力所迫
296/297 的修建灌渠这样的世俗工程，就像修建庙宇与金字塔那样显然是为人所乐意承担的，因为同一神权权威等级制施与两者以同等的领导①。

于是，酋邦建立的一种宗教，凌驾在全社会家庭和各层地方分节宗教之上，涵盖了所有的活动。这个宗教崇拜的是真神，而非概念模糊的神灵。举行仪式的公共纪念建筑和庙宇属于整个社会，是由全社会的劳力所建。官僚制的祭司与这些神祇沟通。在宗教无处不在的社会中，可以制造出巨大的欢乐和恐惧。在经久不衰的酋邦民族志中，读者会意识到，再分配系统当然发挥了作用，战争当然应该是赢的，灌渠一定会挖——简言之，官僚机构的世俗职责很可能成功实施了；但这种强烈感受仍挥之不去，即宗教背景中积极和消极的制约仍是“甘愿被统治”最直接和最普遍的原因。可能我们的陈词滥调是适用的；在这种宗教背景中，而且胜过其他任

① 霍卡特(Hocart 1936, 217)提出了有益的看法：“把诸如灌渠这样的工程归入‘实用’范畴，与诸如庙宇这样的‘宗教’工程相对，这应该是一个错误。庙宇与水坝和灌渠一样是实用的，因为它们对于繁荣而言必不可少；水坝和灌渠与庙宇一样是仪式性的，因为它们同为寻求福祉的同一社会系统的组成部分。如果我们称水库为‘实用的’，那是因为我们相信它们的功效，我们不这样称呼庙宇，是因为我们不相信它们对庄稼会有功效。”

何背景，统治者更便于规划和安排——策划民众的意愿。知道你所在社会的神是宇宙最伟大的神，而且他们是地球上神圣的代表，这听起来肯定很舒服，然后你真的成了被选中的人。但是，对统治集团来说显而易见的是，这种信念也是那么的方便！

## 环境和利益

政治演进可以被看作是在较广泛的背景中成功“缔造和平”的重要组成部分。成功的战争只是零星的片段，或在内部成功制止冲突、反抗或其他动乱，凸显了政治制度在有效控制自己群体和其他群体行为上的失败。在赢得了一场战争，或在压制了内部的对 297/298
手之后，维持政权就必须开始管理，或恢复管理。显然这并不容易做到。特别是在和平时期，持续国家的军事统治尤为困难，因为军事国家看来诞生于因治理失败而产生的冲突和混乱之中。

前面章节回顾的国家形成的历史和民族志案例，是那些被历史条件造成的冲突所严重扰乱的社会，这些历史条件一般与西方帝国主义领土扩张，或诸如枪支、奴隶制、种植园系统引入等相关因素相关。相反，古代文明看来是逐渐扩大和发展的，至少在它们的早期阶段是如此。但是它们很少能维持足够长的时间，以便让我们能从考古学来详细了解它们。成功与否取决于某些环境特点的存在，这些特点有助于社会、政体、邻居和自然的相互适应。

某些环境特点具有增强集体内聚力的性质，向其成员表明作为其一份子的好处，与置身其外的明显劣势截然相反。这种险恶的环境主要有两个方面：地理条件，以及存在敌对社会。罗伯特·卡内罗在他的限制理论中强调了第一点(见第2章)：例如，如果某社会受沙漠或海洋限制，被统治或被征服的群体便不易撤到其他地区[①]。在埃及的案例中,这种限制很可能特别重要,在那里,尼罗河流域的肥沃灌溉土壤被不宜居的沙漠包围。秘鲁沿海河谷提供了近乎完美的地理限制案例:灌溉土地与绝对的沙漠接壤,两头(分别)是海洋和陡峭的山脉。对于这种说法没有反驳的可
298/299 能,即强有力的整合力量靠的是这种地理隔绝。在这两例中,很有意思的是,埃及古王国的漫长时段和秘鲁北部海岸同样漫长的发展看来是相对和平的——可能证明了这类极端地理限制的政治意义。

换一种说法,成为该社会一份子的好处明显超过了其他选项。这种说法一般用得更多,这是因为我们所有的例子并非都有如此明显的地理隔绝,如被周围的沙漠所限制。然而,所有案例都有外部问题,成为某社会一员的好处很可能非常明显,这可能与埃及和秘鲁的隔绝有相似的政治效果。非地理因素是指始终存在外部敌人,而政府能够提供保护以对抗这些敌人。

有两种根本不同的外部敌人,政治影响也各不相同。一种情况是,某社会可能会有与其文化大致相同的潜在竞争者,如下美索不达米亚或秘鲁沿海平行河谷的独立城市国家。另一种情况是,定居社会被劫掠成性的游牧者、职业劫掠者和强盗所包围,这使得该社会处于一种持续忧虑或围困状态。拉铁摩尔所描述的华北防御性城市国家和游牧者的同时兴起(见第 15 章)是后一情况的最好例子。在这两种战争中,集体性都因外部危险的存在而增强,且具有相同的结果。

就像第一种情况,相同邻居间的竞争和对抗可以从政治上解决——首领会调解、讨价还价、结盟,有时还会发动战争。农人并不能清楚察觉这种活动的细节,可能不会持续感到这种(活动

---

① 想到卡内罗还提出过,因邻近地区已被占据,某群体无法逃离时,就会发生"社会限制"。

的)好处，虽然当地首领可能会更加注意这种好处。但是，保护免受游牧劫掠者的好处对所有人是显见、不懈和必要的，尤其是对农民来说。于是美索不达米亚和华北的城市国家、墨西哥的特奥蒂瓦坎(可能还有蒂亚瓦纳科和秘鲁的瓦里)，拥有一些防御劫掠者的保护和警告措施，这些人群有充分的理由认为，他们受到良好的保护是一种福气。

这种防御劫掠的持续性需求，可能会导致建立像山头堡垒、城 299/300
堡和设墙城市这样的永久性设施，比如中国长城这样突出的例子。持续性的威胁是一个重要的事实；最难的是与那些流动群体维持条约、结盟，甚至进行和平贸易，这要结合、细分和添加新的首领，而这一般也不在政府稳定管辖之下。但最重要的是，持续存在劫掠的威胁不仅鼓励防御性的城市化，还刺激了农业的精耕细作。

照例，玛雅提供了一个有趣的例子。在危地马拉低地，漫长的古典期显然相对和平。并没有劫掠的游牧者，因此不需要防御意义上的“城市化”，或者为防御而对农业精耕细作(只有一例，即蒂卡尔，出土的一些东西可以被解释为具有某种军事功能，但即使如此仍有疑问)。在一片广袤的土地上，玛雅在人种和文化上非常相似，明显并不拥挤，否则会被迫竞争资源。那为什么要打仗？也许会有争吵和不和，但酋邦可以解决这些问题，而玛雅无疑是这样做的。无论如何，玛雅人的非城市化意味着在本案例中完全没有游牧劫掠者的持续威胁。同样应该注意的是，玛雅酋邦并没有卡内罗所谓的地理限制。几乎在所有程度上不同寻常地缺失的这些因素，肯定是玛雅非城市化如此明显的原因，尽管其文明程度很高。也许，他们的酋邦一般也不大，因为它们大体上难以制止下属部分的离心倾向。

到目前为止，我们已经谈了各种好处，好像它们主要是个人观念和决策的事情，但现在是斗胆做些重要论证的时候了。首先，个

体农民行事可能身不由己。在这本书中审视的所有案例中，他们作为民众没有任何特权。在小地方他们被当地的贵族成员所统
300/301 治，而这些贵族又被一个更高的结构所统治。离心倾向大体源自地方领主和较高贵族之间的歧见和纷争，如为继承权这样的问题争吵。

同样，感到好处并不能防止“民众造反”。酋邦和古代文明都是真正意义上的种姓社会(caste societies)。农民、工匠和统治者都处在他们世袭的职业和地位上。农民想通过他们的政治行动来改善自己的命运是不可思议的，因为这须由他们的世袭统治者来为他们实现。把等级社会整合和瓦解的成败看作是官僚制本身的事情，“人民”只是听命被动行事而已，似乎更现实。

看来同样明显的是，等级社会的下层百姓没有“自由”。正如艾森斯塔特在他对古代和古典帝国的大量研究中所指出的(Eisenstadt 1963, 363 - 368)，帝国的权力有两个方面，它们无须密切相关：(1) 它随心所欲地主宰臣民的个人生活，即它的“专制主义”；(2) 与调动资源有关的“统领”(generalized)权力，如从事长途贸易、建造公共纪念建筑等。

权力的第一个方面“专制”很难评估，因为我们通常认为自由或其缺失与国家与公民的关系有关。但正如我们反复所见，压迫个人使其就范是当地血缘群的特性——至少在所有原始或农人社会里，包括原始国家和古代文明。同心同德是传统亲缘社会(folk society)的规则，未必由专制国家强加；国家通过中介和面对面的“专制主义”进行统治，只不过是本地祭司—酋长主导下社区血缘群的统治。因为使用世俗武力与国家一起出现，威胁和其他高压都是该中心针对下属酋长，而非针对个别或集体的农人的。对新兴国家整合的威胁来自它的重要成员，通常是较大的酋邦，它们的
301/302 酋长或战争领袖可能对中心的权威尚未心悦诚服，他们可能想要

脱离,或取而代之,或对着干。

在政府的发展过程中,特别是在酋邦从小到大,或向古典酋邦的发展中,大体是第二种即"统领"权力变得日益复杂。随着这种权力的发展,正常的官僚制趋于自治,并获得越来越多的功能。

艾森斯塔特认为,统领权力的使用存在一种自限(self-limitation)的倾向,对那些古典古代文明来说,他可能是对的。这也许是它们显著成功和最终停滞的原因(也许"自限"只是另一种说法)。但是,制度化权力的较早起源以及它向古典形式的发展,明显与官僚制日益以多种方式调动资源相伴,但是在有组织再分配系统中造成的(技能和区域)专门化上最为明显,这典型地涉及了复杂的行政管理。

同样,古代条件下的长途贸易只能由政府机构来承担。"价格"(彼此交换货物的数量和种类)可能必须被安排好,承运人或托运人也是如此,还要为他们提供保护。古代时期的贸易可能会涉及必需品或只是奢侈品,可能通常两者都有,但所有这些贸易中,收入盈余的重要部分由宫廷或庙宇持有,并能用来资助各种活动。贸易帮助政府确保原先独立酋邦的首领中的一大批忠诚的追随者受益。在某些情况下,财富可以维持雇佣兵,而其中一部分估计有时能够通过行政等级到达广大民众的手中。

在一些显著案例中,自然资源在较小生态位中的分布遥远而分散,集中官僚制组织对产品的开发和交换作用,会产生一个非常大的城市中心。正如桑德斯和普莱斯所述(见第10章),特奥蒂瓦坎是一个与这种集中再分配相关的权威型权力的很好例子。显 302/303
然,蒂亚瓦纳科和秘鲁高地的瓦里也是如此。一旦这样的有机系统开始运行,它很快就会变得更加复杂,并对所有人而言更为必要,特别是对于专门化卫星区的酋长们来说明显更有必要。

正是当(不管什么原因)这种系统出现功能紊乱和离心倾向的

时候，强制性武力就会被使用。也许在原始的初期国家层次，强制系统的肇始可能看似是对恐慌的一种手忙脚乱、仓促的权宜之计。使用武力竭力不让一个系统分裂，使之作为一种神权体制，理想地顺利运转，这可能看似不合宜，是一种笨拙而孤注一掷的做法。就历史上所知，这种情况确实是各种古典酋邦向较暴力扩张原始国家转变的特点。正如我们一再所见，诉诸暴力的强制手段绝非一种真正的解决办法。每当新政府成功站住脚跟，这种成功就会减少暴力——于是一个“好政府”就重新开始看似和平的一个神权国家。

## 通向文明之路

我们现在到了一个合乎逻辑的位置，来总结我们通往文明之路的有关阶段划分的成果。不久前，从基于民族学的一种进化视角来看，我发现下面几个社会政治的发展阶段很适于现有的材料：游群、部落、酋邦和原始国家（Service 1962）。尽管这种分类仍然适用于描述当代（或历史上所知的）原始社会的特点，但它似乎对史前考古学不那么有用。这是因为民族志描述的大多数原始社会所面临的适应环境，含有欧美文明主导性扩张所造成的许多剧烈影响。那些幸存下来的原始社会，因新的疾病、致命的武器、空前激烈的战争，诸如奴隶制的新剥削形式而人口大减，还有因橡胶业繁荣和淘金热而导致的人口替换，使得这些社会发现自己处于新
303/304 的或完全不同的社会政治状况。对于这点，我在别处已有详述（Service 1971, ch.10）。就目前的情况，我们必须特别考虑，暴力军事国家这种形式在我们目前的民族志例子中是如此之多，以至于会把与欧洲人直接和间接有关的巨大影响放到原来十分简单的神权酋邦头上。

为了根据考古学上可辨的政治整合形式来划分不同阶段,一个分节社会阶段最好分成游群和部落(当然,出于许多目的,可将该阶段分成采集、早期农业、游牧和捕鱼等类型;简单和复杂;大型和小型等也许都行)。

"酋邦"看来显然与分节社会不同。例如,考古堆积可以非常清楚地揭示出这类社会的等级制性质,表现在显示其地位的墓葬里、资助专职的艺术工匠、具有许多神权特点的公共纪念建筑,以及那些表现出再分配的谷仓和外贸物品。但看来没有办法将国家与酋邦阶段区分开来:某种军事活动或暴力证据是不行的,因为这些证据在所有演进阶段都时有所见。一些古代文明的政府确实会将压迫性武力制度化,这当然有可能。军事活动可能是国家机器一部分的证据,比如在华北就十分明显。在这一点上,我们无法从古代文明得到这种决定性证据,但我们从现代原始国家就可以。因为这些现代国家被欧洲接触所"污染",在没有更好证据的情况下,我们不能设想古代文明也经历过这些现代国家相同的阶段。

一项最具雄心的广泛采用游群、部落、酋邦、国家框架的考古学尝试,十分有趣——桑德斯和马里诺的《新大陆史前史》,也见有同样的困难。他们说(Sanders and Marino 1970, 9):

> 最难分辨的问题在于将酋邦与国家区分开来的尝试……酋邦与国家之间既有质也有量上的区别。在此,
> 我们的主要标准将设定在社群分层层次的数量,及其某 304/305
> 区域一段时间内所知最大中心的公共建筑群的规模、质量、复杂功能和布局上。

桑德斯和马里诺给国家贴上一个较进步的标签,但我认为,鉴于我们缺乏它们是经典意义上国家的充分证据,我们不该贴上这样一个误导的标签。我用"古代文明"这个术语,指称原始(文

明）发展到该进步阶段的性质。其要点是，某些相对简单的等级—官僚酋邦，在一些不寻常的条件下，发展成较大较复杂的官僚帝国。看来，考古学将原始的古代文明与先前的发展区分开来，实际上并不困难。至少，考古学家和历史学家对于成熟古代文明的认定似乎没有根本的分歧，只是在对于是否应该将诸如奥尔梅克或查文等早期形态包括在内仍存在一些争论。可能的是，甚至如何称呼这些阶段也没有什么太大的问题。

现在从民族史的视角来看，从“头人”社会，经酋邦，再到文明的演进之路，几乎与斯图尔特（Steward 1949）和其他人采用的考古学分类完全吻合。最明显的是，形成期（或福特的“神权形成”期［Ford 1969］）可以等同于酋邦阶段；区域繁荣期（或许多考古学家的“古典”期）就是我们所称的文明。循环征服时代（或“后古典”期）迄今只是简单提及，但将在后记中讨论。所有这些阶段好在没有某种特别设定的标志，比如在考古记录中不可见的压迫性法律。

经典类型的文明并没有被重新再造，它们的基本特征在社会早期阶段就已全部预示。因此，文明一词是个相对的概念，不应根据某单一特征的表象来定义；肯定不是暴力，甚至不是文字和艺术。从进化的观点来看，这种相对性不应从主观划分的点位，而应从连续定向变迁的思考来得到（这并不意味着变迁一定是渐进的）。
305/306 于是，关键在于关注沿定向线路上“较大”或“较小”的进步。因为最明显的是，文化演进方向最常见的概念是从简单到复杂的文化，或从小型到大型社会的推论。只是应该承认，这些指标的尺度非常地宽泛。

简单文化通常都属于小型社会，复杂文化属于大型社会。如前几章节所述，这是因为离心倾向在分节社会中很大，而随各种整合手段的出现而被逐渐克服。将不同家庭融入世系或氏族之中，并将这些部分彼此整合，是通过血缘和近亲的意识形态以及婚姻规则来做到的，并与家庭宗教仪式和生命危机祭仪固有的许多社会—心理吸引力相伴。显然，从所有分节社会的民族志描述来看，这种发挥作用的政治实体规模从来都不是很大或一成不变。可能有超过99%的人类历史是在各种不同特点的小型分节社会中度过的。

可以明智地认为，这类社会持续如此之久和如此之普遍，是因为它们是进化的死胡同(Kirchhoff, 1959)。所有社会几乎都是这样，但是不知为何，最终其中有少数社会出现了偶尔进行再分配的一个中心，在变得较为稳固之后，导致一个较为持久的全方位酋长制出现，以发挥更多的功能。

值得高度称赞的是，马克斯·韦伯对官僚机构如何发展做了理论详述，特别强调了从“魅力型”到“传统型”再到“法理型”(legal-rational)的合法化过程(Weber 1946, 1947)。但是有了现代民族志的比较，我们可以比他更清楚地见到酋邦再分配神权官僚制的进化意义。“通向文明之路”是少数官僚制的发展事业，它们在颇为不寻常的环境条件下最终成就了自己，终于统治了以前数百个小型的酋邦。

任何官僚制的主要目的，就其自身的目的论，只不过是为了生存。韦伯的“合法化”通过添加其功能，确保了官僚制和该社会的生存(还有其发展，如果成功的话)，从而实现它较大的自治。其生存还有赖于职位的和平交接。这最早出现在头人(或“魅力型”)再分配领导权的个人风格变成世袭，也即成为永久和正式的时候——于是开启了一种贵族和(“传统”)制度化政治权力的官僚等级制。 306/307

当一种权力机构能持续足够长的时间来证明自己，我们可以称之为一个真正的政府。但是该经典形式有一个我们永远不应低估的特别显著的特点，即完全的神权性质。该机构的祭司部门涵盖或囊括了所有的经济和政治功能。正如霍卡特中肯地指出，修建灌渠并不是“实用的”，修建庙宇并不是“宗教的”；两者都是有效、实用和必要的，而且两者在仪式上可能同等重要。显然，这种神权政体可见的好处和其他强制形式，能使它管辖大型的聚集群体，而无需经常求助于暴力强制。

因此，国家作为一个以世俗武力为基础的压迫性机构，在古典和初期的发展中并不等同于文明。但应该再次强调的是，即使在某种情况下存在这种武力，它应该是可控的武力，而非赤裸裸的暴力或动乱，在政府较弱或相对缺位的情况下，这种暴力或动乱会在社会发展的任何阶段爆发。我们必须强调，该意义上的一个好政府未必或明显是个压迫性机构，因为负责地控制武力就是和平。理想的政府应该废除暴力。

而且，任何形式的控制都可以有效防止犯罪、争端和暴力，而这些对考古学家来说都是看不出来的。例如，人们可能会有疑惑，积极和消极实施超自然力手段，不只是早期文明的特点，而且大体上其本身就非常有效。就像其他手段一样，这些手段能够散布快乐或恐惧——当人们是真正的信徒时也许更是如此，就像我们在前国家酋邦的历史案例中所看到的那样。

但到目前为止，我们一直在谈内部事务。外部政体的暴力是
307/308 另一回事。有时所有社会可能会使用它，也会像其他人一样回避它，但它可以在政治发展的某些较高阶段发挥政治作用，而在较简单的时期无能为力。特别是，军事手段可能与某些社会对其他社会进行政治统治的新方式相伴，如果在资源和技术专门化上存在某种程度的地区差别，并且都与被管理的交换和再分配相联时尤其如此。于是，被统治社会的等级制政府会被纳入一种组织，变成一种真正复杂的金字塔集中结构。

这种官僚制，现在更像是一种帝国，而非一种原始的同质性和

地方性简单族群单位，可能很快会获得那些通常被归于古代文明的特化属性：与税收和人口统计书吏相伴的文字和数学符号、极为特化的艺术和冶金、复杂的仪式宗教、宏伟的公共纪念建筑及其他工程。它们是某种政治组织集中和扩张的终极利益，它始于某“头人”以服务其追随者而令他的社会统治永固的简单尝试。

这并不是说，发展中的政府机构不受外界适应条件的影响。当然会受影响。这些条件在我们讨论中占了很大的篇幅。但是，尚未充分理解的是，文明会如此定向(orthogenetic)和如此自我克制(self-contained)地发展。与其说是因果，不如认为这种集中官僚制本身就是许多文化新成就的创造者，包括宗教、艺术、文学、经济、技术和战争。这并不意味着，这种权威通过各个阶段向制度化权力的演进进程不可阻挡。恰恰相反，就像一株稀有而纤弱的新植物的生长一样，它需要多种条件和状况的恰当平衡。但也像一株植物一样，其成长方向的重要决定因素在于它自身。

# 18
# 余论：文明的崩溃

308/311

> 一切事物都会衰败与变化。当一个国家顺利度过许多重大危险，达到强权的最高境界，并拥有一个完整且无可争议的主权时，明显的是，长期的繁荣必然带来不菲和奢侈的举止。而且，人们也会被野心勃勃的竞争冲昏头脑，在追求尊严的过程中变得过于急切和忘乎所以。

波利比乌斯在公元前 2 世纪就是这么写的。据我所知，这是对文明兴衰的最早解释，这对于声称对历史有一般性了解的所有人来说，是一种耸人听闻而令人不安的愿景。对于许多人来说，文明起源和兴起的问题，与它的对立面一样有趣和重要，文明的衰落和灭亡显然不可避免。

我们提到，但没有讨论本书中涉及的六个原初文明的消亡。但是，由于“兴起”和“衰亡”是紧密相关的，从某种意义上说，它们是某个机构或某政府相关行为的成败的结果，我们现在觉得，采用文明起源研究的相同视角来看待它们的崩溃颇有意思。

首先可以说，我们谈及的是非常一般的有关官僚统治的某种失败。所有特定的历史事件标志了文明的衰落——被蛮族推翻、放弃首都（或其仪式中心）、在战斗中被一个新兴的敌对国家击败、内战——所有这些都有一个共同之处，即政府无法再履行其主要的维稳使命，无法在内外的威胁中保持社会的完整。

就如波利比乌斯那样，历史上许多哲学家都设法从民众或其统治者的个人态度来看待兴衰的轮回。本文以最简单的方式说明，人们（或统治者）因成功而变得自我膨胀和志得意满。有的则有其他表现，成功令统治者的帝国野心或信心膨胀，以至于力所不 311/312 逮。毫无疑问，这两种情况都是个人成功常见的个人后果。而政府的成功确实造成无数个人成功的表象。但是我不知道，政府里个人特点的改变对该结构的成功或削弱到底有多大的影响。也许有可能，在政府成功的历史时期，领导人看来会“不错”，而在其他时候会“看来很差”或“志得意满”。因此，就像我们前几章中所做的那样武断，我们可以抛弃“伟人”和“懦夫”，以及所有其他还原主义的心理学解释或道德解释。这只是因为我们没有办法来评判他们的价值，因为这种特征只能从政府自身的行为中来推断。

同样，对兴衰的解释，通常采取诸如“成长与衰退”“年轻与衰老”“代谢与分解过程”“挑战与回应”“撤退与回归”“改变人类命运的观点”以及“内部矛盾”等表述方式，只是赘述，应该避免。

人们也倾向于认为，任何特定形式政府的本质是要有一批关键数量的人口或治理的范围，其特定的整合机构无法处理这些范围以外的情况。这也许如此——它似乎有道理——但因为我们真的不知道，我们没有办法来了解把管辖纯粹作为一种策略来采用的危险①。

同样很可能的是，一个在很长一段时间里十分适应和协调的成功政体，会变得脆弱或刻板，因此不能很好地应对和灵活适应不断变化的状况②。神权体制可能尤其如此，它如此依赖宗教，特别是仪式和祭祀，以及一套高度传统化的统治规则和政策。时光流逝是创造复杂神权意识形态的一个重要因素——传统必须古老。 312/313

---

① 在此想起了吉本斯关于罗马帝国衰落的著名论断“繁荣催熟了衰落的条件”，以及“巨大的组织结构被其自身的重量所压垮”（Gibbons 1952，621）。

② 肯特·弗兰纳利（Flannery 1972，423）说：“充分的集权、提升和线性化（linearization——指直辖）可能会使国家走向超凝聚和不稳定。最后，超凝聚会导致崩溃和分权。”

而要显得老，它们就不会有明显的变化。

但是，神权制这一显著特点最重要的含义在于，似乎在文化系统适应环境的性质上有一个平衡点。的确，神权要比其他体制更可能神化其他不过是“常规化”的官僚制。因此，一个抵抗创新的正常官僚制，因其获得了宗教传统的光泽后，随时间推移而变得日益顽固。但是，该因素无论如何不能解释一个社会的衰落，而只是令它无法上升而已。

现在重要的是成功适应的另一面：它的辐射与扩张运动。该发展中的文化沿着特化的道路，朝着成功的终点，趋向于向外扩展，并增加与其他社会的联系。换言之，适应特别涵盖了对新邂逅文化和自然环境新特点的反复调整。从某种意义上说，扩张中的社会不仅吞并土地，而且吞并其他可以支配、剥削、归并或能与其协同共栖的人群。但不管这种关系如何，即便不平衡，它总是一个双向的过程——以前较简单的被支配社会也会出现互补性，如果不是相似性的话。

但是，由于成功适应最终会转向保守，成功主导的社会变得难以适应任何不同的新环境。这是众所周知的，不需在这里进一步举证。不过也许要强调的是：某种环境成功主导的社会，显著地证明了这点；同时，被统治的社会也较有能力和意愿，尝试做进一步的努力来增强自己，改变他们的地位。他们朝气蓬勃，不拘泥于传统做法，他们拥有实验和变革的更大潜力。另一方面，成功的演进中心最终会遭受托斯丹·凡勃伦（Thorstein Veblen）所谓的“枪打
313/314 出头鸟的惩罚”；然而根据利昂·托洛茨基（Leon Trotsky）的说法，内陆得益于“落后的特惠”（privilege of backwardness），能从先进社会借鉴最新的技术，从而越过早期发展阶段。因此，随着其他事件的发展，边缘地区某些新兴文明社会的演进潜力越来越大，而原始中心在成功控制自己当地环境的过程中逐渐丧失了这种潜力。

当然，实际历史上“其他事情”并非不变，所以在引述演进与环境适应之间复杂关系的意义时，并不明确指出哪个新兴社会将会超越它的前辈，或是何时或以什么方式展示它的新兴力量。我们六个文明“兴起”的经典案例中，每一个文明的“衰落”都有些不同。但我认为，所有这些案例以某种重要意义展示了这样一条路径，即进一步的发展潜力随着成功适应和成熟而不断衰退。这表明，较早的古典政府最终被超越，因此他们的灭亡是因相对于其他新兴力量的弱点所造成的[①]。

**中国**　在本书讨论的所有著作中，欧文·拉铁摩尔的《中国的亚洲内陆边疆》(*Asian Frontier of China* 1940)一书，提供了最完整且最令人信服的具体介绍，有关各种文化与各种地理环境之间，然后又在彼此之间适应的复杂互动。因此，首先用他对中国的个案研究来说明我们的理论是很有用的。

大范围土地利用[②]和精耕细作之间的竞争关系，以及前者打了就跑相对于后者防御性城市化更大的灵活性，是进化适应变化的一个很好例子。这是一种几近平衡的两极特化状态。但在南面黄河中游地区，早期中华文明的扩散较为自由和轻快，该政体延续着 314/315
它早已开始的推移疆界的发展趋势，根据需要进行强化和多样化。拉铁摩尔将两个疆界进行了比较，北方是静态和排他的，而南方则是动态和包容的。

矛盾的是(但从我们现在的新文明观点来看十分自然)，北方

---

① 我讨论过一般性演化过程的不连续性，还有各种文章里的许多特别说明，以《文化进化论》(*Cultured Evolutionism* 1971)一书结集出版。这些想法的有趣发展可以在韦特海姆(Wertheim 1974)的书中见到，他还指出荷兰历史学家扬·罗迈因(Jan Romein)独立提出了“滞缓引领假说”(hypothesis of the retarding lead)的原创概念，于是令人想起凡勃伦的观察。

② 指游牧。——译注。

为新文明提供了部分政治和军事原创性的解决办法，但是南部开放的疆域在这个方向上很容易占主导地位。正是这点导致了新的被主导地区的文明新发展，止于起初在黄河中游地区形成的商周文化融合的崩溃。文明主导关系最显著的例子见于北方文化向南方长江流域的扩散。在此，从基本的分化开始了朝南北古典文化的对立（最终是帝国的对立）。但是，早在成熟的南部文明兴起之前，北部已经开始了一种不规则的跨越式发展，简言之，我们可称之为局部的不连续发展。

拉铁摩尔总结了古典期初的情况（Lattimore 1940，366－367）：

> 将整个长江流域的历史，与整个黄河流域的历史和黄河流域各地理区域及政治国家的交替兴起相比较，就可以证明，公元前最后一千年的历史不能仅以单一的假定发展路线来说明。很可能存在许多平行的发展路线。其中有一些是主要的，有一些是次要的，有一些起源较晚。但是，其中没有一条是突然摧毁或取代另一条的。虽然周朝推翻并取代了商朝，**但商朝衰落的时期也可以说是周朝渐趋强盛的时期**①。甚至更明显的是，东部齐国的兴起和后来晋国在北部的兴起，并非说明西部秦国的衰落，而只是重心的转移，表示一个地区重要性的暂时增强，及其历史发展速率的加快，而不一定是取代其他地区的发展，长江流域和楚国重要性的提升，更不能表示黄河流域诸国的衰败。

**美索不达米亚**　暂时转向美索不达米亚，我们发现，一种兴衰
315/316 的轮回以及相继发展的局部不连续性，是古代期近东广阔地区历

① 重点为作者所加。——译注。

史的特点，对它的思考产生了许多轮回理论。在最早文明发源地的苏美尔，几个独立城邦国家相互冲突，有时也被野蛮人所劫掠。但是，它们全部被阿卡德的萨尔贡所超越，并最终被他的帝国的领导所统一。

> 当时，阿卡德成了高度文明的南部和外围野蛮地区之间的一片过渡区。于是，阿卡德人处于一个有利位置，将野蛮人的力量和文明技术相结合，形成一股强大的军事力量；实际上，萨尔贡只是最早藩王世系中的一位，他在文明和野蛮的边陲，成功开拓相似的战略地位，建立起了帝国。(McNeill 1963，46)

萨尔贡的新型帝国政体令苏美尔神权城邦国家黯然失色，它后来在古提人中有个同类，来自更加荒野的东北部。这个新帝国持续了大约一个世纪，最后被乌尔第三王朝推翻，该王朝进而又统治了约 100 年(前 2050～前 1950)。该王朝不仅在军事上，而且在行政力量和重要文化的丰富性上，特别是雕塑和文学，都超越了其他国家。但是，再次崛起看来难免衰落，因为先前未开化的埃兰人(Elamite)和亚摩利人(Amorite)(著名的汉穆拉比是亚摩利国王)推翻了乌尔，后来他们自己又被蛮族加喜特人(Kassite)所推翻。此时(前 16 世纪)，以前未开化人群大规模发难，终结了克里特、埃及和印度伟大的古典时代，成为“古代文明史上的一个重要分界点”(McNeill 1963，51)。

**埃及** 与美索不达米亚不同，长期以来埃及明显受到沙漠和大海的保护。这种近乎完全的地理限制无疑为该政权在漫长古王国时期中的和平提供了巨大的政治支持。但这也是一种束缚，阻碍了社会运动和新的社会关系，不仅带来危险和问题，还刺激了新

316/317 的文化进步。因此，对目前有关新适应条件是演化潜力的假设来说，长期和平并非例外；因其独特、受保护的环境，这种文化变得非常适应和稳定，因此在所有方面都变得彻底仪式化和传统化。经过近千年有序的神权统治，古王国最终还是衰落了①。但是，正如麦克尼尔所言："令人惊奇的不是反抗的发生，而是它竟然延后如此之久。"(McNeill 1963, 79)长期拖延的唯一可能，是因为长久以来附近缺乏有效的竞争对手所致。

**印度河流域**　广泛的印度河文明特别令人感兴趣，因为它通过伊朗的许多中介社会(可能有共同的文化祖先)与美索不达米亚有密切的联系。然而其结构和政治与埃及最为相近，这很可能是由于同样长期缺乏竞争者和劫掠成性的邻居(可能是由于严重的地理限制)。在该文明占据的广袤区域里，即使是当地盛行的装饰风格也有显著的一致性。正如麦克尼尔所言："单凭与埃及类似的早熟的政治统一，就能解释这种一致性。"(McNeill 1963, 85)

根据梵文《梨俱吠陀》(改写历史的经典一例)的解释，入侵的雅利安人最终摧毁了印度文明。这十分可疑(Malik 1968; McNeill 1963, 89)，因为所见的结果可以只从宗教体制的取代或改变、而无需从文明的解体来理解。不管怎样，就目前的目的而言，印度文化与埃及共有的重要特征可能是神权政府长期的稳定统治。这在两个案例中无疑都可归因于它们的早熟，以及它们后
317/318 来对其邻居施加的主导地位，还有长期缺乏一种充满危险的活跃疆界，在此很可能出现新的进展，以便往后进行成功的竞争。

**中美洲**　新大陆第一个伟大的城邦国家和中美洲帝国——特

① 虽然不能很好地证明，但可以推测，政府的内部分裂以及最终赫梯人的入侵，与北非和新月沃地邻近发展中地区对外贸易路线的中断有关。

奥蒂瓦坎的衰落最为引人注目。匿名袭击者烧毁了这座巨大的首都城市，大约在公元600年，特奥蒂瓦坎对中美洲其他地区的影响不再。一般认为，是游牧入侵者摧毁了特奥蒂瓦坎，但是由于这些"奇奇梅克人"不是骑兵，所以他们不足以具有所向披靡的军事力量来做到这点，而只能对一个已经崩溃的政体进行骚扰和可能的掠夺而已（或者只是占领它）。

但是我们确实知道：在特奥蒂瓦坎和后继的强大托尔特克帝国（显然基于图拉），还有附近的乔鲁拉（Cholula）以及后来的阿兹特克人和特斯科科湖（Lake Texcoco）附近的邻居们之间，有很强的文化连续性。后继相关帝国的出现，但出现在新的地理区域，有力地说明文化演进的背跃式过程都典型地发生在竞争条件之下。特奥蒂瓦坎衰落的意义在于，某相关政体变得更加强大并主导它的腹地。该城市本身被洗劫、焚毁，然后被某种入侵人群占领，仅意味着特奥蒂瓦坎广阔的支撑腹地和再分配结构，在与它的对手，诸如广泛基于区域性统治的新兴的图拉和乔鲁拉等竞争中，已经失败。

只出现过三个同时统治高地和低地的伟大的统一帝国（Coe 1962, 134）。它们依次是特奥蒂瓦坎、托尔特克和阿兹特克，全都来自中部高地。它们对低地的影响明显是长期而间接的，且基本是贸易方面，除了晚期托尔特克人入侵尤卡坦半岛的玛雅土地。玛雅低地的佩滕通过帝国前哨城市卡米纳留尤，与特奥蒂瓦坎有着重要的从属贸易关系，但是在特奥蒂瓦坎的影响力下降之后，古典佩滕地区复苏，大概重新主导起贸易关系。相反，在古典期晚期 318/319
结束时，墨西哥中部（托尔特克统治）重新崛起，加速了玛雅的崩溃，因为它的复杂再分配系统被打乱[①]。这一解释与玛雅贵族中心

① 在一本关于玛雅崩溃的新书中（Culbert 1973），威利和希姆金就是像上面那样说的（Willey and Shimkin 459 - 460）。在同书中的第16章，韦伯详细描述了墨西哥中部对长途贸易的主导。拉什杰令人信服地介绍了玛雅对这种贸易的特别依赖（Rathje 1972）。

权力和经济功能的衰落非常一致，没有战败或破坏的证据。因此我们再次看到，在演进潜力上新旧如何更替，并在一个广袤地域实施统治。

**秘鲁**　对于秘鲁来说，文化发展的不连续性是如此引人注目，以至于斯图尔特称其后古典阶段为“循环征服时代”。它与中美洲的相似之处十分突出。形成期和古典期的查文酋邦在结构和影响方面（然而并非细节上）很像墨西哥的奥尔梅克，而且两者都被超越——秘鲁被北部沿海的长期文明阶段所超越，而墨西哥则被瓦哈卡和玛雅佩滕所超越。它们进而又被高地的主导军事帝国所超越：在墨西哥，特奥蒂瓦坎之后是托尔特克和阿兹特克；在秘鲁，平行的兴衰几乎一样，紧随瓦里和蒂亚瓦纳科之后是奇穆（Chimu）和印加。

## 适应和演进的潜力

我们最好这样开始最后一段，即重申一个明显但看似矛盾的演进过程特点：对环境的适应既有积极的方面，也有消极的方面。并且重要的是要强调，“对环境的适应”是关注与其他社会的关系以及地理条件。适应的积极潜力在于，环境造成的问题需要从各种可能性中选择那些更可能解决生存问题的办法；当这点和增长都实现了，那么该过程就有了积极的效果。但是，这种成功适应也有其对立面——即其自身局限、不进步、保守的方面——因为当它
319/320 成功之时，它也固化了自己与环境之间的平衡。

适应的这些特点见于任何成功的生物种群，但当这是用集中官僚制这种特殊机制来适应的人类社会时尤其如此。因为这样一种结构与生物选择—生存平衡中的简单因素相比，能够更好地引

导自己，并能有目的地、较权宜地解决适应问题。于是，新适应的社会能够以更快的速度发展并扩展到周边环境之中。但是，也因它们的官僚性质，正是它们的成功预示着随后有较大的稳定，且日益无法应对新环境条件方面的新变化。更适应等于适应性更差。而再次需要强调的是，兼为神权制的一种官僚制最终会变得更加惊人地刻板，就如它所为，如此严重地依赖传统、仪式、祭祀以及其他这类有时限宗教活动的迫切需要。

看似在逻辑和事实上都不容置疑的第二个论点是，当早熟的政府将其影响扩大到其他社会时，也以各种方式改造了它们（通过对它们的征服、吞并，与它们结盟，与它们物物交换，为它们提供成功效仿模式等等）。最终，由一个比较灵活和不太固执的政府统治的新开化区开始占主导地位，进而成功启用某些官僚方法、武器、战术等，而原来的政府其结构是如此纷繁复杂，以至于难以采纳。

因此尚未过分适应社会的演进新潜力，造成了局地演进明显的不连续。这并非旧文化的衰落和消亡，而只不过是明显的“枪打出头鸟”，所以领头者会被后来者或更有效的挑战者所超越和取代。

在一片较大区域内较早文明的主导权被后来者超越的结果，可能会留下各种独特的历史—考古记录。但是考古学所见文明“衰落”的巨大差异，看来只不过是各地非常普遍的不连续进展过程的最后特殊表现。失去主导地位最明显的迹象就是战败，结果 320/321
是首都被摧毁或占领。不太起眼的只是政治经济的停滞和衰退，如古印度、埃及和一些玛雅中心。影响（力）相对衰落导致失去与竞争中心交往的贸易路线，似乎是对这些情况最好的特别说明。但是在所有案例中，目前我们有关适应与演进潜力关系这一视角的优点是，将焦点从内部引起的兴衰移开，即提倡普遍的轮回反复和汤因比的神秘主义，从而转向外部环境因素，这些因素是真实和逼真的历史事件，并能在历史记录和考古研究中被发现。

文明兴起的原因在于通过其自身内在创造的办法——如它内部的官僚制——来解决外部环境所带来的问题。但是，其衰落的解释却在其外部的环境方面。这种情况是由更高超的新竞争对手崛起所致。“他们自己播下毁灭的种子”并非指古典文明崩溃的内在原因。可以这样说，这种早熟的发展中国家在自身范围外散播它的种子，其中有些在新土壤中生根和茁壮生长，有些变得比其母体更强大，最终从它们的环境中胜出。

本书回顾的许多文化演变理论从未充分解释文化与环境的互动。甚至大多数现代环境论者（如朱利安·斯图尔特这样的文化生态学家），在与这种倾向做斗争时，也会把他们的注意力过多地集中在地理环境上，对社会间的相互适应关注不足。关于衰落、崩溃以及倒退的理论也大致如此；从未充分考虑这些过程发生的广泛竞争领域。

由于已经确立进步之影响和残余效应，新的演进趋势倾向于以某种连续性发生；但它们又不连续，因为它们倾向于发生在这些进步扩散到新地区之后。于是，有些接受新影响的社会在自己的广泛区域会建立自己的早熟统治，从而侵入老社会的势力范围并
321/322 瓦解它，如果无须在战争中击败它的军队的话。因此，第一批古典文明并未衰落；它们被推动了。

## 读者要擦亮眼睛

我想强调，这些关于演进潜力和不连续性的一般性陈述，并不是提供文明兴衰的原因——既不是回顾的六个经典案例，也并非任何其他文明（包括现代美国）。

本书强调了演进过程中不连续的可能，这种超越某些较新但

适应性不强、不那么稳定的社会的潜能通常被忽视了。又因为所有的古典社会，以及它们后来的成功取代，进而作为一种明显普遍过程的组成部分而被超越，看来这是一个可以合理拓展的非常一般性的命题。但是该“演进潜力法则”只是有关两件事且只是有关两件事情之间逆向关系的一个简单想法，即成功适应和进一步发展的潜力。在这个表述中，所有其他因素均可考虑是不变的。

当然，无数其他因素最终也会涉及文明兴衰的具体历史。疾病、火灾、洪水、干旱、地震、人口过剩、土壤耗竭——谁知道还有什么？——都可能会卷入这些社会的各种崩溃之中。而任何这类直接原因，都有可能在未来几年的特定案例中被证明非常令人信服。但是这类发现与演进适应或潜力因素的一般相关性没有什么关系。也就是说，假定这个因素无所不在，完全不排斥其他因素的存在。在每个案例中，它只是众多因素中的一个：它最重要的意义在于它的一般性；而其他都是特殊的。

因为这种普遍性是如此之广泛，有些读者可能会设法将其进一步用于现代史，或预测我们自己的未来。我曾在别处尝试过这点(Service 1971)，但不能说取得了成功。不过肯定的是，它可以被讨论，例如，美国如此致力于将化石燃料作为工业能源的基本来 322/323
源，以至于一些不那么致力于此的地区可能会发现，用太阳能代替煤、用氢燃料代替汽油等更容易实现工业化。或者更直接地说，对于中国这样的国家来说，避开我们的汽车时代(汽油动力私家车时代)不是一个长期优势吗？从某种意义上说，演进潜力的所有法则都是这样认为的：是的，这应该并是可能的。因为美国是如此依赖汽车，所以它通往一种新型公交的道路要比那些不那么依赖的地区困难得多。这种适应与潜力之间的相反关系很可能是“真的”，而诸如“崩溃”这样一种不测，美国被其他地区所超越，也是可能的——其他因素不变。

其他因素并非不变。最突出的例子是，现在西方工业国家的主导地位也许如此之大，富国与穷国之间的经济差距如此之大（并且差距将变得更大，因为后者无法控制它们的人口增长），以至于穷国需要拿出短期办法来使自己适应西方工矿企业的特殊从属地位，一般大多数成为原材料的供应者。在不远的过去，这就是工业革命的殖民或帝国形态；现在它是一种较为自愿或自由市场的决策，但无论如何，没有哪个非工业化国家已经强大到足以避开西方的主导，去追求它们自己独立的演进过程，为了做一件明智的事情而进行合理的选择，比如有意避开汽油动力的汽车时代。

显然，对于长期解决未来工业化问题，拥有最好机遇的国家是中国。它不仅大且强大得足以保持独立（至少迄今为止看来是真的），而且中国化石燃料明显相对短缺，可能需要绕过汽车时代。不仅中国的规模、历史、政治革命、地理，还有她近代史上的有利事件（比如在第二次世界大战中战胜日本并夺回中国东北），共同为
323/324 她准备了一个可能的大跃进，但是看来也有一种自觉意识，即中国相对孤立和缺乏工业化潜力。至少毛泽东用他特别生动的语言这样说过：

> 除了其他特点以外，中国 6 亿人口的显著特点是一穷二白，就像一张白纸。这看起来是一件坏事，其实是好事。……一张白纸，没有负担，好写最新最美的文字，好画最新最美的图画（转引自 Bettelheim 1959，458[①]）。

毛泽东的话语可归入我们搜集的有关演化潜在因素，或演进不连续性，或无论怎么叫都行的那种恰当的陈述，如托洛茨基和凡勃伦的语录。但是，毛泽东对其意义的明确认识，是否意味着中国领导人确实有目的地利用这种优势，即在某种意义上“历史（演

① 原载《介绍一个合作社》。——译注。

进)就在他身边”？在目前写作过程中，没有人能知道答案。他与苏联交恶，以及最近的内部斗争(如神秘的“文化大革命”)，可能会在一个重要程度上启动长期和短期经济计划的问题、与西方工业国家的经济关系问题(于是还有政治和外交)，也许甚至对是否允许在近海进行钻探做出决定。所有这些和无数其他重要问题，都与如何判断演进潜力这一一般因素在某特定历史中的重要性或强度密切相关——再说一遍，这并不如简单应用一个公式那么容易。

宇宙包含了一只麻雀的坠落。为了讨论演进的潜力和不连续性，保持不变的“其他因素”其实有无数。但它们的意义各不相同。演进潜力的单一因素与成功适应为相反关系，虽然仅是许多因素之一，而且肯定永远不足以单凭它预测特定的历史事件，但看来它在进化论中显然具有重要的一般性意义。

# 附录 1
# 有关平等社会的文献

324/326 由于第 3 章所涉及的人群不足以构成一个代表性样本，所以列出世界各地有关平等社会的文献可能更好。该列表在某种程度上是代表性的一种尝试，但我们无法获得一个平等社会的好样本，因为这样的样本还未被介绍。我们的样本，就像任何民族学样本，必须是书而非人群的样本。即使在考虑一个大陆时，如澳大利亚，一个样本也只有几本好的描述性著作——而且我们也不知道这些详细描述的数以百计文化，实际上在澳大利亚原住民中究竟有多大的代表性[1]。

爱斯基摩人在几本权威著作中被介绍得相当全面。北极地区最伟大的权威之一，卡伊・伯科特—史密斯（Kaj Birket-Smith）1959 年出版了一本关于爱斯基摩人的一般性研究的书。彼得・弗罗伊根的著作记载了这位丹麦探险家多年在格陵兰岛的一些极具个性的轶事（Freuchen 1961）。戴蒙德・杰尼斯记叙了他在 1913 年到 1918 年间在科帕爱斯基摩人（Copper Eskimos）中的冒险经历（Jenness 1959）。

326/327 克努特・拉斯穆森在他广泛游历的基础上，对爱斯基摩文化做了一般性介绍（Rasmussen 1927）。加拿大北极的美国探险家斯蒂芬森为一般读者写了本书（Stefansson 1919）。爱德华・韦尔对

---

① 除了以下著作外，一本报道有关当前狩猎采集社会的研究的研讨会文集应该也很有用。参见李和德沃尔（Lee and DeVore 1968）。

爱斯基摩文化做了详细的比较研究和总结(Weyer 1932)。

在爱斯基摩以南加拿大广阔原住民森林区大部,居住着印第安猎人,他们的文化与爱斯基摩人十分不同。戴蒙德·杰尼斯是当代一位研究加拿大印第安人的权威,他写了本具有非常一般的描述性调查的书(Jenness 1932)。由埃莉诺·里柯克写的一本小书《蒙塔纳斯的狩猎区和毛皮贸易》(Leacock 1981),以现代民族学材料补充早期的历史文献,表明了欧洲的毛皮贸易如何改变了加拿大阿尔冈基(Algonkian)印第安人的社会和经济结构。她的参考文献是有关弗兰克·斯佩克(Frank Speck)和其他早期研究的一个很好指南。

琼·赫尔姆·麦克尼什(June Helm MacNeish)的《东北阿萨巴斯坎人中的领导权》(*Leadership among the Northeastern Athabascans* 1956),是关于原住民背景下以及毛皮贸易建立之后两种情况下政治结构性质的特别有益的讨论。神父莫里斯(Father A. G. Morice)是一名传教士,一生大部分时间在加拿大西部的阿萨巴斯坎(沙地)度过,以《伟大的沙地种族》(*The Great Dené Race* 1906－1910)一书,在这个广泛扩展的语言群中成为一位公认的民族学权威。

朱利安·斯图尔特写了一本公认的有关肖肖尼猎人和西部沙漠采集者的杰作(Steward 1938)。还可参阅斯图尔特的一本阐释性著作《文化变迁的理论》(*Theory of Culture Change* 1955),特别是第六、七、八章。

卢卡斯·布里奇对火地岛奥纳(Ona)和雅甘(Yahgan)印第安人的原生状态做了极好的介绍,是他随父亲在火地岛传教时的儿时回忆(Bridge 1949)。约翰·库珀(John M. Cooper)的“雅甘人”

（收录在 Steward 1946b）是对散见于文献的雅甘人的一个概括。

神父马丁·古兴德提供了火地岛人基本的民族学介绍。第一卷关于奥纳；第二卷涵盖了雅甘，已被人类关系区档案（the Human Relations Area Files）译成了英语（Gusinde 1931）。

保罗·施贝斯塔提供了一本有关非洲刚果俾格米人（Pygmies）标准的民族学介绍的书（Schebesta 1933）。科林·特恩布尔的介绍虽由人类学家所写，但并没有采用标准的民族学形式（Turnbull 1961）。很像托马斯在《无害的人群》（*The Harmless People*）中的所为（见下），特恩布尔把他对文化的介绍与特定个人轶事的个性化处理结合起来。

327/328 有关非洲最著名的布须曼群体之一那隆（Naron），布雷克写了一份标准的民族学报告（Bleek 1928）。有关布须曼、博格达马（Bergdama）和霍屯督（Hottentots）的基本资料，由萨普拉·艾萨克汇编了早期的文章并发表（Shapera 1930）。伊丽莎白·托马斯写了一本极好的书，讲述了她作为最近一次科学考察的成员，在布须曼人中经历的轶事（Thomas 1959）。

澳大利亚杰出的民族学家埃尔金为澳大利亚原住民提供了一份权威性概述（Elkin 1954）。梅吉特构思极佳的专著是 20 世纪初以来对澳大利亚中部群体的首次全面研究（Meggitt 1962）。

华纳对阿纳姆地（Arnhem Land）东北地区莫恩金（Murngin）的深入研究，为生活在沙漠中的现生阿兰达人与生活在多雨、热带、沿海地区的莫恩金人提供了一个很好的对比（Warner 1937）。

成为人类学经典的鲍尔温·斯宾塞和吉伦的田野工作，完成于20世纪之交，在中部沙漠的阿伦塔文化被严重扰乱之前(Spencer and Gillen 1927)。这本书以对阿伦塔宗教的特别描述而著称。斯宾塞和吉伦还写过一本较为通俗的概论(Spencer and Gillen 1899)，斯宾塞自己也写了一本(Spencer 1914)。

保罗·施贝斯塔介绍了马来半岛的俾格米狩猎采集者，他是一位研究俾格米人和原始宗教的著名专家(Schebesta, n.d.)。斯基特和布莱格登出版了一批关于马来亚一些人群的重要的基本材料(Skeat and Blagden 1906)。

马恩发表了可能是关于安达曼岛民的最重要的资料(Man 1882)。多年来，马恩一直是布莱尔堡(Fort Blair)的一名刑事调解官员，其中四年他负责“安达曼家园”，这是一处为原住民设立的布道所和医院。

拉德克利夫—布朗关于安达曼岛民的标准专业民族学叙述，是对马恩研究的补充(Radcliffe-Brown 1948)。在某种程度上，他的研究更详细，但马恩有居住时间较长的优势，对语言的了解也更充分。还有，事实上在他栖居期间，原住民文化比较完整，人口也没有那么少。

园艺部落通常处于分节社会的上层。在美国东北部的印第安人中——大部分讲阿尔冈基语和易洛魁语——发现了很好的例子。大平原印第安人近乎具有一种独特的来去无踪的适应，与阿根廷马背上的印第安人极其相似。美国西南部的印第安人有两种截然不同的文化：定居的普韦布洛人和带点游牧性质的纳瓦霍人(Navajo)、阿帕奇人(Apache)。这部分文献篇幅过长，无法在此一一引述，可查阅默多克(Murdock 1953)、威斯勒(Wissler 1931)、安 328/329
德希尔(Underhill 1953)和法尔布(Farb 1968)等的参考文献。

斯图尔特总结了南美热带雨林的园艺印第安人(Steward 1948)。

在非洲，伊文思—普里查德对半游牧的努尔人做了很好的介绍(Evans-Pritchard 1940)，就如博安南对提夫人(Tiv)所做的研究(Bohannan 1957)。对非洲文化的总结和广泛的参考文献内容，可参见默多克(Murdock 1959)、米德尔顿和泰特(Middleton and Tait 1958)。

# 附录 2
# 有关酋邦的文献

波利尼西亚是最著名的、研究最为透彻的酋邦文化地区。推 329/330
荐以下著作，概述性的：奥利弗（Oliver 1951）、萨林斯（Sahlins 1958）、威廉姆森（Williamson 1924）；夏威夷：马洛（Malo 1903）；提科皮亚：弗思（Firth 1936，1939）；新西兰：弗思（Firth 1929）。

对于美拉尼西亚，有很好的有关低级酋邦和早期头人系统的比较资料。对于新几内亚社会，参见波斯皮西尔（Pospisil 1958）；关于所罗门群岛，参阅奥利弗（Oliver 1949）；关于特罗布里恩群岛，参阅马林诺夫斯基（Malinowski 1932，1961）；关于斐济，参阅萨林斯（Sahlins 1962）。

所谓环加勒比海地区的中美洲、大安德列斯群岛和南美北部海岸的社会，大部分是酋邦。它们在斯图尔特的《南美印第安人手册》（*Handbook of South American Indians*）第 4 卷里做了不同程度的介绍（Steward 1948）。

美国东南部的许多印第安人属于酋邦。就像上述环加勒比海的社会，它们在殖民时期初就已被消灭，并已根据历史档案做了重建。斯旺顿对它们做了一个适当的总结（Swanton 1946）。

德鲁克对北美西北沿海的酋邦做了总结（Drucker 1955）。他还根据历史资料，对一典型案例——努特卡（Nootka）印第安人做了深刻的民族学介绍（Drucker 1951）。

在殖民时期初，非洲有数量极多的酋邦，但是奴隶贸易和战争的激增导致了许多酋邦的崩溃，而其他一些酋邦则成为羽翼丰满

330/331 的国家。其中有些后来在第5、第6和第7章里作为以前的酋邦做了讨论。福特斯和伊文斯—普里查德写了一本实用的文集，将平等（无首领）非洲社会与集中权威系统（其中有些是酋邦）做了比较（Fortes and Evans-Pritchard 1940）。史蒂文森对同一批材料做了一个极为精彩的评论（Stevenson 1968）。林顿介绍了马达加斯加从平等主义向等级社会的显著转变（Linton 1933）。科尔森和格卢克曼对高原汤加和他们的邻居进行了有趣的介绍（Colson and Gluckman 1951）。

亚洲流动的游牧者有时以酋邦形式组织起来（krader 1955），特别是一起参与劫掠或战争时。

# 参考文献


Adams，Robert McC.

1955 "Developmental Stages in Ancient Mesopotamia." In *Irrigation Civilizations: A Comparative Study*. Washington，D. C.：Pan American Union.

1960 "Early Civilizations，Subsistence，and Environment." In Carl H. Kraeling and Robert M. Adams（eds.），*City Invincible: A Symposium on Urbanization and Cultural Development in the Ancient Near East*. Chicago：University of Chicago Press.

1962 "Agriculture and Urban Life in Early Southwestern Iran." *Science* 136：109 – 22.

1965 *Land Behind Baghdad: A History of Settlement on the Diyala Plains*. Chicago：University of Chicago Press.

1966 *The Evolution of Urban Society: Early Mesopotamia and Prehispanic Mexico*. Chicago：Aldine.

1968 "Urban Revolution：Introduction." In *the International Encyclopedia of the Social Sciences*. New York：Macmillan and Free Press.

1972 "Patterns of Urbanization in Early Southern Mesopotamia." In Peter J. Ucko，Ruth Tringham，and G. W. Dimbleby（eds.），*Man，Settlement and Urbanism*，pp.739 – 49. London：Duckworth.

Allchin，Bridget，and Raymond Allchin

1968 *The Birth of Indian Civilization*. Hammondsworth，Middlesex，England：Penguin Books.

Almond，Gabriel A.，and James S. Coleman（eds.）

1960 *The Politics of Developing Areas*. Princeton：Princeton University Press.

Andreski，Stanislav

1972 *Social Science as Sorcery*. London：Andre Deutsch.

Arendt，Hannah

1961 *Between Past and Future*. New York：Viking Press.

Armillas, Pedro

1951 "Tecnología, Formaciones Socio-Económicas y Religión en Mesoamérica." In Sol Tax (ed.), *The Civilizations of Ancient America: Selected Papers of the 29th International Congress of Americanists*, pp.19 - 30. Chicago: University of Chicago Press.

1964 "Condiciones Ambientales y Movimientos de Puebloe en Ia Frontera Septentrional de Mesoamérica." In *Homenaje a Fernando Marqués-Miranda*. Madrid and Seville: Prensa de Universidades de Madrid y Sevilla.

1968 "Urban Revolution: The Concept of Civilization." In *the International Encyclopaedia of the Social Sciences*. New York: Macmillan and Free Press.

Bagehot, Walter

1872 *Physics and Politics: Thoughts on the Application of the Principles of "Natural Selection" and "Inheritance" to Political Society*. Reprint ed., 1956. Boston: Beacon Press.

Barnett, Homer G.

1949 *Palauan Society*. Eugene: University of Oregon Press.

Barton, R. F.

1949 *The Kalingas: Their Institutions and Custom Laws*. Chicago: University of Chicago Press.

Bartram, William

1854 *Observations on the Creek and Cherokee Indians*. Transactions of the American Ethnological Society, vol.3, pp.11 - 81.

1928 *Travels of William Bartram*. Reprint ed., 1955. New York: Dover Publications.

Bascom, William

1969 *The Yoruba of Southwestern Nigeria*. New York: Holt, Rinehart and Winston.

Beattie, Jone

1958 *Nyoro Kinship, Marriage and Affinity*. London: Oxford University Press.

1960 *Bunyoro: An African Kingdom*. New York: Holt, Rinehart and Winston.

1971 *The Nyoro State*. Oxford: Clarendon Press.

Bennett, Wendell C.

1948 *A Reappraisal of Peruvian Archaeology*. American Antiquity Memoir, vol.13, no.4, part 2.

Bennett, Wendell C., and Junius B. Bird

1949 *Andean Culture History*. Revised ed., 1964. New York: Natural History Press.

Bernal, Ignacio

1965 "Archaeological Synthesis of Oaxaca." *Handbook of Middle American Indians*, vol.3, pp.788 – 831. Austin: University of Texas Press.

1967 "Teotihuacán ¿Capital de Imperio?" *Revista Mexicana de Estudios Antropológicos* 20(1): 95 – 110.

Bettelheim, Charles

1959 "China's Economic Growth." *Monthly Review* 10(11): 429 – 58.

Birket-Smith, Kaj

1959 *The Eskimos*. London: Methuen.

Blanton, Richard E.

1973 *The Valley of Oaxaca Settlement Pattern Project: 1971 and 1972 Field Seasons*. A Project Report to the National Science Foundation.

Bleek, D. F.

1928 *The Naron, a Bushman Tribe of the Central Kalahari*. Cambridge: Cambridge University Press.

Bloch, Marc

1932 "Feudalism, European." In *the Encyclopaedia of the Social Science*. New York: Macmillan.

1939 – 1940 *Feudal Society*. Trans. from the French by L. A. Manyon. Reprint ed., 1961. Chicago: University of Chicago Press.

Bodde, Derk

1956 *Feudalism in China*. In Rushton Coulborn (ed.), *Feudalism in History*. Hamden, Conn: Archon Press.

Bohannan, Paul

1957 *Justice and Judgment among the Tiv*. London: Oxford University Press.

1958 "Extra-Processual Events in Tiv Political Institutions." *American Anthropologist* 60(1): 1 – 12.

1963 *Social Anthropology*. New York: Holt, Rinehart and Winston.

1967 *Law and Warfare: Studies in the Anthropology of Conflict*. Garden City, N. Y.: Natural History Press.

Bohannan, Paul, and Philip Curtin

1964 *Africa and Africans*. Reprint ed., Garden City, N. Y.: Natural

History Press.
Borah, Woodrow, and Sherburne F. Cook
1963 "The Aboriginal Population of Central Mexico on the Eve of the Spanish Conquest." *Ibero-Americana* 45(6): 22 - 44.
Boserup, Ester
1965 *The Conditions of Agricultural Growth*. Chicago: Aldine.
Bradley, Harold Whitman
1942 *The American Frontier in Hawaii: The Pioneers, 1789 - 1843*. Stanford: Stanford University Press.
Braidwood, Robert J., and Gordon K(R). Willey (eds.)
1962 *Courses Toward Urban Life*. Chicago: Aldine.
Bridges, E. Lucas
1949 *Uttermost Part of the Earth*. New York: E. P. Dutton.
Bronson, Bennet
1966 "Roots and the Subsistence of the Ancient Maya." *Southwestern Journal of Anthropology* 22(1): 251 - 79.
Bryant, A. T.
1919 *Olden Times in Zululand and Natal: Containing Earlier Political History of the Eastern-Nguni Clans*. London: Longmans, Green.
Buck, Peter H. (Te Rangi Hiroa)
1938 *An Introduction to Polynesian Anthropology*. Bernice P. Bishop Museum [Honolulu] Bulletin no.187.
Butzer, Karl W.
1971 "Agricultural Origins in the Near East as a Geographical Problem." In Stuart Struever (ed.), *Prehistoric Agriculture*, pp.209 - 35. Garden City, N. Y.: Natural History Press.
Carneiro, Robert L.
1961 "Slash and Burn Cultivation Among the Kuikuru and its Implications for Cultural Development in the Amazon Basin." In Johannes Wilbert (ed.), *The Evolution of Horticultural Systems in Native South America: Causes and Consequences*. Caracas: Sociedad de Ciencias Naturales La Salle.
1967 "on the Relationship between Size of Population and Complexity of Social Organization." *Southwestern Journal of Anthropology* 23(3): 234 - 43.
1970 "A Theory of the Origin of the State." *Science* 169(3947): 733 - 38.
Chagnon, Napoleon A.
1970 "The Culture-Ecology of Shifting (Pioneering) Cultivation among the

Yanomamo Indians." In *Proceedings, 8th International Congress of Anthropological and Ethnological Sciences, 1968*, vol.3, pp.249 - 55. Tokyo and Kyoto.

Chang Kwang-chi

1963 *The Archaeology of Ancient China*. 2nd., 1968. New Haven: Yale University Press.

Cheng Te-K'un

1960 *Archaeology in China*. Toronto: University of Toronto Press.

Childe, V. Gordon

1936 *Man makes Himself*. Paperback ed., 1951. New York: New American Library, Mentor Books.

1942 *What Happened in History*. Paperback ed., 1946. New York: Penguin Books.

1950 "The Urban Revolution." *Town Planning Review* 21(1): 3 - 17.

1952 "The Birth of Civilization." *Past and Present*, no. 2, pp. 1 - 10. Reprinted in Fried 1959, pp.412 - 21.

Clark, Grahame

1969 *World Prehistory: A New Outline*. 2nd ed. Cambridge: Cambridge University Press.

Cocks, Edmond

1974 "The Servitude Theory of Population." *American Scholar* 43(3): 472 - 80.

Coe, Michael D.

1962 *Mexico*. New York: Praeger.

Collier, Donald

1955 "Development of Civilization on the Coast of Peru." In *Irrigation Civilizations: A Comparative Study*. Social Science Monographs, no.1, pp.19 - 27. Washington, D. C.: Pan American Union.

1961 "Agriculture and Civilization on the Coast of Peru." In Johannes Wilbert (ed.), *The Evolution of Horticultural Systems in Native South America: Causes and Consequences*, pp. 101 - 9. Caracas: Sociedad de Ciencias Naturales La Salle.

1962 The Central Andes. In R. J. Braidwood and G. R. Willey (eds.), *Courses Toward Urban Life*, pp.165 - 76. Chicago: Aldine.

Colson, Elizabeth, and Max Gluckman (eds.)

1951 *Seven Tribes of British Central Africa*. London: Oxford University Press.

Cooper, John M.

1946 "The Yahgan." In J. H. Steward (ed.), *Handbook of South American Indians*, vol.1. Smithsonian Institution Bureau of American Ethnology Bulletin, no.143.

Coulborn, Rushton (ed.)

1956 *Feudalism in History*. Princeton: Princeton University Press.

Covarrubias, Miguel

1946 *Mexico South: The Isthmus of Tehuantepec*. London: Cassell.

Cowgill, George

ms. "On Causes and Consequences of Ancient and Modern Population Changes."

Creel, Herrlee G.

1954 *The Birth of China: A Study of the Formative Period of Chinese Civilization*. New York: Reynal and Hitchcock.

1970 *The Origins of Statecraft in China*. Vol. 1. *The Western Chou Empire*. Chicago: University of Chicago Press.

Culbert, T. Patrick (ed.)

1973 *The Classic Maya Collapse*. Albuquerque: University of New Mexico Press.

Daniel, Glyn

1970 *The First Civilizations: The Archaeology of Their Origins*. New York: Thomas Y. Crowell.

Davenport, William

1969 "The 'Hawaiian Cultural Revolution': Some Political and Economic Considerations." *American Anthropologist* 71(1): 1-20.

Davidson, Basil

1959 *The Lost Cities of Africa*. Boston: Little, Brown.

1961 *The African Slave Trade: Precolonial History 1450-1850*. Boston: Little, Brown.

Davis, Kingsley

1949 *Human Society*. New York: Macmillan.

Diamond, Stanley

1951 *Dahomey: A Proto State in West Africa*. Ann Arbor, Mich.: University Microfilms No. 2808.

1971 "The Rule of Law versus the order of Custom." *Social Research* 38(1): 42-72.

Díaz del Castillo, Bernal

1953 *The Discovery and Conquest of Mexico*. Mexico: Ediciones Tolteca.

Dobb, Maurice

1946 *Studies in the Development of Capitalism*. New York: International Publishers.

Drewitt, B.

1966 "Planeación en la Antiqua Cludad de Teotihuacán." In *Teotihuacán: Onceava Mesa Redonda*. Mexico: Sociedad Mexicana de Antropologia.

Driver, Harold

1961 *Indians of North America*. Chicago: University of Chicago Press.

Drucker, Philip

1951 *The Northern and Central Nootkan Tribes*. Smithsonian Institution Bureau of American Ethnology Bulletin, no.144.

1955 *Indians of the Northwest Coast*. New York: McGraw-Hill.

Dumond, D. E.

1965 "Population Growth and Cultural Change." *Southwestern Journal of Anthropology* 21(4): 302 - 24.

1972 "Demographic Aspects of the Classic Period in Puebla-Tlax-cala." *Southwestern Journal of Anthropology* 28(2): 101 - 30.

Durkheim, Emile

1933 *The Division of Labor in Society*. Glencoe, Ill.: Free Press.

Eisenstadt, S. N.

1963 *The Political Systems of Empires*. New York: Free Press of Glencoe.

Elkin, A. P.

1954 *The Australian Aborigines: How to understand Them*. Sydney: Angus and Robertson.

Ellis, William

1853 *Polynesian Researches*. 4 vol London: Henry G. Bohn.

Engels, Frederick (Friedrich)

1891 *The Origin of the Family, Private Property, and the State*. Reprint ed., 1972. Ed. And with an introduction by E. B. Leacock. New York: International Publishers.

Erasmus, Charles J.

1965 "Monument Building: Some Field Experiments." *Southwestern Journal of Anthropology* 21(4): 277 - 301.

Evans-Pritchard, E. E.

1940 *The Nuer*. Oxford: Oxford University Press.

Fage, J. D.

1955 *An Introduction to the History of West Africa*. Cambridge: Cambridge University Press.

Fairservis, Walter A., Jr.

1959 *The Origins of Oriental Civilization*. New York: New American Library.

Fallers, L. (ed.)

1964 *The King's Men*. London: Oxford University Press.

Farb, Peter

1968 *Man's Rise to Civilization as Shown by the Indians of North America from Primeval Times to the Coming of the Industrial State*. New York: E. P. Dutton.

Ferguson, Adam

1767 *An Essay on the History of Civil Society*. Reprint ed., 1966. Duncan Forbes (ed.). Chicago: Aldine.

Firth, Raymond

1929 *Primitive Economics of the New Zealand Maori*. London: Routledge.

1936 *We, the Tikopia*. New York: American Book Co.

1939 *Primitive Polynesian Economy*. London: Routledge.

Flannery, Kent V.

1968 "The Olmec and the Valley of Oaxaca: A Model for Interregional Interaction in Formative Times." In E. P. Benson (ed.), *Dumbarton Oaks Conference on the Olmecs*. Washington, D. C.: Dumbarton Oaks Research Library and Collections, Trustees of Harvard University.

1971 "Origins and Ecological Effects of Early Domestication in Iran and the Near East." In Stuart Struever (ed.), *Prehistoric Agriculture*, pp.50 - 79. Garden City, N. Y.: Natural History Press.

1972 "The Cultural Evolution of Civilizations." *Annual Review of Ecology and Systematics* 3: 399 - 426.

Flannery, Kent V., and Michael D. Coe

1966 "Social and Economic Systems in Formative Mesoamerica." In Sally R. Binford and Lewis R. Binford (eds.), *New Perspectives in Archaeology*, pp.267 - 83. Chicago: Aldine.

Flannery, Kent V., Anne V. T. Kirkby, Michael J. Kirkby, and Aubrey W. Williams, Jr.

1971 "Farming systems and Political Growth in Ancient Oaxaca." In Stuart Struever (ed.), *Prehistoric Agriculture*, pp. 157 - 78. Garden City, N. Y.: Natural History Press.

Ford, James A.

1969 *A Comparison of Formative Cultures in the Americas: Diffusion or the Psychic Unity of Man*. Smithsonian Contributions to Anthropology, vol.2. Washington, D. C.: Smithsonian Institution Press.

Forde, Daryll

1950 *Yoruba-Speaking Peoples of Southwestern Nigeria*. London: International Publishers Service.

Forde, D. C., and P. M. Kaberry (eds.)

1967 *Western African Kingdoms in the Nineteenth Century*. London: Oxford University Press.

Fortes, M., and E. E. Evans-Pritchard (eds.)

1940 *African Political Systems*. London: Oxford University Press.

Frankfort, Henri

1948 *Kingship and the Gods*. Chicago: University of Chicago Press.

n. d. *The Birth of Civilization in the Near East*. Garden City, N. Y.: Doubleday, Anchor Books.

Freuchen, Peter

1961 *Book of the Eskimos*. New York: World Publishing Co.

Fried, Morton H.

1959 *Readings in Anthropology*. 2 vols. New York: Thomas Y. Crowell.

1967 *The Evolution of Political Society*. New York: Random House.

1968 "State." In *the International Encyclopedia of the Social Sciences*. New York: Macmillan and Free Press.

Furnas, J. C.

1947 *Anatomy of Paradise*. New York: William Sloane Associates.

Fynn, Henry

1845 *From Posthumous of Mr. Henry Fynn, 1750 to 1824*. Mr. John Bird (compiler). In T*he Annals of Natal, 1495 to 1845*, vol. I. Cape Town: T. Maskew Miller.

Gay, Peter

1969 *The Enlightenment: An Interpretation*. Vol. 2. *The Science of Freedom*. New York: Alfred A. Knopf.

Gearing, Fred

1962 *Priests and Warriors*. American Anthropological Association Memoir, no.93.

Greertz, Clifford

1963 *Agricultural Involution: The Process of Ecological Change in Indonesia*. Berkeley: University of California Press.

Gibbon, Edward

1952 *The Portable Gibbon: The Decline and Fall of the Roman Empire*. Ed. and with an introduction by Dero A. Sanders. New York: Viking Press.

Gibson, J. Y.

1911 *The Story of the Zulus*. London: Longmans.

Gifford, Edward W.

1929 *Tongan Society*. Bernice P. Bishop Museum [Honolulu] Bulletin, no.61.

Gillbert, William H., Jr.

1937 "Eastern Cherokee Social Organization." In Fred Eggan (ed.), *Social Anthropology of North American Tribes*, pp. 285 - 340. Chicago: University of Chicago Press.

Ginsberg, Morris

1921 *The Psychology of Society*. London: Methuen.

Gluckman, Max

1940 *The Kingdom of the Zulu in South Africa*. In M. Fortes and E. E. Evans-Pritchard (eds.), *African Political Systems*. London: Oxford University Press.

1958 *Analysis of a Social Situation in Modern Zululand*. Rhodes Livingston Papers, no.28. Manchester: Manchester University Press.

1960 "The Rise of a Zulu Empire." *Scientific American* 202(4): 157 - 68.

1963 *Order and Rebellion in Tribal Africa*. New York: Free Press.

1965 *Politics, Law and Ritual in Tribal Society*. Chicago: Aldine.

Goldman, Irving.

1970 *Ancient Polynesian Society*. Chicago: University of Chicago Press.

Goldschmidt, Walter

1959 *Man's way*. New York: Henry Holt.

1966 *Comparative Functionalism*. Berkeley and Los Angels: University of California Press.

Goody, Jack

1971 *Technology, Tradition and the State in Africa*. London: Oxford University Press.

Gusinde, Martin

1931 *Die Feuerland Indianer*. 2 vols. Mödling bei Wien: Verlagder Internationalen Zeitschrift "Anthropos".

Harner, Michael

1970 "Population Pressure and the Social Evolution of Agriculturalists." *Southwestern Journal of Anthropology* 26(1): 67 - 86.

Hart, C. W. M., and Arnold R. Pilling

1960 *The Tiwi of North Australia*. New York: Holt, Rinehart and Winston.

Hartland, E. Sidney

1924 *Primitive Law*. London: Methuen.

Haviland, William A.

1969 "A New Population Estimate for Tikal, Guatemala." *American Antiquity* 34(4): 429 - 33.

Henry, Teuira

1928 *Ancient Tahiti*. Honolulu: Bernice P. Bishop Museum Bulletin no.48.

Hickerson, Harold

1960 "The Feast of the Dead Among the Seventeenth Century Algonkians of the Upper Great Lakes." *American Anthropologist* 62(1): 81 - 107.

1962 *The Southwestern Chippewa: An Ethnohistorical Study*. American Anthropological Association Memoir, no.92.

Hobbes, Thomas

1651 *Leviathan: Or, the Matter, Forme and Power of a Commonwealth, Ecclesiasticall and Civil*. Reprint ed., 1946. Ed. and with an Introduction by Michael Oakeshott. Oxford: Clarendon.

Hobsbawm, E. J.

1964 *The Age of Revolution: 1789 - 1848*. New York: New American Library, Mentor Books.

Hocart, A. M.

1936 *Kings and Councillors*. Reprint ed., 1970. Chicago: University of Chicago Press.

Hoebel, E. Adamson

1954 *The Law of Primitive Man*. Cambridge, Mass.: Harvard University Press.

Hogbin, H. Ian

1934 *Law and Order in Polynesia: A Atudy of Primitive Legal Institutions*. London: Christophers.

1959 *The People of the Twilight*. Chicago: University of Chicago Press.

Hole, Frank, Kent V. Flannery, and James A. Neely

1971 "Prehistory and Human Ecology of the Deh Lurian Plain." In Stuart Struever (ed.), *Prehistoric Agriculture*, pp.252 - 312. Garden City, N. Y.: Natural History Press.

Ibn Kaldun

1377 *The Muqaddimah: An Introduction to History*. 3 vols. Reprint ed., 1958. New York: Pantheon.

Isaac, Barry L.

ms. "Resource Scarity, Competition, and Cooperation in Cultural Evolution."(Department of Anthropology, University of Cincinnati.)

Isaac, N.

1836 *Travels and Adventures in Eastern Africa, Descriptive of the Zoolus, Their Manners, Customs, etc. with A Sketch of Natal*. 2 vols. London: Edward Churton.

Jacobsen, Thorkild

1943 "Primitive Democracy in Ancient Mesopotamia." *Journal of Near Eastern Studies* 2(3): 159 - 72.

Jwnness, Diamond

1932 *Indians of Canada*. National Museum of Canada [Ottawa] Bulletin, no.65.

Jouvenal, Bertrand de

1957 *Sovereignty, an Inquiry into the Political Good*. Chicago: University of Chicago Press.

Kaplan, David

1963 "Man, Monuments and Political Systems." *Southwestern Journal of Anthropology* 19(4): 397 - 410.

Kidder, Alfred, II

1956 "Settlement Patterns — Peru." In Gordon R. Willey (ed.), *Prehistoric Settlement Patterns in the New World*, pp. 148 - 55. Viking Fund Publications in Anthropology, no.23.

Kirchhoff, Paul

1959 "The Principles of Clanship in Human Society." In Morton H. Fried (ed.), *Readings in Anthropology*, vol.2, pp.259 - 70. New York: Crowell.

Kosok, Paul

1965 *Man, Land and Water in Peru*, New York: University of Long Island Press.

Kottack, Conrad P.

1972 "Ecological Variables in the Origin and Evolution of African States: The Buganda Example." *Comparative Studies in Society and History* 14(3): 351 - 80.

Krader, Lawrence

1955 "Ecology of Central Asian Pastoralism." *Southwestern Journal of Anthropology* 11(4): 301 - 26.

Kraeling, Carl H., and Robert McC. Adams (eds.)

1960 *City Invincible*. Chicago: University of Chicago Press.

Kramer, Samuel Noah

1956 *History Begins at Sumer*. Paperback ed., 1959. Garden City, N. Y.: Doubleday, Anchor books.

1963 *The Sumerians*. Chicago: University of Chicago Press.

Kroeber, A. L.

1948 *Anthropology*. New York: Harcourt, Brace.

Kuper, H.

1947 *An African Aristocracy: Rank Among the Swazi*. London: Oxford University Press.

Lamberg-Karlovsky, C. C., and Martha Lamberg-Karlovsky

1971 "An Early City in Iran." In *Biology and Culture in Modern Perspective: Readings from the Scientific American*, pp. 214 - 24. San Francisco: W. H. Freeman.

Landtman, Gunnar

1938 *The Origin of the Inequality of the Social Classes*. Chicago: University of Chicago Press.

Lanning, Edward P.

1967 *Peru Before the Incas*. Englewood Cliffs, N. J.: Prentice-Hall.

Larco Hoyle, Rafael

1948 *Cronologia Arqueológica del Norte del Peru*. Trujillo, Peru: Hacienda Chiclín.

Lathrap, Donald W.

1966 "Relationships between Mesoamerica and the Andean Areas." In *Handbook of Middle American Indians*, vol.4, pp.265 - 75. Austin: University of Texas Press.

Lattimore, Owen

1940 *Inner Asian Frontiers of China*. Paperback ed., 1962. Boston: Beacon Press.

1962 "The Frontier in History." In *Studies in Frontier History: Collected Papers 1928 - 1958*, pp.469 - 91. London: Oxford University Press.

Leach, E. R.

1954 *Political Systems of Highland Burma*. Paperback ed., 1964. Boston: Beacon Press.

Leacock, Eleanor

n.d. "The Montagnais 'Hunting Territory' and the Fur Trade." American Anthropological Association Memoir, no.78.

Lee, Richard B., and Irven DeVore (eds.)

1968 *Man the Hunter*. Chicago: Aldine.

Lenin, Vladimir

1961 *State and Relation*. In Arthur P. Mendel (ed.), *Essential works of Marxism*, pp.103 - 98. New York: Bantam Books.

Lenski, Gerhard

1966 *Power and Privilege: A Theory of Social Stratification*. New York: McGraw-Hill.

Li Chi

1957 *The Beginnings of Chinese Civilization*. Seattle: University of Washington Press.

Linton, Ralph

1933 *The Tanala, a Hill Tribe of Madagascar*. Field Museum of Natural History [Chicago] Anthropological Series, no.22.

1936 *The Study of Man*. New York: D. Appleton-Century.

Lloyd, Peter C.

1965 "The Political Structure of African Kingdoms." In Michael Banton (ed.), *Political Systems and the Distribution of Power*. A. S. A. Monographs no.2, pp.63 - 112. London: Tavistock.

Lorenzo, José L. (ed.)

1968 *Materials para la Arqueología de Teotihuacán*. Instituto Nacional de Antropología e Hístoria [Mexico, D. F.] Serie Investigaciones, no.17.

Lowie, Robert

1920 *Primitive Society*. New York: Boni and Liveright.

1927 *The Origin of the State*. New York: Harcourt, Brace and World.

Lundsgaarde, Henry P.

1970 "Law and Politics on Nonouti Island." In Thomas G. Harding and Ben J. Wallace (eds.), *Cultures of the Pacific*, pp.242 - 64. New York: Free Press.

MacNeill, William H.

1963 *The Rise of the West*. Chicago: University of Chicago Press.

MacNeish, June Helm

1956 "Leadership among the Northeastern Athabascans." *Anthropologica* 2 (1): 131 - 64.

MacNeish, Richard S.

1964 "Ancient Mesoamerican Civilization." *Science* 143(3606): 531 - 37.

Mair, Lucy P.

1962 *Primitive Government*. Harmondsworth: Penguin Books.

Maine, Sir Henry S.

1861 *Ancient Law*. Reprint ed., 1931. London: Oxford University Press.

Malik, S. C.

1968 *Indian Civilization: The Formative Period*. Simla: Indian Institute of Advanced Study.

Malinowski, Bronislaw

1926 *Crime and Custom in Savage Society*. London: Routledge.

1932 *Argonauts of the Western Pacific*. London: Routledge.

1934 *Introduction to H. Ian Hogbin, Law and Order in Polynesia*. London: Christophers.

1942 "A New Instrument for the Interpretation of Law — Especially Primitive." *Yale Law Journal* 51: 1237 – 54.

Malo, David

1903 *Hawaiian Antiquities*. Honolulu: Hawaiian Gazette.

Man, E. H.

1882 "On the Aboriginal Inhabitants of the Andaman Islands." *Journal of the Anthropological Institute* [London], vol.12.

Mannheim, Karl

1936 *Ideology and Utopia*. New York: Harcourt, Brace and World.

Maquet, J. J.

1960 "The Problem of Tutsi Domination." In Simon and Phoebe Ottenberg (eds.), *Cultures and Societies of Africa*, pp.312 – 17. New York: Random House.

Mariner, William

1827 *An Account of the Tongan Islands in the South Pacific Ocean*. 2 vols. Edinburgh: Constable Press.

Marx, Karl

1906 *Capital: A Critique of Political Economy*. New York: Modern Library.

1965 *Pre-Capitalist Economic Formations*. Trans. by Jack Cohen, ed. and with an introduction by E. J. Hobsbawm. New York: International Publishers.

Meggitt, M. J.

1962 *Desert People*. Sydney: Angus and Robertson.

Mendel, Arthur P. (ed.)

1961 *Essential Works of Marxism*. New York: Bantam Books.

Middleton, John, and David Tait

1958 *Tribes without Rulers: Studies in African Segmentary Systems*. London: Routledge and Kegan Paul.

Millon, Rene

1964 "The Teotihuacán Mapping Project." *American Antiquity* 29 (3): 345 – 52.

1966 "Extensión y Población de la Ciudad de Teotihuacán en sus Diferentes Períodos." In *Teotihuacán: Onceava Mesa Redonda*. Mexico, D. F.: Sociedad Mexicano de Antropología.

1967 "Teotihuacán." *Scientific American* 216(6): 38 – 48.

1968 "Urban Revolution: The New World." In *the International Encyclopaedia of the Social Sciences*. 2nd ed. New York: Macmillan and Free Press.

Mills, C. Wright.

1956 *The Power Elite*. Fair Lawn, N. J.: Oxford University Press.

Montesquieu, Charles Louis de Secondat

1748 "*The Spirit of the Laws*" by Baron de Montesquieu. Reprint ed., 1949. Trans. by Thomas Nugent, with an introduction by Franz Neumann. New York: Hafner.

Morgan, Lewis H.

1877 *Ancient Society*. Reprint ed., 1964. Ed. and with an introduction by Leslie A. White. Cambridge, Mass.: Harvard University Press, Belknap Press.

Morice, Father A. G.

1906 "The Great Dené Race." *Anthropos*, vols. 1, 2, 4, 5.

1907

1909

1910

Murdock, George P.

1953 *Ethnographic Bibliography of North America*. New Haven, Conn: Human Relations Area Files.

1959 *Africa: Its People and their Culture History*. New York: McGraw-Hill.

Nadel, S. F.

1942 *A Black Byzantium*. London: Oxford University Press.

Netting, Robert McC.

1972 "Sacred Power and Centralization: Aspects of Political Adaptation in Africa." In Brian Spooner (ed.), *Population Growth: Anthropological Implications*. Cambridge, Mass.: MIT Press.

Oberg, Kalervo

1940 "The Kingdom of Ankole in Uganda." In M. Fortes and E. E. Evans-Pritchard (eds.), *African Political Systems*, pp.121 – 62. London: Oxford University Press.

1955 "Types of Social Structure Among the Lowland Tribes of South and Central America." *American Anthropologist* 57(3): 472-87.

Oliver, Douglas L.

1949 *Studies in the Anthropology of Bougainville, Solomon Islands.* Peabody Museum Papers [Cambridge, Mass.] vol.29.

1951 *The Pacific Islands.* Cambridge, Mass.: Harvard University Press.

1955 *A Solomon Island Society.* Cambridge, Mass.: Harvard University Press.

Oppenheim, A. Leo

1964 *Ancient Mesopotamia: Portrait of a Dead Civilization.* Chicago: University of Chicago Press.

Oppenheimer, Franz

1914 *The State: Its History and Development Viewed Sociologically.* Reprint ed., 1926. New York: Vanguard Press.

Otterbein, K. F.

1964 "The Evolution of Zulu Warfare." *Kansas Journal of Sociology* 1(1): 27-35.

Palerm, Angel

1955 "The Agricultural Bases of Urban Civilization in Mesoamerica." In *Irrigation Civilizations: A Comparative Study.* Washington, D. C.: Pan American Union.

Parsons, Jeffrey R.

1968a "An Estimate of Size and Population for Middle Horizon Tiahuanaco, Bolivia." *American Antiquity* 33(2): 243-45.

1968b "Teotihuacán, Mexico, and its Impact on Regional Demography." *Science* 162: 872-77.

1969 "Patrones de Asentamiento Prehispánico en la Región Texcocana." Boletín, Instituto Nacional de Antropología e Historia [Mexico, D. F.], no.35: 31-37.

1970 "An Archaeological Evaluation of the Codice Xolotl." *American Antiquity* 35(4): 431-40.

1971 *Prehispanic Settlement Patterns in the Texcoxo Region, Mexico.* University of Michigan Museum of Anthropology Memoir, no.3.

Parsons, Talcott

1951 *The Social System.* New York: Free Press of Glencoe.

Patterson, Thomas C.

1973 *America's Past: A New World Archaeology.* Glenview, Ill.: Scott, Foresman.

Piddocke, Stuart

1965 "The Potlatch System of the Southern Kwakiutl: A New Perspective." *Southwestern Journal of Anthropology* 21(3): 244 - 64.

Piggott, Stuart

1950 *Prehistoric India*. New York: Penguin Books.

Piggott, Stuart (ed.)

1961 *The Dawn of Civilization*. New York: McGraw-Hill.

Polanyi, Karl, Conrad M. Arensberg, and Harry W. Pearson (eds.)

1957 *Trade and Market in the Early Empires*. Glencoe, Ill.: Free Press.

Pospisil, Leopold

1958 *Kapauku Papuans and their Law*. Yale University Publications in Anthropology, no.54. New Haven: Yale University Press.

1968 "Law and Order." In James Clifton (ed.), *Introduction to Cultural Anthropology*. Boston: Houghton Mifflin Co.

1971 *Anthropology of Law: A Comparative Theory*. New York: Harper and Row.

1972 "The Ethnology of Law." *McCaleb Modules in Anthropology*, module 12. Reading, Mass.: Addison-Wesley.

Price, Barbara

1971 "Prehispanic Irrigation Agriculture in Nuclear America." *Latin American Research Review* 6(3): 3 - 60.

Puleston, D., and D. Calendar

1967 "Defensive Earthworks at Tikal." *Expedition*, no.9, pp.40 - 48.

Radcliffe-Brown, A. R.

1940 Preface to M. Fortes and E. E. Evans-Pritchard (eds.), *African Political Systems*. London: Oxford University Press.

1948 *The Andaman Islanders*. Glencoe, Ill.: Free Press.

Raiker, R. L.

1964 "The End of the Ancient Cities of Indus." *American Anthropologist* 66(1): 284 - 89.

Rasmussen, Knut

1927 *Across Arctic America*. London and New York: Putnam and Sons.

Rathje, William L.

1972 "Praise the Gods and Pass the Metates: A Hypothesis of the Development of Lowland Rainforest Civilizations in Mesoamerica." In Mark P. Leone (ed.), *Contemporary Archaeology*. Carbondale and Edwardsville: Southern Illinois University Press.

Rattray, Robert S.

1923 *Ashanti*. London: Oxford University Press.

1929 *Ashanti Law and Constitution*. London: Oxford University Press.

Read, K. E.

1959 "Leadership and Consensus in a New Gninea Society." *American Anthropologist* 61(3): 425 - 36.

Redfield, Robert

1964 "Primitive Law." *University of Cincinnati Law Review* 33(1): 1 - 22. Reprinted in Paul Bohannan (ed.), 1967, *Law and Warfare: Studies in the Anthropology of Conflict*. Garden City, N. Y.: Natural History Press.

Ribeiro, Darcy

1968 *The Civilizational Process*. Trans. and with a foreword by Betty J. Meggers. Washington, D. C.: Smithsonian Institution Press.

Richards, Audrey (ed.)

1960 *East African Chiefs*. London: Faber & Faber.

Ritter, E. A.

1955 *Shaka Zulu: The Rise of the Zulu Empire*. London: Longmans, Green.

Rivers, W. H. R.

1924 *Social Organization*. London: Routledge.

Roscoe, Rev. J.

1911 *The Baganda*. London: The Macmillan Company.

1923 *The Bakitara or Banyoro*. Cambridge: Cambridge University Press.

Ross, Alexander

1956 *The Fur Hunters of the Far West*. Norman: University of Oklahoma Press.

Rousseau, Jean-Jacques

1762 *The Social Contract*. Reprint ed., 1966. Introduction by Charles Frankel. New York: Hafner.

Sahlins, Marshall D.

1958 *Social Stratification in Polynesia*. Seattle: University of Washington Press.

1962 *Moala: Culture and Nature on a Fijian Island*. Ann Arbor: University of Michigan Press.

1963 "Poor Man, Rich Man, Big-Man, Chief: Political Types in Melanesia and Polynesia." *Comparative Studies in Society and History* 5(3): 285 - 303.

1968 *Tribesmen*. Englewood Cliffs, N. J.: Prentice-Hall.

Saint-Simon, Comte Henri de

1952 *Selected Writings*. Trans. And ed. by F. M. H. Markham. Oxford: Blackwell.

Sanders, William T.

1956 "The Central Mexican Symbiotic Region." In G. R. Willey (ed.), *Prehistoric Settlements Patterns in the New World*, pp.30 - 45. New York: Viking Fund Publications in Anthropology.

1962 "Cultural Ecology of Nuclear Mesoamerica." *American Anthropologist* 64(1): 34 - 43.

1972 "Population, Agricultural History, and Societal Evolution in Mesoamerica." In Brian Spooner (ed.), *Population Growth: Anthropological Implications*. Cambridge, Mass.: MIT Press.

Sanders, William T., and Joseph Marino

1970 *New World Prehistory: Archaeology of the American Indian*. Englewood Cliffs, N. J.: Prentice-Hall.

Sanders, William T., and Barbara J. Price

1968 *Mesoamerica: The Evolution of a Civilization*. New York: Random House.

Schaedel, Richard P.

1951 "Major Ceremonial and Population Centers in Northern Peru." In Sol Tax (ed.), *The Civilization of Ancient America: Selected Papers of the XXIXth International Congress of Americanists*, pp. 232 - 43. Chicago: University of Chicago Press.

1966a "Incipient Urbanization and Secularization in Tiahuanacoid Peru." *American Antiquity* 31(3): 338 - 44.

1966b "Urban Growth and Ekistics on the Peruvian Coast." Paper read at 36th International Congress of Americanists, Sevile.

1969 "On the Definition of Civilization, Urban, City and Town in Prehistoric America." Paper read at 37th International Congress of Americanists, Buenos Aires.

1971 "The City and the Origin of the State in America." Paper read at 38th International Congress of Americanists, Lima.

ms. "The Commonality in Processual Trends in the Urbanization Process: Urbanization and the Redistributive Function in the Central Anders."

Schebesta, Paul

1933 *Among Congo Pygmies*. London: Hutchinson and Co.

n.d. *Among the Forest Dwarfs of Malaya*. London: Hutchinson and Co.

Seagle, William

1946 *The History of Law*. New York: Tudor Publishing Co.

Service, Elman R.

1962 *Primitive Social Organization: An Evolutionary Perspective*. 2nd ed., 1971. New York: Random House.

1966 *The Hunters*. Englewood Cliffs, N. J.: Prentice-Hall.

1969 "Models for the Methodology of Mouthtalk." *Southwestern Journal of Anthropology* 25(1): 68-80.

1971 *Cultural Evolutionism: Theory in Practice*. New York: Holt, Rinehart and Winston.

Shapera, Isaac

1930 *The Khoisan Peoples of South Africa*. London: Routledge.

1957 "Malinowski's Theories of Law." In R. Firth (ed.), *Man and Culture: An Evaluation of the Work of Malinowski*. London: Routledge & Kegan Paul.

Sharp, R. L.

1958 "People Without Politics." In Verne E. Ray (ed.), *Systems of Political Control and Bureaucracy in Human Societies*. Seattle: University of Washington Press.

Siegel, Bernard J. (ed.)

1959 *Biennial Review of Anthropology*. Stanford: Stanford University Press.

Simpson, S. P., and J. Stone

1948 *Cases and Readings on Law and Society*. Vol. 1. Law and Society in Evolution. St. Paul, Minn.: West Publishing Company.

Skeat, W. W., and C. O. Blagden

1906 *Pagan Races of the Malay Peninsula*. 2 vols. London: The Macmillan Company.

Skinner, B. F.

1971 *Beyond Freedom and Dignity*. Paperback ed., 1972. New York: Bantam, Vintage Books.

Smith, Adam

1776 *An Inquiry into the Nature and Causes of the Wealth of Nations*. Reprint ed., 1937. New York: Random House.

Southhall, Adrian W.

1956 *Alur Society: A Study in Processes and Types of Dominations*. Cambridge: Heffer.

Southwold, M.

1961 *Bureaucracy and Chieftainship in Buganda*. East African Studies, no.14. London: Kegan Paul, Trench, Trubner.

Spence, M.

1968 "The Obsidian Industry of Teotihuacán." *American Antiquity* 32(4): 507 – 14.

Spencer, Baldwin

1914 *The Native Tribes of the Northern Territory of Australia*. London: The Macmillan Company.

Spencer, Baldwin, and F. J. Gillen

1899 *The Northern Tribes of Central Australia*. London: The Macmillan Company.

1927 *The Arunta*. 2 vols. London: The Macmillan Company.

Spencer, Herbert

1967 *The Evolution of Society*. Ed. and with an introduction by Robert Carneiro. Chicago: University of Chicago Press.

Stefansson, Vilhjalmur

1919 *My Life with the Eskimos*. New York: Macmillan.

Stevenson, Robert F.

1968 *Population and Political Systems in Tropical Africa*. New York: Columbia University Press.

Steward, Julian H.

1938 *Basin-Pleateau Aboriginal Socio-political Groups*. Smithsonian Institution Bureau of American Ethnology Bulletin, no.120.

Steward, Julian H. (ed.)

1946a *The Marginal Tribes*. Handbook of South American Indians, vol.1. Smithsonian Institution Bureau of American Ethnology Bulletin, no.143.

1946b *The Andean Civilizations*. Handbook of South American Indians, vol.2. Smithsonian Institution Bureau of American Ethnology Bulletin, no.143.

1948a *The Tropical Forest Tribes*. Handbook of South American Indians, vol.3. Smithsonian Institution Bureau of American Ethnology Bulletin, no.143.

1948b *The Circum-Caribbean Tribes*. Handbook of South American Indians, vol.4. Smithsonian Institution Bureau of American Ethnology Bulletin, no.143.

1949 "Cultural Causality and Law: A Trial Formulation of the Development of Early Civilizations." *American Anthropologist* 51(1): 1 – 27.

1955 *Theory of Culture Change*. Urbana: University of Illinois Press. Also available in paper ed. (1972).

Steward, Julian H., and Louis C. Faron

1959 *Native Peoples of South America*. New York: McGraw-Hill.

Stocking, George W., Jr.

1968 *Race, Culture and Evolution*. New York: Free Press.

Strong, William Duncan

1951 "Cultural Resemblances in Nuclear America: Parallelism or Diffusion?" In Sol Tax (ed.), *The Civilization of Ancient America: Selected Papers of the XXIX International Congress of Americanists*, pp.271 - 79. Chicago: University of Chicago Press.

Strong, William Duncan, and Clifford Evans

1952 *Cultural Stratigraphy in the Viru Vally*. Ney York: Columbia University Press.

Struever, Stuart (ed.)

1971 *Prehistoric Agriculture*. Garden City, N. Y.,: Natural History Press.

Suttles, Wayne

1960 "Affinal Ties, Subsistence, and Prestige Among the Coast Salish." *American Anthropologist* 62(2): 296 - 305.

1968 "Coping with Abundance: Subsistence on the Northwest Coast." In Richard B. Lee and Irven DeVore (eds.), *Man the Hunter*, pp.56 - 68. Chicago: Aldine.

Swanton, John R.

1946 *The Indians of the Southeastern United States*. Smithsonian Institution Bureau of American Ethnology Bulletin, no.137.

Swartz, Marc J., Victor W. Turner, and Arthur Tuden

1966 *Political Anthropology*. Chicago: Aldine.

Thomas, Elizabeth Marshall

1959 *The Harmless People*. New York: Alfred A. Knopf.

Thompson, J. Eric S.

1954 *The Rise and Fall of Maya Civilization*. Norman: University of Oklahoma Press.

Thompson, Basil

1894 *The Diversions if a Prime Minister*. Reprint ed., 1968. London: Dawsons of Pall Mall.

Thwaites, Ruben Gold (ed.)

1896 - 1901 *The Jesuit Relations and Allied Documents*. 73 vols. Cleveland: Burrows Brothers Co.

Treistman, Judith M.

1972 *The Prehistory of China: An Archaeological Exploration*. Garden City, N. Y.: Natural History Press.

Trigger, Bruce.

1972 "Determinants of Urban Growth in Pre-Industrial Societies." In Peter J. Ucko, Ruth Tringham, and G. W. Dimbleby (eds.), *Man, Settlement and Urbanism*, pp.575 - 99. London: Duckworth.

Turnbull, Colin

1961 *The Forest People*. New York: Simon and Schuster.

Tylor, Edward B.

1888 "On a Method of Investigating the Development of Institution: Applied to the Laws of Marriage and Descent." *Journal of the Anthropological Institute* (18): 245 - 69.

Underhill, Ruth

1953 *Red Man's America*. Chicago: University of Chicago Press.

Vaillant, George

1944 *Aztecs of Mexico*. Garden City, N. Y.: Doubleday, Doran.

Vansina, Jan

1962 "A Comparison of African Kingdoms." *Africa* 32(14): 324 - 34.

1966 *Kingdoms of the Savanna*. Madison: University of Wisconsin Press.

Vasilev, L. S., and I. A. Stucheoskii

1967 "Three Models for the Origin and Evolution of Precapitalist Societies." *Soviet Review* 8(3): 26 - 39.

Vayda, Andrew P.

1967 "Pomo Trade Feasts." In George Dalton (ed.), *Tribal and Peasant Economics*. Garden, N. Y.: Natural History Press.

Vico, Giovanni Battista

1744 *The New Science of Giambattista Vico*. Reprint ed., 1968. Ed. and with an introduction by M. F. Fish and T. G. Bergins. Ithaca, N. Y.: Cornell University Press.

Vinogradoff, Paul

1920 - 1922 *Outlines of Historical Jurisprudence*, 2 vols. Oxford: Oxford University Press.

Wagley, Charles

1940 "The Effects of Depopulation upon Social Organizations as Illustrated by the Tapirapé Indians." *Transactions of the New York Academy of Science* 3(12): 12 - 16.

Walter, Eugene V.

1969 *Terror and Resistance: A Study of Political Violence*. New York: Oxford University Press.

Warner, W. L.

1937 *A Black Civilization*. New York: Harper and Brothers.

Weaver, Muriel Porter

1972 *The Aztecs, Maya, and their Predecessors*. New York: Seminar Press.

Webb, Malcolm C.

1964 "The Post-Classic Decline of the Peten Maya." Ph. D. Dissertation, University of Michigan.

1965 "The Abolition of the Taboo System in Hawaii." *Journal of the Polynesian Society* 74(1): 21 - 39.

1968 "Carneiro's Hypothesis of Limited Land Resources and the Origins of the State: A Latin Americanist's Approach to an Old Problem." *South Eastern Latin Americanist* 12(3): 1 - 8.

Weber, Max

1946 *From Max Weber: Essays in Sociology*. Trans. and ed. By H. H. Gerth and C. Wright Mills. New York: Oxford University Press.

1947 *The Theory of Social and Economic Organization*. 2nd ed. Trans. By A. M. Henderson and Talcott Parsons; ed. With an introduction by Talcott Parsons. Glencoe, Ill.: Free Press.

Wertheim, W. F.

1974 *Evolution and Revolution*. Middlesex, England: Penguin Books.

Weyer, Edward M.

1932 *The Eskimos: Their Environment and Folkways*. New Haven, Conn.: Yale University Press.

Wheatley, Paul

1971 *The Pivot of the Four Quarters: A Preliminary Inquiry into the Origins and Character of the Ancient Chinese City*. Chicago: Aldine.

Wheeler, R. E. M.

1953 *The Cambridge History of India. Supplementary volume*. The Indus Civilization. Cambridge: Cambridge University Press.

White, Leslie A.

1959 *The Evolution of Culture*. New York: McGraw-Hill.

Willey, Gordon R.

1948 "A Function Analysis of 'Horizon Styles'." In Wendell C. Bennett, *A Reappraisal of Peruvian Archaeology*. Memoirs of The Society for American Archaeology, no.4, pp.8 - 19.

1951 "The Chavin Problem: A Review and Critique." *Southwestern Journal of Anthropology* 7(2): 103 – 44.

1955 "The Interrelated Rise of the Native Cultures of Middle and South America." In *New Interpretations of Aboriginal American Culture History*, pp.28 – 45. 75th Anniversary Volume of the Anthropological Society of Washington, D. C.

1962 "The Early Great Styles and the Rise of the Pre-Columbian Civilizations." *American Anthropologist* 64(1): 1 – 15.

1971 *An Introduction to American Archaeology*. Vol. 2. South America. Englewood Cliffs, N. J.: Prentice-Hall.

Williamson, R. W.

1924 *The Social and Political Systems of Central Polynesia*. 3 vols. Cambridge: Cambridge University Press.

Wilson, Edmund

1940 *To the Finland Station*. Reprint ed., 1955. Garden City, N. Y.: Doubleday, Anchor Books.

Wilson, John A.

1951 *The Burden of Egypt*. Chicago: University of Chicago Press.

Wissler, Clark

1931 *The American Indian*. London: Oxford University Press.

Wittfogel, Karl A.

1957 *Oriental Despotism: A Comparative Study of Total Power*. New Haven, Conn.: Yale University Press.

Wolf, Eric R.

1959 *Sons of the Shaking Earth*. Chicago: University of Chicago Press.

Woodbury, Richard B.

1961 "A Reappraisal of Hohokam Irrigation." *American Anthropologist* 63(3): 550 – 60.

Woodward, Grace S.

1963 *The Cherokees*. Norman: University of Oklahoma Press.

Woolley, Sir Leonard

1963 *The Beginnings of Civilization*. New York: New American Library.

# 索　　引

（页码为原书页码，即本书边码）

# 译者简介

**龚　辛**

复旦大学文物与博物馆学系博物馆学学士，美国威斯康辛大学艺术史系硕士，2011—2019年任职上海博物馆。从事民族学、艺术史的策展与文字工作。

**郭璐莎**

复旦大学文物与博物馆学系博士，现任职于河南大学历史文化学院考古文博系。

**陈力子**

复旦大学文物与博物馆学系博士，曾赴剑桥大学公派访学。

# 校者简介

**陈　淳**

复旦大学文物与博物馆学系考古学教授、博导。著作有《考古学的理论与研究》、《考古学理论》、《当代考古学》、《文明与早期国家探源》、《考古学研究入门》、《考古学前沿研究：理论与问题》；译作有《手》、《骗局、神话与奥秘》、《欧洲文明的曙光》、《考古学思想史》（第二版）、《时间与传统》、《龙骨山——冰河时代的直立人传奇》、《考古学：理论、方法与实践》（第六版）等。

**图书在版编目(CIP)数据**

国家与文明的起源：文化演进的过程 /（美）埃尔曼·塞维斯著；龚辛，郭璐莎，陈力子译. -- 上海：上海古籍出版社，2025. 8. --（外国考古学研究译丛）.
ISBN 978-7-5732-1709-7

Ⅰ. D031；K851

中国国家版本馆 CIP 数据核字第 20258BW347 号



外国考古学研究译丛

**国家与文明的起源**

文化演进的过程

［美］埃尔曼·塞维斯　著

龚辛、郭璐莎、陈力子　译

陈　淳　审校

上海古籍出版社出版发行

（上海市闵行区号景路 159 弄 1-5 号 A 座 5F　邮政编码 201101）

（1）网址：www.guji.com.cn

（2）E-mail：guji1@guji.com.cn

常熟市人民印刷有限公司印刷

开本 635×965　1/16　印张 25.75　插页 5　字数 312,000

2025 年 8 月第 1 版　2025 年 8 月第 1 次印刷

ISBN 978-7-5732-1709-7

K·3911　定价：128.00 元

如有质量问题，请与承印公司联系